開運 생활역점

홍몽선

동양서적

머 리 글

　최근 우주론이 지성인 사이에 활발히 전개되고 있습니다.
　밤하늘의 별들에게 치성을 바치고 기원을 드리는 대신, 사람들의 관심은 눈에 보이는 저 하늘 너머의 멀고 아득한 대우주에로 이른바 시간·공간의 저편에로 날아 오르고 있습니다.
　코스모스(우주)에서 코스모로지(우주론)에로라는게 시대의 키 워드가 되고 있습니다. 이른바 불의 구슬에서 빅뱅, 빅뱅에서 인프레이션, 블랙홀에서 타임머신, 그리고 호킹교수 이론인 허시간 우주에서 실시간 우주에로, 크긴 하더라도 작다고 베이비·유니버스, 그리고 우주의 종말론 등……etc.
　「우주를 아는 것이 당신 자신을 아는 것이다!」 이 말은 현대에도 통용되고 있으나 실은 수천년전에 이미 동방의 성현 선철 선사들이 예지로서 갈파했던 것으로써 인간 자체를 소우주로 삼아 인생에도 우주법칙이 작용하고 있다는 발상에서 역점과 같은 방술을 창출해 내었고 그 원전인 「주역」은 우주법칙이 예지를 이끌어 내는 방법이라고 일컬어 온 것입니다.
　「주역」은 고대동방 상수문화의 정수로서 초일류급 두뇌에 의해, 여러 세대에 걸쳐 완성된 동양 정신문명의 최고봉의 유산으로 그 내용은 아주 간단한 원리에서 출발──음·양, 4상, 8괘, 64괘, 384효 속에 대자연과 모든 우주의 법칙을 총망라한 것입니다. 주역에는 사회·정치·경제·종교 등의 진화의 법칙을 포괄하며 미래예지(운명감정)를 구하는 "우연 중에 상징된 뜻"에서 과거·현재·미래의 모두를 이해하려는 철리의 서책이며 처세술이 담겨 있습니다. 인간의 운명에 관한 우연의 요소, 불확정적인 요소를 개개인에게 적용시켜서 그의 운명을 살펴볼 수 있는 방법도 탁월함으로서, 이를 임상에 응용했을 때, 높은 적중율에는 누구나 놀라움을 금치 못할 것입니다. 이러한 흥미롭고 신비한 역점의 세계로 그 편린이나마 애독자 여러분에게 제시하고자 엮은 것이 본서입니다. 아무쪼록 애독자 여러분의 개운 광명의 길잡이로서 난관 난문에 봉착했을 때 또는 의사결정을 망설일 때, 이 책이 도움이 된다면 더할 나위 없는 보람으로 알며, 감사드리는 바입니다.

　　　　　　　　　　임신년 초여름
　　　　　서울·정릉 청수천변우거에서 엮은이 홍몽선 아룀

목차

머리글 … 11

〔Ⅰ〕• 운수괘를 내는법 … 13
(상괘 지지수 • 하괘 천간수 • 변효 내는법)

〔Ⅱ〕• 생활역점 활단법 … 16
8괘 괘상의 제배당표 … 17
해제 생활역점 두가지 작괘법 … 18
(운세괘 내는법의 유래 • 운세괘 유년법에 얽힌 이야기
역점은 활단에 묘미가 있다. 활단시에 알아 두어야 할 사항)
서기년도와 태세간지 대조표 … 25
〔10년력〕 월력 일력 … 27
(서기 1992년~2001년 • 태세 월건 일진 절기)
64괘 생성 발전도 … 48
운수괘 수표 … 49
(년운 • 월운 • 일운괘수)
역점64패턴 색인표 … 114

생활역점 64패턴(본문) … 115

괘상 • 운세 • 사업 • 교섭거래 • 재수 • 연애 • 결혼 • 출산 • 건강 • 분실물 • 소망 • 취직 • 입학 • 소송분쟁 • 대인 음신 • 가출인 • 증권 상품시세 • 날씨 • 당일시각(시간)운세괘표 • 〈변효일때〉주역효사 각효 현대식 풀이등

부록 1. 소강절 선생의 실점예화 … 244
부록 2. 역괘의 구성월리 해설 … 250

[Ⅰ법] 운수괘를 내는 법

이 책은 음력을 기준한다.

　운수괘를 내려면 먼저 다음의 4간지를 차례대로 적어야 한다.
　① 출생년도 간지　② 당해년 간지　③ 생월 간지　④ 생일 간지
　①번의 출생년도의 간지는 당사자의 출생년도의 간지로서「년도대조표」에서 찾아서 적는다. 예를 들면 1954년생이면「대조표」에서 갑오(甲午)생이므로 갑오(甲午)라고 첫째줄에 적어 놓는다.
　②번 당해년 간지는 보고자 하는 해의 태세 간지이다. 예를 들면 1992년은 임신(壬申)이므로 임신(壬申)으로 적고, 1993년은 계유(癸酉)이므로 계유(癸酉)로 둘째줄에 적어 놓는다.
　③번의 생월간지는 당사자의 생월달이 당해년의 월건간지로서 책력이나 별표「10년력」에서 찾아서 적는다. 예를 들면 음 5월생이면 92년도 책력 또는「별표」에 보면 병오(丙午)월이므로 병오(丙午)를 셋째줄에 적어 놓는다.
　④번의 생일간지는 당사자의 생일날의 당해년의 일진 간지로서 책력이나 별표「10년력」에서 찾아서 적는다. 예를 들면 음 5월 20일생이면 92년도 책력 또는「별표」에 보면 정묘(丁卯)일이므로 정묘(丁卯)를 넷째줄에 적어 놓는다.
　[주의] 이상 4간 4지 8자로 운수괘를 내는데 이 중 ③번 생월간지를 낼 때는 해당월의 월절(月節)이 든 이후의 생일이면 그대로 월건 간지를 적으므로 문제가 없으나, 만약에 월초생일인 경우 생일이 경과한 뒤에 월절이 들면 그 전월(前月)의 월건 간지를 쓰는 것이 원칙이다. 예를 들면 음 5월 4일생인 경우 92년도 5월절인 망종(芒種)이 음 5월 5일, 입절(入節)이므로 이날 이전에 생일인 사람은 전월의 월건 간지인 을사(乙巳)를 쓴다는 것이다. 또한 생일이 하순인 경우 다음달의 월절이 들면 그 후월(後月)의 월건 간지를 쓰는 것이 원칙이다. 예를 들면 93년도 음 5월 20일생인 경우 93년 음 5월 18일에 이미 6월절 소서(小暑)가 입절했으므로 6월절 이후 생일이 되어 무오(戊午)를 쓰지 않고 기미(己未)를 쓴다는 것이다. 생일 간지는 20일 일진 무인(戊寅)을 그대로 쓴다. 착오를 방지하기 위해서 별표「10년력」의 월절 밑에 특별히 월절을 표시하였으니 유의할 것이다.

상괘 지지수(上卦地支數)

자(子)…1	축(丑)…2	인(寅)…3	묘(卯)…4	진(辰)…5	사(巳)…6
오(午)…7	미(未)…8	신(申)…9	유(酉)…10	술(戌)…11	해(亥)…12

상괘(수)를 내는 법 : ① ② ③ ④의 네 간지 중 4지지수를 합산(+)해서 8로 나누어(÷)서 나머지 숫자로 상괘수(上卦數)를 삼는다.

하괘 천간수(下卦天干數)

갑(甲)…1	을(乙)…2	병(丙)…3	정(丁)…4	무(戊)…5
기(己)…6	경(庚)…7	신(辛)…8	임(壬)…9	계(癸)…10

하괘(수)를 내는 법 : ① ② ③ ④의 네 간지 중 4천간수를 합산(+)해서 8로 나누어(÷)서 나머지 숫자로 하괘수(下卦數)를 삼는다.

※ 만약에 4지나 4간의 합이 8·16·24·32와 같이 8의 제곱수로서 8로 나누어도 남는 수가 없을 때는 8이 남는 것으로 한다.

운수괘 번호와 년·월·일·시 운기 보는 법

상괘 숫자와 하괘 숫자를 앞뒤로 나란히 이은 두 수가 년운수괘로서 년운괘번호로 부르기도 한다. 년운괘 번호를 알면「운수괘조견표」에서 각월 월운괘 번호를 찾을 수가 있다. 다음 월운괘 번호를 알면 그 월의 일일운괘 번호를 찾을 수가 있다.

년·월·일의 각 운세는 원문에 자세하게 실려 있다.

시각(시간)의 운세는 원문 운세말미 시각운세괘조견표가 있으니 그 번호를 원문에 찾아 보면 된다.

년·월·일·시각(시간)의 각 운기는 모두 원문에서 찾아서 보는 것이다.

다만 원문의 기준은 월운에 두고 펴냈으므로 일운·시각(시간)의 운기는 축소해서 봄이 좋으리라 본다.

원문에「운세」를 간략하게 실었으니 음미할 것이다.

원문말미에〈변효일 때〉난을 만들어 주역괘의「효사」를 현대말로 옮겨 실어 참고가 되도록 꾸몄으니 음미할 것이다.

변효를 내는 법

원운수괘를 냈던 ①②③④의 간지 합산수에 다시 상·하괘수(上·下卦數)를 합친(+) 총수를 6으로 나누어(÷)서 나머지 숫자로 변효(變爻)수를 삼는다.

1이 남으면 초효, 2는 2효, 3은 3효, 4는 4효, 5는 5효, 6이 남으면 상효가 변효이다.

※ 12·18·24·30·36과 같이 6의 제곱수로서 6으로 나누어도 남는 수가 없을 때는 6이 남는 것으로 한다.

※ 보기예에서 ①은 출생년 간지 ②는 보고자 하는 해 태세간지 ③은 생월간지 ④는 생일간지임.

보기 예[1]	보기 예[2]
문) 갑오년 5월 20일생(甲午年五月二十日生)	문) 갑오년 5월 20일생(甲午年五月二十日生)
1992년도(임신~壬申)운세를 보려면?	1993年度(계유~癸酉)운세를 보려면?
①…甲(1) 午(7)	①…甲(1) 午(7)
②…壬(9) 申(9)	②…癸(10) 酉(10)
③…丙(3) 午(7)	③…己(6) 未(8) 6월절후생
④…丁(4) 卯(4)	④…辛(8) 卯(4)
+ +	+ +
8) 17 8) 27	8) 25 8) 29
−16 −24	−24 −24
하괘수=1 상괘수=3	하괘수=1 상괘수=5
답) 31괘가 92년도 운세괘 번호임	답) 51괘가 93년도 운세괘 번호임
보기 예[3]	보기 예[4]
문) 정미년 2월 초6일생(丁未年二月初六日生)	문) 정미년 2월 초6일생(丁未年二月初六日生)
1992년도(임신~壬申)운세를 보려면?	1993年度(계유~癸酉)운세를 보려면?
①…丁(4) 未(8)	①…丁(4) 未(8)
②…壬(9) 申(9)	②…癸(10) 酉(10)
③…癸(10) 卯(4)	③…甲(1) 寅(3) 2월절전생
④…甲(1) 甲(9)	④…戊(5) 寅(3)
+ +	+ +
8) 24 8) 30	8) 20 8) 24
−16 −24	−16 −16
하괘수=8 상괘수=6	하괘수=4 상괘수=8
답) 68괘가 92년도 운세괘 번호임	답) 84괘가 93년도 운세괘 번호임

[Ⅱ법] 생활 역점 활단법

1. 역점 선천괘수기례(易占先天卦數起例)

① 상괘수(上卦數)를 내는 법 : 점치는 날의 년·월·일의 수를 더한(+) 합계수를 8씩 덜어(또는 8로 나누어÷)서 그 나머지 수로 상괘를 삼는다.

이때 년수는 그 해의 태세 12지지를 사용하는데 12지지의 수는 보기와 같다.

보기	자(子)1. 축(丑)2. 인(寅)3. 묘(卯) 4. 진(辰) 5. 사(巳) 6. 오(午)7. 미(未)8. 신(申)9. 유(酉)10. 술(戌)11. 해(亥)12.

나머지 수를 선천괘수로 바꾸면 다음과 같다.

보기	1건천(乾天). 2태택(兌澤). 3이화(離火). 4진뢰(震雷). 5손풍(巽風). 6감수(坎水). 7간산(艮山). 8곤지(坤地).

예 : 신(申)년 9월 15일 오(午)시에 역점괘수를 내려면 신년 9수, 9월 9수, 15일 15수를 더한다. 합계수 33(9+9+15)을 8씩 덜거나 8로 나누면 1이 남는다[33-(8×4)] 상괘수는 1건천이다.

② 하괘수(下卦數)를 내는 법 : 이번에는 먼저의 년·월·일수에 다시 시각수를 더해서(+) 그 합계수를 8씩 덜어(또는 8로 나누어÷)서 그 나머지 수로 하괘(下卦)를 삼는다.

예 : 신(申)년 9월 15일 오(午)시일 때 먼저 예의 년·월·일수 33수에 시각 오(午)시 7을 더한 합계수 40(33+7)을 8씩 덜거나 8로 나누면 다 나누어지고(8×5) 나머지가 없으므로 이런 때에는 8이 남는 것으로 치므로 하괘수(下卦數)는 8곤지(坤地)이다.

이로써 상하괘수 18괘명은 천지비(天地否)가 얻어졌다. 다음은 변효(동효)수를 내 본다.

③ 변효수(또는 동효)를 내는 법 : 년·월·일·시각수를 더한(+) 합계 총수를 6씩 덜거나(또는 6으로 나누어÷)서 나머지 수를 변효로 취한다.

보기	1이 남으면 초효변, 2가 남으면 2효변, 3이 남으면 3효변, 4가 남으면 4효변, 5가 남으면 5효변, 6이 남으면 상효변.

예 : 신(申)년 9월 15일 오(午)시의 총수는 40이다. 40을 6으로덜어(또는 6으로 나누어) 가면 4가 남는다[40-(6×6)] 4수가 변효이니 4효변(또는 4효동)이 된다.

이 예에서는 괘수 18(천지비)의 4효변을 얻었다.

8괘 괘상의 제배당표(八卦 卦象意 諸配當表)

서수 序數	1	2	3	4	5	6	7	8
괘상 卦象	☰	☱	☲	☳	☴	☵	☶	☷
괘명 卦名	건 乾	태 兌	이 離	진 震	손 巽	감 坎	간 艮	곤 坤
정상 正象	하늘 天	못 澤	불 火	우뢰 雷	바람 風	물 水	산 山	땅 地
괘덕 卦德	강건 剛健	희열 喜說	부려 附麗	분동 奮動	복입 伏入	함험 陷險	정지 靜止	유순 柔順
육친 六親	아버지 父	소녀 少女	중녀 中女	장남 長男	장녀 長女	중남 中男	소남 小男	어머니 母
신체 身體	머리 首頭	입 口	눈 目	발 足	사타구니 股	귀 耳	손 手	배 腹
내장 內臟	폐 肺	대장 大腸	심장 소장	간장 肝臟	담 膽	신장 방광	위 胃	비 脾
동물 動物	말 馬	양 羊	꿩 雉	용 龍	닭 鷄	돼지 豚	개 狗	소 牛
오행 五行	금 金	금 金	화 火	목 木	목 木	수 水	토 土	토 土
기상 氣象	맑음 晴	비 雨	맑음 晴	뇌우 雷雨	바람 風	비 雨	안개 霧	흐림 曇
방위 方位	서북 西北	서 西	남 南	동 東	동남 東南	북 北	동북 東北	서남 西南
지지 地支	술해 戌亥	유 酉	오 午	묘 卯	진사 辰巳	자 子	축인 丑寅	미신 未申
인사 人事	원만 圓滿 과단 果斷	희열 喜悅 구설 口舌	허심 虛心 재인 才人	기동 起動 경악 驚愕	유화 柔和 불안 不安	험난 險難 함정 陷穽	수정 守靜 조체 阻滯	순종 順從 회린 悔吝
괘의 卦意	용무 勇武	유세 遊說	달사 達士	소란 騷亂	고무 鼓舞	표류 漂流	반배 反背	대중 大衆

해제(解題)
여록(餘錄) 생활역점 두가지 작괘법

　이 책에는 역점을 생활에 응용하는 점치는 법이 두가지로 엮어져 있습니다. 그 중 Ⅰ법은 일년신수를 열두달의 각월 운세는 물론, 매월 매일의 운세(운기), 필요에 따라서는 당일 시간(시각)의 운기까지도 살펴볼 수 있도록 운세괘인 역괘를 숫자화해서 찾기 쉽게 일람표로 꾸며져 있습니다.

　다른 한가지 Ⅱ법은 우리들이 일상생활상에 직접 간접으로 당면하는 온갖 일에 그 즉시 대응해서 점쳐 볼 수 있는 이른바 역점활단법이 실려 있습니다. 이런 방법은 현재 당장 알고 싶거나 실제 상황에서 즉시 대처, 해결 방도를 찾아내거나 대응방도를 강구하거나, 판단에 따른 결단을 내릴 수 있는 그야말로 활단역점에 중점을 둔 것이 특징인 점법입니다.

　위 두가지 중 어느쪽을 더 중시해야 하느냐? 하는 것은 제각기 장점을 갖고 있으므로 일률적으로 말하기는 어려우나, 필자의 약 40여년간의 역술 실점 경험으로는 후자쪽에 더 손이 올라간다는 것이 솔직한 심정입니다. 굳이 이유를 물으신다면 역점의 미래예지(未來豫知)의 신비적인 발로가 현실에 즉응할 때에 더욱 그 능력을 고도롭게 발휘하여 이른바 당의 즉묘(當意卽妙)에 역점의 참맛과 묘미가 있음을 체득했기 때문이라고나 해두고자 합니다.

　물론 그렇다고 전자를 가볍게 본다는 것은 절대로 아닙니다. 오늘날에도 한 해가 시작되는 정초가 되면 많은 사람들이 당해년의 일년신수를 보려고 유명 무명 역술인을 찾아가고, 또「토정비결」을 보는 사람이 의외로 많으며 믿는 사람도 많습니다. 여성잡지 신년호 등에는 토정비결 풀이가 실리고 있는 것도 독자가 많다는 반증이라 보입니다. 개중에는 절대적인 토정비결 신봉자도 있고 믿지는 않으나 재미삼아 흥미위주로 보는 이도 많이 있습니다.

　옛 선인들 글 가운데 "일년중의 계책은 정초에 들어 있다"고 당해년의 운세전반을 미리 알아(맞는 것인지 안맞는 것인지는 두고 봐야 알겠지만?) 나름대로 일년의 설계나 계획을 세우는데 응용한다면 일년운세 역점활용법 또한 합리적이며 의의가 있다고 여겨집니다.

　그렇다면 여기 토정비결보다 더 적중율이 높은 일년 열두달 운세보는 법을 생활역점으로 엮어 내놓게 된 계기가 되었던 것입니다. 그리고 역괘풀이 내용은 여러 저서에서 엄선해서 엮었습니다. 이에 두가지 작괘법의 유래에 대해서 설명해 드리고자 합니다.

◇ 운세괘 내는 법의 유래

운세괘 내는 법의 유래 : 옛 신선 곤양일지도인(昆陽一知道人)이 창시한 비전에서 따온 것으로서, 필자가 유소시절 족숙 홍진사 순간옹(洪進士 淳慁翁)에게서 한학을 사숙할 당시, 외도라 할 역술학에 더 흥미를 갖게 되자, 온갖 역술학의 기초서부터 전수를 받은 중의 일부에서 비롯되었습니다. 일명을 건곤일기신수(乾坤一氣神數)라 일컬으며, 단역(斷易)에서는 팔자추산 득패법(八字推算 得卦法)으로 비전되어 온 것이라고, 대만의 역학자 황요덕(黃耀德)선생은 저서 단역정의(斷易精義)에서 밝힌 바 있습니다.

본래는 단역에서 응용하던 방법이나 이를 각인의 운세에 적용, 실지로 임상에 응용한 결과 그 적중율이 매우 높아 이에 그 비방을 도입하게 된 것입니다.

현재 항간에는 이와 유사한 점술서가 예전부터 유포되고 있습니다. 그런데 이들 술서에 기재되어 있는 종래의 방법에는 몇군데 중대한 결함과 문제점이 있음이 발견되었습니다.

그중에서 년운괘 내는 법은 이 책과는 다른 방법을 사용하고 있으나 그것은 나름대로의 일리가 있으므로 별문제 될 것도 없으며, 또한 년운괘에서 12월운으로 변괘하는 과정은 똑같은 원리로 전개되고 있으므로 이것 역시 아무런 착오가 없습니다. 더구나 원래는 월운에 중점을 둔 생괘법(生卦法)에서 비롯된 유년유월간법(流年流月看法)에서 나온 것이기 때문입니다.

문제점은 실은 매일운기(일운괘)에 있습니다. 만약에 독자께서 이러한 서적을 보신 분은 이미 알고 있는 분도 계실 것입니다. 즉 매일운기 번호(괘수표시)가 일람표에 기재되어 있는데, 이를 자세하게 살펴보면 곧 모순점을 발견할 것입니다.

[모순된 문제점] 보기

	5 3 풍화가인										
	1월	2월	3월	4월	5월	6월	7월	8월	9월	10월	11월	12월
17일	55	55	55	55	55	55	51	51	57	57	56	56
18일	35	35	35	35	35	35	31	31	37	37	36	36
19일	25	25	25	25	25	25	21	21	27	27	26	26
27일	65	63	65	63	65	63	61	67	67	61	66	64
28일	45	43	35	43	45	43	41	47	47	41	46	44
29일	15	13	25	13	15	13	11	17	17	11	16	14

위의 보기는 한 예입니다만은 어느 달이나 17일·18일·19일이 운기번호(괘이름 수괘)가 1월에서 6월까지 똑같은 역괘번호가 기재되어 있습니다. 그 다음은 7·8월, 9·10월, 1112월 각 두달씩의 일자도 똑같은 운기번호로 되어 있음을 봅니다. 그리고 다음에는 27일·28일·29일자 운기번호를 보십시오. 1월·3월·5월의 그 날짜 운기번호가 똑같고 2월·4월·6월 운기번호가 똑같습니다. 그리고 7월과 10월, 8월과 9월의 그 날짜 운기번호가 역시 같게 배열되어 있습니다. 이 보기는 아무괘나 하나를 내어서 살펴 본 것이나 실은 11에서 88에 이르는 64괘 운기일람표의 17·18·19일과 27·28·29일란이 모두 이와 같습니다. 이는 그 날짜 운기는 전부 몇달 동안 똑같다는 뜻이 되므로 중대한 모순이며 결점이 아닐 수 없습니다.

이같은 모순의 근본원인은 단 한가지로서 한 괘의 월운괘로서 30일간 30괘로 생괘(生卦~변효~변괘)를 한데서 온 것으로써, 이를 추산하는데 무리가 있었던 것입니다.

나중에 다시 설명해 드리기로 하겠습니다만은 원래 이 변괘 생괘법은 당초에 성명학 유년법에서 따온 것이었기에 정통 추산 생괘법에 의하지 않았기 때문입니다. 그래서 필자는 원형은 최대한 살리고 최소한도 이점만이라도 보완 개정에 착수 고심끝에 다른 비방의 생괘법을 도입해서 추산한 일운괘를 이에 기재 수정을 단행하였습니다. 그러므로 이 책에 실린 일람표의 상기 일자란만은 종래서와 다른 괘로 된 곳이 있음을 여기에 알려두는 바이며, 이점 오해나 착오가 없기를 바랍니다.

◇ 운세괘 유년법에 얽힌 이야기

이것은 여담입니다만은 지난 1950년대 후반 필자가 한때 항도 부산에서 약관의 나이로 소위 햇병아리 역학도 시절, 참으로 많은 선배 원로 역학대가들과 지면을 갖게 되고, 지우도 받고 가르침도 얻었습니다. 그중 한분 성명학 대가로 당시 중앙우체국 앞에서 보시던 이동희(李東熹)선생과도 사귀게 되었는데, 이 어른과 의기투합 성명학 유년법(姓名學 流年法)을 당자의 연령수에 부연해서 당년일년신수비결로 꾸며서, 토정비결처럼 복사해서 일반 고객에게 배포 한때 인기를 끈 적이 있었습니다.

그후 필자는 대구에 올라와서 운명철학관을 개관하였고, 가끔 서울에 상경하였다가 파고다 공원에서 혜성원 관장도 만났고 수표교에서 가두작명소 이수봉 선배를 통해 이효관(李曉觀·隱達)선생의 존함도 들었으며 저서 태극도식 수신정명결(太極圖式 修身正名訣)도 보게 되었습니다.

그리고 당시 경향각지를 순회 고서적상과 술객가를 자주 드나들면서 각종 고금 역술학 서적만을 수집 판매 알선하는 연씨노인(延氏老人)이 들려서, 양서도 구입했으나 서울의 역학계 동향 유명 역학술 인사의 근황도 듣게 되었는데, 그때에 첨성대 정준(鄭濬)선생의 저서 역상(易象) 견본을 갖고 와서, 내용을 알게도 되었습니다.
　그후 드디어 1962년에는 서울로 이주, 많은 역학대가와 교류하게 되었습니다. 그 당시 알아보니까 이효관선생의 저서에서 따온 성명학 유년법을 정준선생께서 본격적으로 응용 확대해서 대성행하고 있었습니다.
　이 유년법이 나중에 성명역상대신 각인의 생년월일로 대입(代入)하는데 착안해서, 이를 년운, 월운, 일운, 시운에까지 적응시켜 발표한 것이 남궁 김기덕(楠宮 金起德)선생이며, 추송학(秋松鶴)선생 등이 있습니다.
　이 두 분은 각기 저서「열역신서」와「영통신서」를 통해 선배 학자들의 고안했던 유년유월법 등을 그대로 답습 인용해서 "운기일람표"를 만들었습니다. 그 증거 하나를 제시하여 증명해 본다면 그들 책자에 실린 "운기일람표"에서 홀수달(1, 3, 5, 7, 9, 11월) 월운번호가 2 1인 달을 찾아서 일자란 28일과 29일을 찾아보면 [월운 2 1 ＊28일—— 1 2 ＊29일—— 4 2]로 적혀 있습니다.
　그런데 이것은 원저 역상의 오기된 부분입니다.
　정답은 홀수달 2 1은 28일은 4 2가 맞고 29일은 1 2라야 옳은 것입니다.
　이같은 오기는 인용했던 원본이 오기부분까지 그대로 베낀데서 온 사소한 실수라 하겠습니다. 여기서는 이 문제를 탓하자는 것이 아니라, 이들 유년법의 모순점을 어떻게든 해소시켜야 한다는 점에 있습니다.
　의문은 몰라서 못고쳤는지 혹은 알고도 감히? 실력부족으로 고칠 염두도 못내었는지는 모르겠으나 이에 아직 완전치는 못하나 보완 개정을 이 책에서는 단행한 것입니다. 그리고 이처럼 위 두 저서가 약간의 문제점 결함은 있으나 오랜동안 꾀나 많이 보급된 것으로 알고 있습니다. 그 점에 대해서는 역학도로서 크게 환영하는 바입니다. 역점술의 일반화 대중화 보편화면에서는 대단한 성과를 올렸으며, 특히 역점술 보급에 끼친 공로는 매우 지대하였으며 그런 면에서는 찬사를 아끼지 않는 바입니다.

◇ 역점은 활단에 참 묘미가 있다.

일상 생활에 역점을 이용하는 데는 사실상 우득괘(遇得卦)에 의한 즉시 득괘 활단이 가장 알맞는 방법이라고 생각합니다. 앞에서도 잠시 언급한 바 있으나 미리서부터 정해진 일람표식 운세괘 응용법 역점보다는 역점의 기능상 이른바 당의즉묘(當意即妙)함에 역점의 참맛 묘미가 있는 것입니다.

즉시 활단에 의해서 생활상에 나타나는 갖가지 당면문제에 해결책이나 현 실정에 입각한 미래예측을 즉발 응하는 것이 역점일진대, 거기에서 얻어진 주역의 예지를 받아들여 판단이나 결단을 내리는 이것이 역점의 바른 활용법이라고 필자는 생각합니다.

그래서 이 책에서는 역점활단법을 아울러 갖추게 된 것입니다. 이 뜻을 독자 여러분께서도 납득하실 줄 믿으면서 많이 활용해 보시면 역점의 신비와 묘미를 터득하시게 될 것을 확신합니다.

여기에 실린 활단작괘법의 유래는 송나라 때의 대역학자로 일반에게는 「매화심역(梅花心易)」으로 더 잘 알려진 유명한 소강절(邵康節)선생의 즐겨 사용했던 「선천괘수기례(先天卦數起例)」에서 비롯된 법입니다. 점칠 당시의 년월일시를 수로 바꾸고 다시 괘로 작괘하는 방법입니다.

이 책 내용중 점치는 법을 옛법을 그대로 기재했기 때문에 년수와 시수를 내는데 있어서, 12지지(十二地支~子, 丑, 寅, 卯, 辰, 巳, 午, 未, 申, 酉, 戌, 亥)를 쓰고 있고 그것을 다시 순서수대로 수로 바꾸어 쓰고 있습니다. 즉 子는 1, 丑은 2, 寅은 3… 등. 거기에다 월과 일을 음력월일을 사용하고 있습니다. 꼭 이와 같이 년과 시각에 12지지를 써야 하고 음력 월·일을 넣어서 꼭 추산해야 되느냐 하면, 그건 절대로 그렇지 않습니다.

현실적으로 현대사회에서는 모든 일상생활에 서기년도가 사용되고 있으며 또한 양력이 보편화되어 사용하고 있습니다. 그러므로 양력을 음력으로 환산하려면 일일히 책력이나 일력에서 찾아봐야 하므로 도리어 번거로운 일이 아닐 수 없을 것입니다. 그렇게 해서 반드시 음력 월일을 찾아서 작괘를 할 필요는 없으며, 각자의 성향(性向)이나 취향에 따라 다시 말해서 점치려는 사람의 마음먹기에 따른 것으로, 서기년도의 수를 합산한 수, 양력의 월·일수, 시간수(12시간제, 또는 24시간제)로 작괘하더라도 아무런 지장이 없습니다.

예를 들면 1992년 8월 15일 10시에 작괘한다면,
년수 1+9+9+2=21 월수 8, 일수 15를 더한 합계수 44=(21+8+15)
∴44를 8로 나누면 나머지수가 4=(44-40) 이것이 상괘수 4진뢰(震雷).

다시 44수에 시수 10을 더하면 54=(44+10) ∴54를 8로 나누면 나머지수가 6=(54-48)

이것이 하괘수 6감수(坎水), [4 6]은 뇌수해(雷水解)괘.
총합계수 54를 6으로 나누면 다 나누어짐으로 6=(54-48)
[4 6] 뇌수해의 상효변

◇ 활단시에 알아두어야 할 사항

앞에서 말했듯이 음력을 쓸 수 있으면 그대로 작괘해도 되고, 번거롭다고 여겨지면 서기년도와 양력월일을 사용해서 작괘해도 아무 지장이 없다고 강조하였습니다. 그렇게 말하니까, 같은 년월일시에 여러 사람이 동일한 사항에 대해서 점을 쳤다고 하면, 각인각색의 다른 점괘가 나오게 되어서 사람에 따라서 맞는 사람도 있고 맞지 않는 사람도 생길 터이니 그건 불합리하다고 할른지도 모릅니다.

그러나 그것은 그 점치는 사람, 점을 보려는 사람의 그때의 운세의 강약이라는 것도 있고, 또 점치는 사람의 역점에 대한 이해력, 판단력 즉 역술에 대한 실력 여하에 관련되므로 그 불합리성은 문제가 되지 않습니다.

역술에 우수한 사람이라면 어떤 주역괘가 나와도 그 표면을 보고 뒷면까지 살펴보아서 백발백중의 판단을 할 수가 있는 것으로서, 미숙한 사람은 어떤 괘가 나오더라도 쉽사리 그것을 맞칠 수가 없는 것입니다.

그리고 또 한가지 주의할 점이 있습니다. 이와 같이 같은 년월일시로서 역괘수를 내는 데는 여러가지 방법이 있으므로 얼마든지 다른 괘를 내볼 수도 있는 것입니다. 그래서 사람에 따라서는 그 가운데서 자신에게 형편이 유리함같은 괘를 골라서 그것으로써 손쉽게 판단을 권유하는 일인데, 이것이 점사의 함정이며 점의 묘혈인 것입니다.

어떤 방법, 수순에 따라서 하나의 괘를 낸다. 그것으로 판단해 보니까 그리 좋은 암시를 얻지 못했다. 또한 괘상이 아무래도 현실상황과도 맞지 않는 것 같다. 그래서 다시 한번, 또 다시 한번 다른 방법, 수순으로 다른 괘를 낸다. 그 괘로 해보니까 이번에는 매우 경우가 좋아 보이니, 이걸로 해두자고 정해 버린다. 그 결과는 전혀 반대의 현상으로 나타나서 점사의 체면은 완전히 손상을 입고 맙니다.

그러므로 같은 년월일시로도 음력과 양력 두가지 작괘법을 말씀드렸으나 물론 이밖에도 여러가지 수순이 있으므로 같은 년월일시를 기준삼더라도 여러 수순이 있기 마련이라서 다른 괘가 작괘됨은 물론입니다. 그런데 이것저것으로 변한 수순으로 작괘해서 판단한다면, 그야말로 갈피를 못잡게 되어 점은 맞지도 않을 것입니다.

요는 괘를 내는 방법은 여럿 있으나 우선 중요한 것은 그 중에서 한가지 방법을 선택해서 꾸준히 시종일관할 때에 비로소 적중율이 높아집니다. 또한 어떤 경우건 한번 얻은 괘는 마지막까지 끝내 궁리 점고해서 그 길흉, 사안의 가부 등을 옳게 판단하므로써, 본분을 다할 것입니다.

다시 재강조할 것은 년·월·일·시를 사용한다는 것은 일종의 수단에 불과합니다. 괘를 내는 것은 어떤 경우이건 목적이 아니라는 것을 잊지를 말아야 합니다.

◇ 점적(占的)과 일사일점(一事一占)

즉시 활단에 임하여서는 첫째 점칠 목적이 뚜렷해야 하는 것으로서 이를 줄여서 점적(占的)이라고 합니다. 아무런 목적이 없이 덮어놓고 막연한 것을 일년신수라면 몰라도, 단안을 내려야 할 활단에는 목적이 있어야 함은 당연한 것입니다.

예로부터 문복(問卜) 또는 문서(問筮)라고 해서 고대로부터 먼저 누가 물을 때 비로소 괘를 내어 보는 것이며, 누가 부탁도 하지 않았는데, 타인사에 대해서 점처 보는 것도 금기되어 왔습니다.

점단(占斷)은 역(易)의 신명(神明)이라고나 할까. 하늘의 의지를 믿는 것으로, 옛 선인들처럼 깨끗한 몸가침으로 제계목욕까지는 아니더라도 손도 씻고 입도 양치질하는게 좋겠고 마음도 비워서 진지한 태도로 혹은 정신통일한 다음 임하는 것이 가장 바람직스럽습니다.

그다음에 점의 목적을 확실히 정했으면 일단 종이에라도 써 놓고 거기에 집중하면서 작괘하는 것이 하늘의 의지를 묻는 역점행위의 기본자세인 것입니다.

그리고 점적 하나에 한 괘를 내는, 이른바 일사일점(한 사안에 한 점괘)가 가장 바람직합니다. 한 괘로 이것저것 두리뭉실 점치다 보면, 도리어 번잡하고 원목적은 간데없고 엉뚱한 곳으로 흘러, 그만 길을 잃게 되고 말 것입니다.

연령 태세간지대조표

서기	태세	연령	서기	태세	연령	서기	태세	연령
1921	辛酉	72 73 74 75 76	1951	辛卯	42 43 44 45 46	1981	辛酉	12 13 14 15 16
1922	壬戌	71 72 73 74 75	1952	壬辰	41 42 43 44 45	1982	壬戌	11 12 13 14 15
1923	癸亥	70 71 72 73 74	1953	癸巳	40 41 42 43 44	1983	癸亥	10 11 12 13 14
1924	甲子	69 70 71 72 73	1954	甲午	39 40 41 42 43	1984	甲子	9 10 11 12 13
1925	乙丑	68 69 70 71 72	1955	乙未	38 39 40 41 42	1985	乙丑	8 9 10 11 12
1926	丙寅	67 68 69 70 71	1956	丙申	37 38 39 40 41	1986	丙寅	7 8 9 10 11
1927	丁卯	66 67 68 69 70	1957	丁酉	36 37 38 39 40	1987	丁卯	6 7 8 9 10
1928	戊辰	65 66 67 68 69	1958	戊戌	35 36 37 38 39	1988	戊辰	5 6 7 8 9
1929	己巳	64 65 66 67 68	1959	己亥	34 35 36 37 38	1989	己巳	4 5 6 7 8
1930	庚午	63 64 65 66 67	1960	庚子	33 34 35 36 37	1990	庚午	3 4 5 6 7
1931	辛未	62 63 64 65 66	1961	辛丑	32 33 34 35 36	1991	辛未	2 3 4 5 6
1932	壬申	61 62 63 64 65	1962	壬寅	32 33 34 35 36	1992	壬申	1 2 3 4 5
1933	癸酉	60 61 62 63 64	1963	癸卯	30 31 32 33 34	1993	癸酉	1 2 3 4
1934	甲戌	59 60 61 62 63	1964	甲辰	29 30 31 32 33	1994	甲戌	1 2 3
1935	乙亥	58 59 60 61 62	1965	乙巳	28 29 30 31 32	1995	乙亥	1 2
1936	丙子	57 58 59 60 61	1966	丙午	27 28 29 30 31	1996	丙子	1
1937	丁丑	56 57 58 59 60	1967	丁未	26 27 28 29 30	1997	丁丑	
1938	戊寅	55 56 57 58 59	1968	戊申	25 26 27 28 29	1998	戊寅	
1939	己卯	54 55 56 57 58	1969	己酉	24 25 26 27 28	1999	己卯	
1940	庚辰	53 54 55 56 57	1970	庚戌	23 24 25 26 27	2000	庚辰	
1941	辛巳	52 53 54 55 56	1971	辛亥	22 23 24 25 26	2001	辛巳	
1942	壬午	51 52 53 54 55	1972	壬子	21 22 23 24 25	2002	壬午	
1943	癸未	50 51 52 53 54	1973	癸丑	20 21 22 23 24	2003	癸未	
1944	甲申	49 50 51 52 53	1974	甲寅	19 20 21 22 23	2004	甲申	
1945	乙酉	48 49 50 51 52	1975	乙卯	18 19 20 21 22	2005	乙酉	
1946	丙戌	47 48 49 50 51	1976	丙辰	17 18 19 20 21	2006	丙戌	
1947	丁亥	46 47 48 49 50	1977	丁巳	16 17 18 19 20	2007	丁亥	
1948	戊子	45 46 47 48 49	1978	戊午	15 16 17 18 19	2008	戊子	
1949	己丑	44 45 46 47 48	1979	己未	14 15 16 17 18	2009	己丑	
1950	庚寅	43 44 45 46 47	1980	庚申	13 14 15 16 17	2010	庚寅	

서기년도와 태세간지 대조표

년도	간지	년도	간지	년도	간지	년도	간지	년도	간지
1901년	신축 辛丑	1921년	신유 辛酉	1941년	신사 辛巳	1961년	신축 辛丑	1981년	신유 辛酉
1902년	임인 壬寅	1922년	임술 壬戌	1942년	임오 壬午	1962년	임인 壬寅	1982년	임술 壬戌
1903년	계묘 癸卯	1923년	계해 癸亥	1943년	계미 癸未	1963년	계묘 癸卯	1983년	계해 癸亥
1904년	갑진 甲辰	1924년	갑자 甲子	1944년	갑신 甲申	1964년	갑진 甲辰	1984년	갑자 甲子
1905년	을사 乙巳	1925년	을축 乙丑	1945년	을유 乙酉	1965년	을사 乙巳	1985년	을축 乙丑
1906년	병오 丙午	1926년	병인 丙寅	1946년	병술 丙戌	1966년	병오 丙午	1986년	병인 丙寅
1907년	정미 丁未	1927년	정묘 丁卯	1947년	정해 丁亥	1967년	정미 丁未	1987년	정묘 丁卯
1908년	무신 戊申	1928년	무진 戊辰	1948년	무자 戊子	1968년	무신 戊申	1988년	무진 戊辰
1909년	기유 己酉	1929년	기사 己巳	1949년	기축 己丑	1969년	기유 己酉	1989년	기사 己巳
1910년	경술 庚戌	1930년	경오 庚午	1950년	경인 庚寅	1970년	경술 庚戌	1990년	경오 庚午
1911년	신해 辛亥	1931년	신미 辛未	1951년	신묘 辛卯	1971년	신해 辛亥	1991년	신미 辛未
1912년	임자 壬子	1932년	임신 壬申	1952년	임진 壬辰	1972년	임자 壬子	1992년	임신 壬申
1913년	계축 癸丑	1933년	계유 癸酉	1953년	계사 癸巳	1973년	계축 癸丑	1993년	계유 癸酉
1914년	갑인 甲寅	1934년	갑술 甲戌	1954년	갑오 甲午	1974년	갑인 甲寅	1994년	갑술 甲戌
1915년	을묘 乙卯	1935년	을해 乙亥	1955년	을미 乙未	1975년	을묘 乙卯	1995년	을해 乙亥
1916년	병진 丙辰	1936년	병자 丙子	1956년	병신 丙申	1976년	병진 丙辰	1996년	병자 丙子
1917년	정사 丁巳	1937년	정축 丁丑	1957년	정유 丁酉	1977년	정사 丁巳	1997년	정축 丁丑
1918년	무오 戊午	1938년	무인 戊寅	1958년	무술 戊戌	1978년	무오 戊午	1998년	무인 戊寅
1919년	기미 己未	1939년	기묘 己卯	1959년	기해 己亥	1979년	기미 己未	1999년	기묘 己卯
1920년	경신 庚申	1940년	경진 庚辰	1960년	경자 庚子	1980년	경신 庚申	2000년	경진 庚辰

개운 생활역점

음양대조 10년력

1992년~2001년

내용 : 태세·월건·일진·절기입절
부 : 서기년도와 태세간지 대조표

1992년

태세 壬申년 서기1992년 서기4325년 월절과월건	정월소 壬寅	2월대 癸卯	3월대 甲辰	4월소 乙巳	5월 丙午	6월대 丁未
일자 일진 절기	일자 일진 절기	일자 일진 절기	일자 일진 절기	일자 일진 절기	일자 일진 절기	일자 일진 절기
◇ 음정월 寅월건 입춘날부터 경칩전날까지	1일 庚戌 입춘 정	1일 己卯	1일 己酉	1일 己卯	1일 戊申	1일 丁丑
음2월 卯월건 경칩날부터 청명전날까지	2일 辛亥	2일 庚辰 경칩 2	2일 庚戌 청명 3	2일 庚辰	2일 己酉	2일 戊寅
음3월 辰월건 청명날부터 입하전날까지	3일 壬子	3일 辛巳	3일 辛亥	3일 辛巳 입하 4	3일 寅戌	3일 己卯
음4월 巳월건 입하날부터 망종전날까지	4일 癸丑	4일 壬午	4일 壬子	4일 壬午	4일 辛亥	4일 庚辰
	5일 甲寅	5일 癸未	5일 癸丑	5일 癸未	5일 壬子 망종 5	5일 辛巳
	6일 乙卯	6일 甲申	6일 甲寅	6일 甲申	6일 癸丑	6일 壬午
	7일 丙辰	7일 乙酉	7일 乙卯	7일 乙酉	7일 甲寅	7일 癸未
	8일 丁巳	8일 丙戌	8일 丙辰	8일 丙戌	8일 乙卯	8일 丙申 소서 6
	9일 戊午	9일 丁亥	9일 丁巳	9일 丁亥	9일 丙辰	9일 乙酉
	10일 己未	10일 戊子	10일 戊午	10일 戊子	10일 丁巳	10일 丙戌
음5월 午월건 망종날부터 소서전날까지	11일 庚申	11일 己丑	11일 己未	11일 己丑	11일 戊午	11일 丁亥
음6월 未월건 소서날부터 입추전날까지	12일 辛酉	12일 庚寅	12일 庚申	12일 庚寅	12일 己未	12일 戊子
음7월 申월건 입추날부터 백로전날까지	13일 壬戌	13일 辛卯	13일 辛酉	13일 辛卯	13일 庚申	13일 己丑
음8월 酉월건 백로날부터 한로전날까지	14일 癸亥	14일 壬辰	14일 壬戌	14일 壬辰	14일 辛酉	14일 庚寅
	15일 甲子	15일 癸巳	15일 癸亥	15일 癸巳	15일 壬戌	15일 辛卯
	16일 乙丑	16일 甲午	16일 甲子	16일 甲午	16일 癸亥	16일 壬辰
	17일 丙寅	17일 乙未	17일 乙丑	17일 乙未	17일 甲子	17일 癸巳
	18일 丁卯	18일 丙申	18일 丙寅	18일 丙申	18일 乙丑	18일 甲午
	19일 戊辰	19일 丁酉	19일 丁卯	19일 丁酉	19일 丙寅	19일 乙未
	20일 己巳	20일 戊戌	20일 戊辰	20일 戊戌	20일 丁卯	20일 丙申
음9월 戌월건 한로날부터 입동전날까지	21일 庚午	21일 己亥	21일 己巳	21일 己亥	21일 戊辰	21일 丁酉
음10월 亥월건 입동날부터 대설전날까지	22일 辛未	22일 庚子	22일 庚午	22일 庚子	22일 己巳	22일 戊戌
음11월 子월건 대설날부터 소한전날까지	23일 壬申	23일 辛丑	23일 辛未	23일 辛丑	23일 庚午	23일 己亥
음12월 丑월건 소한날부터 입춘전날까지	24일 癸酉	24일 壬寅	24일 壬申	24일 壬寅	24일 辛未	24일 庚子
	25일 甲戌	25일 癸卯	25일 癸酉	25일 癸卯	25일 壬申	25일 辛丑
	26일 乙亥	26일 甲辰	26일 甲戌	26일 甲辰	26일 癸酉	26일 壬寅
	27일 丙子	27일 乙巳	27일 乙亥	27일 乙巳	27일 甲戌	27일 癸卯
	28일 丁丑	28일 丙午	28일 丙子	28일 丙午	28일 乙亥	28일 甲辰
	29일 戊寅	29일 丁未	29일 丁丑	29일 丁未	29일 丙子	29일 乙巳
		30일 戊申	30일 戊寅			30일 丙午

1992년

7월소戊申	8월소己酉	9월대庚戌	10월소辛亥	11월대壬子	12월대癸丑	비　　고
일자일진절기	일자일진절기	일자일진절기	일자일진절기	일자일진절기	일자일진절기	[양력입절일]
1일丁未	1일丙子	1일乙巳	1일乙亥	1일甲辰	1일甲戌	입춘(立春)
2일戊申	2일丁丑	2일丙午	2일丙子	2일乙巳	2일乙亥	양력2월4일
3일己酉	3일戊寅	3일丁未	3일丁丑	3일丙午	3일丙子	
4일庚戌	4일己卯	4일戊申	4일戊寅	4일丁未	4일丁丑	경칩(驚蟄)
5일辛亥	5일庚辰	5일己酉	5일己卯	5일戊申	5일戊寅	양력3월5일
6일壬子	6일辛巳	6일庚戌	6일庚辰	6일己酉	6일己卯	청명(淸明)
7일癸丑	7일壬午	7일辛亥	7일辛巳	7일庚戌	7일庚辰	양력4월4일
8일甲寅	8일癸未	8일壬子	8일壬午	8일辛亥	8일辛巳	
9일乙卯입추	9일甲申	9일癸丑	9일癸未	9일壬子	8일壬午	입하(立夏)
10일丙辰	10일乙酉	10일甲寅	10일甲申	10일癸丑	10일癸未	양력5월5일
11일丁巳	11일丙戌백로	11일乙卯	11일乙酉	11일甲寅	11일甲申	망종(芒種)
12일戊午	12일丁亥	12일丙辰	12일丙戌	12일乙卯	12일乙酉	양력6월5일
13일己未	13일戊子	13일丁巳한로	13일丁亥입동	13일丙辰	13일丙戌소한	
14일庚申	14일己丑	14일戊午	14일戊子	14일丁巳대설	14일丁亥	소서(小暑)
15일辛酉	15일庚寅	15일己未	15일己丑	15일戊午	15일戊子	양력7월7일
16일壬戌	16일辛卯	16일庚申	16일庚寅	16일己未	16일己丑	입추(立秋)
17일癸亥	17일壬辰	17일辛酉	17일辛卯	17일庚申	17일庚寅	양력8월7일
18일甲子	18일癸巳	18일壬戌	18일壬辰	18일辛酉	18일辛卯	
19일乙丑	19일甲午	19일癸亥	19일癸巳	19일壬戌	19일壬辰	백로(白露)
20일丙寅	20일乙未	20일甲子	20일甲午	20일癸亥	20일癸巳	양력9월7일
21일丁卯	21일丙申	21일乙丑	21일乙未	21일甲子	21일甲午	한로(寒露)
22일戊辰	22일丁酉	22일丙寅	22일丙申	22일乙丑	22일乙未	양력10월8일
23일己巳	23일戊戌	23일丁卯	23일丁酉	23일丙寅	23일丙申	
24일庚午	24일己亥	24일戊辰	24일戊戌	24일丁卯	24일丁酉	입동(立冬)
25일辛未	25일庚子	25일己巳	25일己亥	25일戊辰	25일戊戌	양력11월7일
26일壬申	26일辛丑	26일庚午	26일庚子	26일己巳	26일己亥	대설(大雪)
27일癸酉	27일壬寅	27일辛未	27일辛丑	27일庚午	27일庚子	양력12월7일
28일甲戌	28일癸卯	28일壬申	28일壬寅	28일辛未	28일辛丑	
29일乙亥	29일甲辰	29일癸酉	29일癸卯	29일壬申	29일壬寅	소한(小寒)
		30일甲戌		30일癸酉	30일癸卯	93년1월5일

1993년

태세 癸酉 년	정월소甲寅			2월대乙卯			3월대丙辰			윤3월소			4월대丁巳			5월소戊午		
서기1993년 서기4326년 월절과월건	일자	일진	절기	일자	일진	절기	일자	일진	절기	일자	일진	절기	일자	일진	절기	일자	일진	절기
◇ 음 음 음 음 정 2 3 4 월 월 월 월 寅 卯 辰 巳 월 월 월 월 건 건 건 건 입 경 청 입 춘 칩 명 하 날 날 날 날 부 부 부 부 터 터 터 터 경 청 입 망 칩 명 하 종 전 전 전 전 날 날 날 날 까 까 까 까 지 지 지 지	1일甲辰			1일癸酉			1일癸卯			1일癸酉			1일壬寅			1일壬申		
	2일乙巳			2일甲戌			2일甲辰			2일甲戌			2일癸卯			2일癸酉		
	3일丙午			3일乙亥			3일乙巳			3일乙亥			3일甲辰			3일甲戌		
	4일丁未			4일丙子			4일丙午			4일丙子			4일乙巳			4일乙亥		
	5일戊申			5일丁丑			5일丁未			5일丁丑			5일丙午			5일丙子		
	6일己酉			6일戊寅			6일戊申			6일戊寅			6일丁未			6일丁丑		
	7일庚戌			7일己卯			7일己酉			7일己卯			7일戊申			7일戊寅		
	8일辛亥			8일庚辰			8일庚戌			8일庚辰			8일己酉			8일己卯		
	9일壬子			9일辛巳			9일辛亥			9일辛巳			9일庚戌			8일庚辰		
	10일癸丑			10일壬午			10일壬子			10일壬午			10일辛亥			10일辛巳		
음 음 음 음 5 6 7 8 월 월 월 월 午 未 申 酉 월 월 월 월 건 건 건 건 망 소 입 백 종 추 로 날 날 날 날 부 부 부 부 터 터 터 터 소 입 백 한 서 추 로 로 전 전 전 전 날 날 날 날 까 까 까 까 지 지 지 지	11일甲寅			11일癸未			11일癸丑			11일癸未			11일壬子			11일壬午		
	12일乙卯			12일甲申			12일甲寅			12일甲申			12일癸丑			12일癸未		
	13일丙辰	입춘		13일乙酉	경칩 2		13일乙卯			13일乙酉			13일甲寅			13일甲申		
	14일丁巳	정		14일丙戌			14일丙辰	청명 3		14일丙戌	입하 4		14일乙卯			14일乙酉		
	15일戊午			15일丁亥			15일丁巳			15일丁亥			15일丙辰			15일丙戌		
	16일己未			16일戊子			16일戊午			16일戊子			16일丁巳			16일丁亥		
	17일庚申			17일己丑			17일己未			17일己丑			17일戊午	망종 5		17일戊子		
	18일辛酉			18일庚寅			18일庚申			18일庚寅			18일己未			18일己丑	소서 6
	19일壬戌			19일辛卯			19일辛酉			19일辛卯			19일庚申			19일庚寅		
	20일癸亥			20일壬辰			20일壬戌			20일壬辰			20일辛酉			20일辛卯		
음 음 음 음 9 10 11 12 월 월 월 월 戌 亥 子 丑 월 월 월 월 건 건 건 건 한 입 대 소 로 동 설 한 날 날 날 날 부 부 부 부 터 터 터 터 입 대 소 입 동 설 한 춘 전 전 전 전 날 날 날 날 까 까 까 까 지 지 지 지	21일甲子			21일癸巳			21일癸亥			21일癸巳			21일壬戌			21일壬辰		
	22일乙丑			22일甲午			22일甲子			22일甲午			22일癸亥			22일癸巳		
	23일丙寅			23일乙未			23일乙丑			23일乙未			23일甲子			23일甲午		
	24일丁卯			24일丙申			24일丙寅			24일丙申			24일乙丑			24일乙未		
	25일戊辰			25일丁酉			25일丁卯			25일丁酉			25일丙寅			25일丙申		
	26일己巳			26일戊戌			26일戊辰			26일戊戌			26일丁卯			26일丁酉		
	27일庚午			27일己亥			27일己巳			27일己亥			27일戊辰			27일戊戌		
	28일辛未			28일庚子			28일庚午			28일庚子			28일己巳			28일己亥		
	29일壬申			29일辛丑			29일辛未			29일辛丑			29일庚午			29일庚子		
				30일壬寅			30일壬申						30일辛未					

1993년

6월대己未	7월소庚申	8월소辛酉	9월대壬戌	10월소癸亥	11월대甲子	12월소乙丑
일자 일진 절기	일자 일진 절기	일자 일진 절기	일자 일진 절기	일자 일진 절기	일자 일진 절기	일자 일진 절기
1일 辛丑	1일 辛未	1일 庚子	1일 己巳	1일 己亥	1일 戊辰	1일 戊戌
2일 壬寅	2일 壬申	2일 辛丑	2일 庚午	2일 庚子	2일 己巳	2일 己亥
3일 癸卯	3일 癸酉	3일 壬寅	3일 辛未	3일 辛丑	3일 庚午	3일 庚子
4일 甲辰	4일 甲戌	4일 癸卯	4일 壬申	4일 壬寅	4일 辛未	4일 辛丑
5일 乙巳	5일 乙亥	5일 甲辰	5일 癸酉	5일 癸卯	5일 壬申	5일 壬寅
6일 丙午	6일 丙子	6일 乙巳	6일 甲戌	6일 甲辰	6일 癸酉	6일 癸卯
7일 丁未	7일 丁丑	7일 丙午	7일 乙亥	7일 乙巳	7일 甲戌	7일 甲辰
8일 戊申	8일 戊寅	8일 丁未	8일 丙子	8일 丙午	8일 乙亥	8일 乙巳
9일 己酉	9일 己卯	9일 戊申	9일 丁丑	9일 丁未	8일 丙子	9일 丙午
10일 庚戌	10일 庚辰	10일 己酉	10일 戊寅	10일 戊申	10일 丁丑	10일 丁未
11일 辛亥	11일 辛巳	11일 庚戌	11일 己卯	11일 己酉	11일 戊寅	11일 戊申
12일 壬子	12일 壬午	12일 辛亥	12일 庚辰	12일 庚戌	12일 己卯	12일 己酉
13일 癸丑	13일 癸未	13일 壬子	13일 辛巳	13일 辛亥	13일 庚辰	13일 庚戌
14일 甲寅	14일 甲申	14일 癸丑	14일 壬午	14일 壬子	14일 辛巳	14일 辛亥
15일 乙卯	15일 乙酉	15일 甲寅	15일 癸未	15일 癸丑	15일 壬午	15일 壬子
16일 丙辰	16일 丙戌	16일 乙卯	16일 甲申	16일 甲寅	16일 癸未	16일 癸丑
17일 丁巳	17일 丁亥	17일 丙辰	17일 乙酉	17일 乙卯	17일 甲申	17일 甲寅
18일 戊午	18일 戊子	18일 丁巳	18일 丙戌	18일 丙辰	18일 乙酉	18일 乙卯
19일 己未	19일 己丑	19일 戊午	19일 丁亥	19일 丁巳	19일 丙戌	19일 丙辰
20일 庚申입추 7	20일 庚寅	20일 己未	20일 戊子	20일 戊午	20일 丁亥	20일 丁巳
21일 辛酉	21일 辛卯	21일 庚申	21일 己丑	21일 己未	21일 戊子	21일 戊午
22일 壬戌	22일 壬辰백로 8	22일 辛酉	22일 庚寅	22일 庚申	22일 己丑	22일 己未
23일 癸亥	23일 癸巳	23일 壬戌한로 9	23일 辛卯	23일 辛酉	23일 庚寅	23일 庚申
24일 甲子	24일 甲午	24일 癸亥	24일 壬辰입동 10	24일 壬戌대설 11	24일 辛卯소한 12	24일 辛酉입춘 정
25일 乙丑	25일 乙未	25일 甲子	25일 癸巳	25일 癸亥	25일 壬辰	25일 壬戌
26일 丙寅	26일 丙申	26일 乙丑	26일 甲午	26일 甲子	26일 癸巳	26일 癸亥
27일 丁卯	27일 丁酉	27일 丙寅	27일 乙未	27일 乙丑	27일 甲午	27일 甲子
28일 戊辰	28일 戊戌	28일 丁卯	28일 丙申	28일 丙寅	28일 乙未	28일 乙丑
29일 己巳	29일 己亥	29일 戊辰	29일 丁酉	29일 丁卯	29일 丙申	29일 丙寅
30일 庚午			30일 戊戌		30일 丁酉	

1994년

태세 甲戌년	정월대丙寅	2월대丁卯	3월대戊辰	4월소己巳	5월대庚午	6월소辛未
서기1994년 서기4327년 월절과월건	일자 일진 절기	일자 일진 절기	일자 일진 절기	일자 일진 절기	일자 일진 절기	일자 일진 절기
◇ 음 음 음 정 2 3 4 월 월 월 월 寅 卯 辰 巳 월 월 월 월 건 건 건 건 입 경 청 입 춘 칩 명 하 날 날 날 날 부 부 부 부 터 터 터 터 경 청 입 망 칩 명 하 종 전 전 전 전 날 날 날 날 까 까 까 까 지 지 지 지	1일丁卯 2일戊辰 3일己巳 4일庚午 5일辛未 6일壬申 7일癸酉 8일甲戌 9일乙亥 10일丙子	1일丁酉 2일戊戌 3일己亥 4일庚子 5일辛丑 6일壬寅 7일癸卯 8일甲辰 9일乙巳 10일丙午	1일丁卯 2일戊辰 3일己巳 4일庚午 5일辛未 6일壬申 7일癸酉 8일甲戌 9일乙亥 10일丙子	1일丁酉 2일戊戌 3일己亥 4일庚子 5일辛丑 6일壬寅 7일癸卯 8일甲辰 9일乙巳 10일丙午	1일丙寅 2일丁卯 3일戊辰 4일己巳 5일庚午 6일辛未 7일壬申 8일癸酉 9일甲戌 10일乙亥	1일丙申 2일丁酉 3일戊戌 4일己亥 5일庚子 6일辛丑 7일壬寅 8일癸卯 9일甲辰 10일乙巳
음 음 음 음 5 6 7 8 월 월 월 월 午 未 申 酉 월 월 월 월 건 건 건 건 망 소 입 백 종 서 추 로 날 날 날 날 부 부 부 부 터 터 터 터 소 입 백 한 서 추 로 로 전 전 전 전 날 날 날 날 까 까 까 까 지 지 지 지	11일丁丑 12일戊寅 13일己卯 14일庚辰 15일辛巳 16일壬午 17일癸未 18일甲申 19일乙酉 20일丙戌	11일丁未 12일戊申 13일己酉 14일庚戌 15일辛亥 16일壬子 17일癸丑 18일甲寅 19일乙卯 20일丙辰	11일丁丑 12일戊寅 13일己卯 14일庚辰 15일辛巳 16일壬午 17일癸未 18일甲申 19일乙酉 20일丙戌	11일丁未 12일戊申 13일己酉 14일庚戌 15일辛亥 16일壬子 17일癸丑 18일甲寅 19일乙卯 20일丙辰	11일丙子 12일丁丑 13일戊寅 14일己卯 15일庚辰 16일辛巳 17일壬午 18일癸未 19일甲申 20일乙酉	11일丙午 12일丁未 13일戊申 14일己酉 15일庚戌 16일辛亥 17일壬子 18일癸丑 19일甲寅 20일乙卯
음 음 음 음 9 10 11 12 월 월 월 월 戌 亥 子 丑 월 월 월 월 건 건 건 건 한 입 대 소 로 동 설 한 날 날 날 날 부 부 부 부 터 터 터 터 입 대 소 입 동 설 한 춘 전 전 전 전 날 날 날 날 까 까 까 까 지 지 지 지	21일丁亥 22일戊子 23일己丑 24일庚寅 25일辛卯경칩2 26일壬辰 27일癸巳 28일甲午 29일乙未 30일丙申	21일丁巳 22일戊午 23일己未 24일庚申 25일辛酉청명3 26일壬戌 27일癸亥 28일甲子 29일乙丑 30일丙寅	21일丁亥 22일戊子 23일己丑 24일庚寅 25일辛卯 26일壬辰입하4 27일癸巳 28일甲午 29일乙未 30일丙申	21일丁巳 22일戊午 23일己未 24일庚申 25일辛酉 26일壬戌 27일癸亥망종5 28일甲子 29일乙丑	21일丙戌 22일丁亥 23일戊子 24일己丑 25일庚寅 26일辛卯 27일壬辰 28일癸巳 29일甲午소서6 30일乙未	21일丙辰 22일丁巳 23일戊午 24일己未 25일庚申 26일辛酉 27일壬戌 28일癸亥 29일甲子

1994년

7월대 壬申	8월소 癸酉	9월소 甲戌	10월대 乙亥	11월소 丙子	12월대 丁丑	비 고
일자일진절기	일자일진절기	일자일진절기	일자일진절기	일자일진절기	일자일진절기	[양력입절일]
1일 乙丑	1일 乙未	1일 甲子	1일 癸巳	1일 癸亥	1일 壬辰	입춘(立春)
2일 丙寅 입추7	2일 丙申	2일 乙丑	2일 甲午	2일 甲子	2일 癸巳	양력2월4일
3일 丁卯	3일 丁酉 백로8	3일 丙寅	3일 乙未	3일 乙丑	3일 甲午	
4일 戊辰	4일 戊戌	4일 丁卯 한로9	4일 丙申	4일 丙寅	4일 乙未	경칩(驚蟄)
5일 己巳	5일 己亥	5일 戊辰	5일 丁酉	5일 丁卯 대설11	5일 丙申	양력3월6일
6일 庚午	6일 庚子	6일 己巳	6일 戊戌 입동10	6일 戊辰	6일 丁酉 소한12	청명(淸明)
7일 辛未	7일 辛丑	7일 庚午	7일 己亥	7일 己巳	7일 戊戌	양력4월5일
8일 壬申	8일 壬寅	8일 辛未	8일 庚子	8일 庚午	8일 己亥	
9일 癸酉	9일 癸卯	9일 壬申	9일 辛丑	9일 辛未	8일 庚子	입하(立夏)
10일 甲戌	10일 甲辰	10일 癸酉	10일 壬寅	10일 壬申	10일 辛丑	양력5월6일
11일 乙亥	11일 乙巳	11일 甲戌	11일 癸卯	11일 癸酉	11일 壬寅	망종(芒種)
12일 丙子	12일 丙午	12일 乙亥	12일 甲辰	12일 甲戌	12일 癸卯	양력6월6일
13일 丁丑	13일 丁未	13일 丙子	13일 乙巳	13일 乙亥	13일 甲辰	
14일 戊寅	14일 戊申	14일 丁丑	14일 丙午	14일 丙子	14일 乙巳	소서(小暑)
15일 己卯	15일 己酉	15일 戊寅	15일 丁未	15일 丁丑	15일 丙午	양력7월7일
16일 庚辰	16일 庚戌	16일 己卯	16일 戊申	16일 戊寅	16일 丁未	입추(立秋)
17일 辛巳	17일 辛亥	17일 庚辰	17일 己酉	17일 己卯	17일 戊申	양력8월8일
18일 壬午	18일 壬子	18일 辛巳	18일 庚戌	18일 庚辰	18일 己酉	
19일 癸未	19일 癸丑	19일 壬午	19일 辛亥	19일 辛巳	19일 庚戌	백로(白露)
20일 甲申	20일 甲寅	20일 癸未	20일 壬子	20일 壬午	20일 辛亥	양력9월8일
21일 乙酉	21일 乙卯	21일 甲申	21일 癸丑	21일 癸未	21일 壬子	한로(寒露)
22일 丙戌	22일 丙辰	22일 乙酉	22일 甲寅	22일 甲申	22일 癸丑	양력10월8일
23일 丁亥	23일 丁巳	23일 丙戌	23일 乙卯	23일 乙酉	23일 甲寅	
24일 戊子	24일 戊午	24일 丁亥	24일 丙辰	24일 丙戌	24일 乙卯	입동(立冬)
25일 己丑	25일 己未	25일 戊子	25일 丁巳	25일 丁亥	25일 丙辰	양력11월8일
26일 庚寅	26일 庚申	26일 己丑	26일 戊午	26일 戊子	26일 丁巳	대설(大雪)
27일 辛卯	27일 辛酉	27일 庚寅	27일 己未	27일 己丑	27일 戊午	양력12월7일
28일 壬辰	28일 壬戌	28일 辛卯	28일 庚申	28일 庚寅	28일 己未	
29일 癸巳	29일 癸亥	29일 壬辰	29일 辛酉	29일 辛卯	29일 庚申	소한(小寒)
30일 甲午			30일 壬戌		30일 辛酉	95년1월6일

1995년

태세 乙亥년 서기1995년 서기4328년 월절과월건	정월소戊寅		2월대己卯		3월대庚辰		4월소辛巳		5월대壬午		6월소癸未	
	일자 일진 절기		일자 일진 절기		일자 일진 절기		일자 일진 절기		일자 일진 절기		일자 일진 절기	
음정월寅月건 입춘날부터 경칩전날까지	1일 壬戌		1일 辛卯		1일 辛酉		1일 辛卯		1일 庚申		1일 庚寅	
음2월卯月건 경칩날부터 청명전날까지	2일 癸亥		2일 壬辰		2일 壬戌		2일 壬辰		2일 辛酉		2일 辛卯	
음3월辰月건 청명날부터 입하전날까지	3일 甲子		3일 癸巳		3일 癸亥		3일 癸巳		3일 壬戌		3일 壬辰	
음4월巳月건 입하날부터 망종전날까지	4일 乙丑		4일 甲午		4일 甲子		4일 甲午		4일 癸亥		4일 癸巳	
	5일 丙寅 입춘1		5일 乙未		5일 乙丑		5일 乙未		5일 甲子		5일 甲午	
	6일 丁卯		6일 丙申 경칩2		6일 丙寅 청명3		6일 丙申		6일 乙丑		6일 乙未	
	7일 戊辰		7일 丁酉		7일 丁卯		7일 丁酉 입하4		7일 丙寅		7일 丙申	
	8일 己巳		8일 戊戌		8일 戊辰		8일 戊戌		8일 丁卯		8일 丁酉	
	9일 庚午		9일 己亥		9일 己巳		9일 己亥		9일 戊辰 망종5		9일 戊戌	
	10일 辛未		10일 庚子		10일 庚午		10일 庚子		10일 己巳		10일 己亥 소서6	
음5월午月건 망종날부터 소서전날까지	11일 壬申		11일 辛丑		11일 辛未		11일 辛丑		11일 庚午		11일 庚子	
음6월未月건 소서날부터 입추전날까지	12일 癸酉		12일 壬寅		12일 壬申		12일 壬寅		12일 辛未		12일 辛丑	
음7월申月건 입추날부터 백로전날까지	13일 甲戌		13일 癸卯		13일 癸酉		13일 癸卯		13일 壬申		13일 壬寅	
음8월酉月건 백로날부터 한로전날까지	14일 乙亥		14일 甲辰		14일 甲戌		14일 甲辰		14일 癸酉		14일 癸卯	
	15일 丙子		15일 乙巳		15일 乙亥		15일 乙巳		15일 甲戌		15일 甲辰	
	16일 丁丑		16일 丙午		16일 丙子		16일 丙午		16일 乙亥		16일 乙巳	
	17일 戊寅		17일 丁未		17일 丁丑		17일 丁未		17일 丙子		17일 丙午	
	18일 己卯		18일 戊申		18일 戊寅		18일 戊申		18일 丁丑		18일 丁未	
	19일 庚辰		19일 己酉		19일 己卯		19일 己酉		19일 戊寅		19일 戊申	
	20일 辛巳		20일 庚戌		20일 庚辰		20일 庚戌		20일 己卯		20일 己酉	
음9월戌月건 한로날부터 입동전날까지	21일 壬午		21일 辛亥		21일 辛巳		21일 辛亥		21일 庚辰		21일 庚戌	
음10월亥月건 입동날부터 대설전날까지	22일 癸未		22일 壬子		22일 壬午		22일 壬子		22일 辛巳		22일 辛亥	
음11월子月건 대설날부터 소한전날까지	23일 甲申		23일 癸丑		23일 癸未		23일 癸丑		23일 壬午		23일 壬子	
음12월丑月건 소한날부터 입춘전날까지	24일 乙酉		24일 甲寅		24일 甲申		24일 甲寅		24일 癸未		24일 癸丑	
	25일 丙戌		25일 乙卯		25일 乙酉		25일 乙卯		25일 甲申		25일 甲寅	
	26일 丁亥		26일 丙辰		26일 丙戌		26일 丙辰		26일 乙酉		26일 乙卯	
	27일 戊子		27일 丁巳		27일 丁亥		27일 丁巳		27일 丙戌		27일 丙辰	
	28일 己丑		28일 戊午		28일 戊子		28일 戊午		28일 丁亥		28일 丁巳	
	29일 庚寅		29일 己未		29일 己丑		29일 己未		29일 戊子		29일 戊午	
			30일 庚申		30일 庚寅				30일 己丑		30일 己未	

1995년

7월소甲申	8월대乙酉	윤8월소	9월대丙戌	10월소丁亥	11월소戊子	12월대己丑
일자일진절기	일자일진절기	일자일진절기	일자일진절기	일자일진절기	일자일진절기	일자일진절기
1일庚申	1일己丑	1일己未	1일戊子	1일戊午	1일丁亥	1일丙辰
2일辛酉	2일庚寅	2일庚申	2일己丑	2일己未	2일戊子	2일丁巳
3일壬戌	3일辛卯	3일辛酉	3일庚寅	3일庚申	3일己丑	3일戊午
4일癸亥	4일壬辰	4일壬戌	4일辛卯	4일辛酉	4일庚寅	4일己未
5일甲子	5일癸巳	5일癸亥	5일壬辰	5일壬戌	5일辛卯	5일庚申
6일乙丑	6일甲午	6일甲子	6일癸巳	6일癸亥	6일壬辰	6일辛酉
7일丙寅	7일乙未	7일乙丑	7일甲午	7일甲子	7일癸巳	7일壬戌
8일丁卯	8일丙申	8일丙寅	8일乙未	8일乙丑	8일甲午	8일癸亥
9일戊辰	9일丁酉	9일丁卯	9일丙申	9일丙寅	8일乙未	9일甲子
10일己巳	10일戊戌	10일戊辰	10일丁酉	10일丁卯	10일丙申	10일乙丑
11일庚午	11일己亥	11일己巳	11일戊戌	11일戊辰	11일丁酉	11일丙寅
12일辛未입추7	12일庚子	12일庚午	12일己亥	12일己巳	12일戊戌	12일丁卯
13일壬申	13일辛丑	13일辛未	13일庚子	13일庚午	13일己亥	13일戊辰
14일癸酉	14일壬寅백로8	14일壬申	14일辛丑	14일辛未	14일庚子	14일己巳
15일甲戌	15일癸卯	15일癸酉한로9	15일壬寅	15일壬申대설11	15일辛丑	15일庚午
16일乙亥	16일甲辰	16일甲戌	16일癸卯입동10	16일癸酉	16일壬寅소한12	16일辛未입춘
17일丙子	17일乙巳	17일乙亥	17일甲辰	17일甲戌	17일癸卯	17일壬申 정
18일丁丑	18일丙午	18일丙子	18일乙巳	18일乙亥	18일甲辰	18일癸酉
19일戊寅	19일丁未	19일丁丑	19일丙午	19일丙子	19일乙巳	19일甲戌
20일己卯	20일戊申	20일戊寅	20일丁未	20일丁丑	20일丙午	20일乙亥
21일庚辰	21일己酉	21일己卯	21일戊申	21일戊寅	21일丁未	21일丙子
22일辛巳	22일庚戌	22일庚辰	22일己酉	22일己卯	22일戊申	22일丁丑
23일壬午	23일辛亥	23일辛巳	23일庚戌	23일庚辰	23일己酉	23일戊寅
24일癸未	24일壬子	24일壬午	24일辛亥	24일辛巳	24일庚戌	24일己卯
25일甲申	25일癸丑	25일癸未	25일壬子	25일壬午	25일辛亥	25일庚辰
26일乙酉	26일甲寅	26일甲申	26일癸丑	26일癸未	26일壬子	26일辛巳
27일丙戌	27일乙卯	27일乙酉	27일甲寅	27일甲申	27일癸丑	27일壬午
28일丁亥	28일丙辰	28일丙戌	28일乙卯	28일乙酉	28일甲寅	28일癸未
29일戊子	29일丁巳	29일丁亥	29일丙辰	29일丙戌	29일乙卯	29일甲申
	30일戊午		30일丁巳			30일乙酉

35

1996년

태세 丙子 년 서기 1996년 단기 4329년	정월소庚寅			2월대辛卯			3월소壬辰			4월대癸巳			5월대甲午			6월소乙未		
월절과월건	일자	일진	절기	일자	일진	절기	일자	일진	절기	일자	일진	절기	일자	일진	절기	일자	일진	절기
음정월 寅월건 입춘날부터 경칩전날까지	1일	丙戌		1일	乙卯		1일	乙酉		1일	甲寅		1일	甲申		1일	甲寅	
음2월 卯월건 경칩날부터 청명전날까지	2일	丁亥		2일	丙辰		2일	丙戌		2일	乙卯		2일	乙酉		2일	乙卯	
음3월 辰월건 청명날부터 입하전날까지	3일	戊子		3일	丁巳		3일	丁亥		3일	丙辰		3일	丙戌		3일	丙辰	
음4월 巳월건 입하날부터 망종전날까지	4일	己丑		4일	戊午		4일	戊子		4일	丁巳		4일	丁亥		4일	丁巳	
	5일	庚寅		5일	己未		5일	己丑		5일	戊午		5일	戊子		5일	戊午	
	6일	辛卯		6일	庚申		6일	庚寅		6일	己未		6일	己丑		6일	己未	
	7일	壬辰		7일	辛酉		7일	辛卯		7일	庚申		7일	庚寅		7일	庚申	
	8일	癸巳		8일	壬戌		8일	壬辰		8일	辛酉		8일	辛卯		8일	辛酉	
	9일	甲午		9일	癸亥		9일	癸巳		9일	壬戌		9일	壬辰		9일	壬戌	
	10일	乙未		10일	甲子		10일	甲午		10일	癸亥		10일	癸巳		10일	癸亥	
음5월 午월건 망종날부터 소서전날까지	11일	丙申		11일	乙丑		11일	乙未		11일	甲子		11일	甲午		11일	甲子	
음6월 未월건 소서날부터 입추전날까지	12일	丁酉		12일	丙寅		12일	丙申		12일	乙丑		12일	乙未		12일	乙丑	
음7월 申월건 입추날부터 백로전날까지	13일	戊戌		13일	丁卯		13일	丁酉		13일	丙寅		13일	丙申		13일	丙寅	
음8월 酉월건 백로날부터 한로전날까지	14일	己亥		14일	戊辰		14일	戊戌		14일	丁卯		14일	丁酉		14일	丁卯	
	15일	庚子		15일	己巳		15일	己亥		15일	戊辰		15일	戊戌		15일	戊辰	
	16일	辛丑	경칩2	16일	庚午		16일	庚子		16일	己巳		16일	己亥		16일	己巳	
	17일	壬寅		17일	辛未	청명3	17일	辛丑		17일	庚午		17일	庚子		17일	庚午	
	18일	癸卯		18일	壬申		18일	壬寅	입하4	18일	辛未		18일	辛丑		18일	辛未	
	19일	甲辰		19일	癸酉		19일	癸卯		19일	壬申		19일	壬寅		19일	壬申	
	20일	乙巳		20일	甲戌		20일	甲辰		20일	癸酉	망종5	20일	癸卯		20일	癸酉	
음9월 戌월건 한로날부터 입동전날까지	21일	丙午		21일	乙亥		21일	乙巳		21일	甲戌		21일	甲辰		21일	甲戌	
음10월 亥월건 입동날부터 대설전날까지	22일	丁未		22일	丙子		22일	丙午		22일	乙亥		22일	乙巳	소서6	22일	乙亥	
음11월 子월건 대설날부터 소한전날까지	23일	戊申		23일	丁丑		23일	丁未		23일	丙子		23일	丙午		23일	丙子	입추7
음12월 丑월건 소한날부터 입춘전날까지	24일	己酉		24일	戊寅		24일	戊申		24일	丁丑		24일	丁未		24일	丁丑	
	25일	庚戌		25일	己卯		25일	己酉		25일	戊寅		25일	戊申		25일	戊寅	
	26일	辛亥		26일	庚辰		26일	庚戌		26일	己卯		26일	己酉		26일	己卯	
	27일	壬子		27일	辛巳		27일	辛亥		27일	庚辰		27일	庚戌		27일	庚辰	
	28일	癸丑		28일	壬午		28일	壬子		28일	辛巳		28일	辛亥		28일	辛巳	
	29일	甲寅		29일	癸未		29일	癸丑		29일	壬午		29일	壬子		29일	壬午	
				30일	甲申					30일	癸未		30일	癸丑				

1996년

7월대丙申	8월소丁酉	9월대戊戌	10월대己亥	11월소庚子	12월대辛丑	비 고
일자 일진 절기	일자 일진 절기	일자 일진 절기	일자 일진 절기	일자 일진 절기	일자 일진 절기	[양력 입절일]
1일 癸未	1일 癸丑	1일 壬午	1일 壬子	1일 壬午	1일 辛亥	입춘(立春)
2일 甲申	2일 甲寅	2일 癸未	2일 癸丑	2일 癸未	2일 壬子	양력 2월 4일
3일 乙酉	3일 乙卯	3일 甲申	3일 甲寅	3일 甲申	3일 癸丑	
4일 丙戌	4일 丙辰	4일 乙酉	4일 乙卯	4일 乙酉	4일 甲寅	경칩(驚蟄)
5일 丁亥	5일 丁巳	5일 丙戌	5일 丙辰	5일 丙戌	5일 乙卯	양력 3월 5일
6일 戊子	6일 戊午	6일 丁亥	6일 丁巳	6일 丁亥	6일 丙辰	청명(清明)
7일 己丑	7일 己未	7일 戊子	7일 戊午	7일 戊子	7일 丁巳	양력 4월 4일
8일 庚寅	8일 庚申	8일 己丑	8일 己未	8일 己丑	8일 戊午	
9일 辛卯	9일 辛酉	9일 庚寅	9일 庚申	9일 庚寅	9일 己未	입하(立夏)
10일 壬辰	10일 壬戌	10일 辛卯	10일 辛酉	10일 辛卯	10일 庚申	양력 5월 5일
11일 癸巳	11일 癸亥	11일 壬辰	11일 壬戌	11일 壬辰	11일 辛酉	망종(芒種)
12일 甲午	12일 甲子	12일 癸巳	12일 癸亥	12일 癸巳	12일 壬戌	양력 6월 5일
13일 乙未	13일 乙丑	13일 甲午	13일 甲子	13일 甲午	13일 癸亥	
14일 丙申	14일 丙寅	14일 乙未	14일 乙丑	14일 乙未	14일 甲子	소서(小暑)
15일 丁酉	15일 丁卯	15일 丙申	15일 丙寅	15일 丙申	15일 乙丑	양력 7월 7일
16일 戊戌	16일 戊辰	16일 丁酉	16일 丁卯	16일 丁酉	16일 丙寅	입추(立秋)
17일 己亥	17일 己巳	17일 戊戌	17일 戊辰	17일 戊戌	17일 丁卯	양력 8월 7일
18일 庚子	18일 庚午	18일 己亥	18일 己巳	18일 己亥	18일 戊辰	
19일 辛丑	19일 辛未	19일 庚子	19일 庚午	19일 庚子	19일 己巳	백로(白露)
20일 壬寅	20일 壬申	20일 辛丑	20일 辛未	20일 辛丑	20일 庚午	양력 9월 7일
21일 癸卯	21일 癸酉	21일 壬寅	21일 壬申	21일 壬寅	21일 辛未	한로(寒露)
22일 甲辰	22일 甲戌	22일 癸卯	22일 癸酉	22일 癸卯	22일 壬申	양력 10월 8일
23일 乙巳	23일 乙亥	23일 甲辰	23일 甲戌	23일 甲辰	23일 癸酉	
24일 丙午	24일 丙子	24일 乙巳	24일 乙亥	24일 乙巳	24일 甲戌	입동(立冬)
25일 丁未 백로	25일 丁丑	25일 丙午	25일 丙子	25일 丙午	25일 乙亥	양력 11월 7일
26일 戊申	26일 戊寅 한로	26일 丁未	26일 丁丑	26일 丁未 소한	26일 丙子	대설(大雪)
27일 己酉	27일 己卯	27일 戊申 입동	27일 戊寅 대설	27일 戊申	27일 丁丑 입춘	양력 12월 7일
28일 庚戌	28일 庚辰	28일 己酉	28일 己卯	28일 己酉	28일 戊寅 정	
29일 辛亥	29일 辛巳	29일 庚戌	29일 庚辰	29일 庚戌	29일 己卯	소한(小寒)
30일 壬子		30일 辛亥	30일 辛巳		30일 庚辰	97년 1월 5일

37

1997년

태세 丁丑년 서기 1997년 단기 4330년 월절과월건	정월소壬寅 일자 일진 절기	2월소癸卯 일자 일진 절기	3월대甲辰 일자 일진 절기	4월소乙巳 일자 일진 절기	5월대丙午 일자 일진 절기	6월소丁未 일자 일진 절기
음정월寅월건 ─◇─ 음2월卯월건 ─ 음3월辰월건 ─ 음4월巳월건 입춘날부터 경칩날부터 청명날부터 입하날부터 경칩전날까지 청명전날까지 입하전날까지 망종전날까지	1일 辛巳 2일 壬午 3일 癸未 4일 甲申 5일 乙酉 6일 丙戌 7일 丁亥 8일 戊子 9일 己丑 10일 庚寅	1일 庚戌 2일 辛亥 3일 壬子 4일 癸丑 5일 甲寅 6일 乙卯 7일 丙辰 8일 丁巳 9일 戊午 10일 己未	1일 己卯 2일 庚辰 3일 辛巳 4일 壬午 5일 癸未 6일 甲申 7일 乙酉 8일 丙戌 9일 丁亥 10일 戊子	1일 己酉 2일 庚戌 3일 辛亥 4일 壬子 5일 癸丑 6일 甲寅 7일 乙卯 8일 丙辰 9일 丁巳 10일 戊午	1일 戊寅 2일 己卯 망종5 3일 庚辰 4일 辛巳 5일 壬午 6일 癸未 7일 甲申 8일 乙酉 9일 丙戌 10일 丁亥	1일 戊申 2일 己酉 3일 庚戌 소서6 4일 辛亥 5일 壬子 6일 癸丑 7일 甲寅 8일 乙卯 9일 丙辰 10일 丁巳
음5월午월건 음6월未월건 음7월申월건 음8월酉월건 망종날 소서날 입추날 백로날 부터 부터 부터 부터 소서 입추 백로 한로 전날까지	11일 辛卯 12일 壬辰 13일 癸巳 14일 甲午 15일 乙未	11일 庚申 12일 辛酉 13일 壬戌 14일 癸亥 15일 甲子	11일 己丑 12일 庚寅 13일 辛卯 14일 壬辰 15일 癸巳	11일 己未 12일 庚申 13일 辛酉 14일 壬戌 15일 癸亥	11일 戊子 12일 己丑 13일 庚寅 14일 辛卯 15일 壬辰	11일 戊午 12일 己未 13일 庚申 14일 辛酉 15일 壬戌
	16일 丙申 17일 丁酉 18일 戊戌 19일 己亥 20일 庚子	16일 乙丑 17일 丙寅 18일 丁卯 19일 戊辰 20일 己巳	16일 甲午 17일 乙未 18일 丙申 19일 丁酉 20일 戊戌	16일 甲子 17일 乙丑 18일 丙寅 19일 丁卯 20일 戊辰	16일 癸巳 17일 甲午 18일 乙未 19일 丙申 20일 丁酉	16일 癸亥 17일 甲子 18일 乙丑 19일 丙寅 20일 丁卯
음9월戌월건 음10월亥월건 음11월子월건 음12월丑월건 한로 입동 대설 소한 날부터 날부터 날부터 날부터 입동 대설 소한 입춘 전날까지	21일 辛丑 22일 壬寅 23일 癸卯 24일 甲辰 25일 乙巳 26일 丙午 경칩2 27일 丁未 28일 戊申 29일 己酉	21일 庚午 22일 辛未 23일 壬申 24일 癸酉 25일 甲戌 26일 乙亥 27일 丙子 28일 丁丑 청명3 29일 戊寅	21일 己亥 22일 庚子 23일 辛丑 24일 壬寅 25일 癸卯 26일 甲辰 27일 乙巳 28일 丙午 29일 丁未 입하4 30일 戊申	21일 己巳 22일 庚午 23일 辛未 24일 壬申 25일 癸酉 26일 甲戌 27일 乙亥 28일 丙子 29일 丁丑	21일 戊戌 22일 己亥 소서 23일 庚子 24일 辛丑 25일 壬寅 26일 癸卯 27일 甲辰 28일 乙巳 29일 丙午 30일 丁未	21일 戊辰 22일 己巳 23일 庚午 24일 辛未 25일 壬申 26일 癸酉 27일 甲戌 28일 乙亥 29일 丙子

38

1997년

7월대戊申			8월대己酉			9월소庚戌			10월대辛亥			11월대壬子			12월소癸丑			비 고
일자	일진	절기	일자	일진	절기	일자	일진	절기	일자	일진	절기	일자	일진	절기	일자	일진	절기	[양력 입절일]
1일	丁丑		1일	丁未		1일	丁丑		1일	丙午		1일	丙子		1일	丙午		입춘(立春)
2일	戊寅		2일	戊申		2일	戊寅		2일	丁未		2일	丁丑		2일	丁未		양력 2월 4일
3일	己卯		3일	己酉		3일	己卯		3일	戊申		3일	戊寅		3일	戊申		
4일	庚辰		4일	庚戌		4일	庚辰		4일	己酉		4일	己卯		4일	己酉		경칩(驚蟄)
5일	辛巳	입추7	5일	辛亥		5일	辛巳		5일	庚戌		5일	庚辰		5일	庚戌		양력 3월 5일
6일	壬午		6일	壬子	백로8	6일	壬午		6일	辛亥		6일	辛巳		6일	辛亥		청명(淸明)
7일	癸未		7일	癸丑		7일	癸未	한로9	7일	壬子		7일	壬午		7일	壬子	소한12	양력 4월 5일
8일	甲申		8일	甲寅		8일	甲申		8일	癸丑	입동10	8일	癸未	대설11	8일	癸丑		
9일	乙酉		9일	乙卯		9일	乙酉		9일	甲寅		9일	甲申		9일	甲寅		입하(立夏)
10일	丙戌		10일	丙辰		10일	丙戌		10일	乙卯		10일	乙酉		10일	乙卯		양력 5월 5일
11일	丁亥		11일	丁巳		11일	丁亥		11일	丙辰		11일	丙戌		11일	丙辰		망종(芒種)
12일	戊子		12일	戊午		12일	戊子		12일	丁巳		12일	丁亥		12일	丁巳		양력 6월 6일
13일	己丑		13일	己未		13일	己丑		13일	戊午		13일	戊子		13일	戊午		
14일	庚寅		14일	庚申		14일	庚寅		14일	己未		14일	己丑		14일	己未		소서(小暑)
15일	辛卯		15일	辛酉		15일	辛卯		15일	庚申		15일	庚寅		15일	庚申		양력 7월 7일
16일	壬辰		16일	壬戌		16일	壬辰		16일	辛酉		16일	辛卯		16일	辛酉		입추(立秋)
17일	癸巳		17일	癸亥		17일	癸巳		17일	壬戌		17일	壬辰		17일	壬戌		양력 8월 7일
18일	甲午		18일	甲子		18일	甲午		18일	癸亥		18일	癸巳		18일	癸亥		
19일	乙未		19일	乙丑		19일	乙未		19일	甲子		19일	甲午		19일	甲子		백로(白露)
20일	丙申		20일	丙寅		20일	丙申		20일	乙丑		20일	乙未		20일	乙丑		양력 9월 7일
21일	丁酉		21일	丁卯		21일	丁酉		21일	丙寅		21일	丙申		21일	丙寅		한로(寒露)
22일	戊戌		22일	戊辰		22일	戊戌		22일	丁卯		22일	丁酉		22일	丁卯		양력 10월 8일
23일	己亥		23일	己巳		23일	己亥		23일	戊辰		23일	戊戌		23일	戊辰		
24일	庚子		24일	庚午		24일	庚子		24일	己巳		24일	己亥		24일	己巳		입동(立冬)
25일	辛丑		25일	辛未		25일	辛丑		25일	庚午		25일	庚子		25일	庚午		양력 11월 7일
26일	壬寅		26일	壬申		26일	壬寅		26일	辛未		26일	辛丑		26일	辛未		대설(大雪)
27일	癸卯		27일	癸酉		27일	癸卯		27일	壬申		27일	壬寅		27일	壬申		양력 12월 7일
28일	甲辰		28일	甲戌		28일	甲辰		28일	癸酉		28일	癸卯		28일	癸酉		
29일	乙巳		29일	乙亥		29일	乙巳		29일	甲戌		29일	甲辰		29일	甲戌		소한(小寒)
30일	丙午		30일	丙子					30일	乙亥		30일	乙巳					98년 1월 5일

1998년

태세 戊寅년 서기 1998년 단기 4331년 월질과월건	정월대 甲寅 일자 일진 절기	2월소 乙卯 일자 일진 절기	3월소 丙辰 일자 일진 절기	4월대 丁巳 일자 일진 절기	5월소 戊午 일자 일진 절기	윤5월소 일자 일진 절기
음 음 음 음 정 2 3 4 월 월 월 월 ｜ ｜ ｜ ｜ 寅 卯 辰 巳 월 월 월 월 건 건 건 건 입 경 청 입 춘 칩 명 하 날 날 날 날 부 부 부 부 터 터 터 터 경 청 입 망 칩 명 하 종 전 전 전 전 날 날 날 날 까 까 까 까 지 지 지 지	1일 乙亥 2일 丙子 3일 丁丑 4일 戊寅 5일 己卯 6일 庚辰 7일 辛巳 8일 壬午 입춘정 9일 癸未 10일 甲申	1일 乙巳 2일 丙午 3일 丁未 4일 戊申 5일 己酉 6일 庚戌 7일 辛亥 8일 壬子 경칩2 9일 癸丑 10일 甲寅	1일 甲戌 2일 乙亥 3일 丙子 4일 丁丑 5일 戊寅 6일 己卯 7일 庚辰 8일 辛巳 9일 壬午 청명3 10일 癸未	1일 癸卯 2일 甲辰 3일 乙巳 4일 丙午 5일 丁未 6일 戊申 7일 己酉 8일 庚戌 9일 辛亥 10일 壬子	1일 癸酉 2일 甲戌 3일 乙亥 4일 丙子 5일 丁丑 6일 戊寅 7일 己卯 8일 庚辰 9일 辛巳 10일 壬午	1일 壬寅 2일 癸卯 3일 甲辰 4일 乙巳 5일 丙午 6일 丁未 7일 戊申 8일 己酉 9일 庚戌 10일 辛亥
음 음 음 음 5 6 7 8 월 월 월 월 ｜ ｜ ｜ ｜ 午 未 申 酉 월 월 월 월 건 건 건 건 망 소 입 백 종 서 추 로 날 날 날 날 부 부 부 부 터 터 터 터 소 입 백 한 서 추 로 로 전 전 전 전 날 날 날 날 까 까 까 까 지 지 지 지	11일 乙酉 12일 丙戌 13일 丁亥 14일 戊子 15일 己丑 16일 庚寅 17일 辛卯 18일 壬辰 19일 癸巳 20일 甲午	11일 乙卯 12일 丙辰 13일 丁巳 14일 戊午 15일 己未 16일 庚申 17일 辛酉 18일 壬戌 19일 癸亥 20일 甲子	11일 甲申 12일 乙酉 13일 丙戌 14일 丁亥 15일 戊子 16일 己丑 17일 庚寅 18일 辛卯 19일 壬辰 20일 癸巳	11일 癸丑 입하4 12일 甲寅 13일 乙卯 14일 丙辰 15일 丁巳 16일 戊午 17일 己未 18일 庚申 19일 辛酉 20일 壬戌	11일 癸未 12일 甲申 망종5 13일 乙酉 14일 丙戌 15일 丁亥 16일 戊子 17일 己丑 18일 庚寅 19일 辛卯 20일 壬辰	11일 壬子 12일 癸丑 13일 甲寅 14일 乙卯 소서6 15일 丙辰 16일 丁巳 17일 戊午 18일 己未 19일 庚申 20일 辛酉
음 음 음 음 9 10 11 12 월 월 월 월 ｜ ｜ ｜ ｜ 戌 亥 子 丑 월 월 월 월 건 건 건 건 한 입 대 소 로 동 설 한 날 날 날 날 부 부 부 부 터 터 터 터 입 대 소 입 동 설 한 춘 전 전 전 전 날 날 날 날 까 까 까 까 지 지 지 지	21일 乙未 22일 丙申 23일 丁酉 24일 戊戌 25일 己亥 26일 庚子 27일 辛丑 28일 壬寅 29일 癸卯 30일 甲辰	21일 乙丑 22일 丙寅 23일 丁卯 24일 戊辰 25일 己巳 26일 庚午 27일 辛未 28일 壬申 29일 癸酉	21일 甲午 22일 乙未 23일 丙申 24일 丁酉 25일 戊戌 26일 己亥 27일 庚子 28일 辛丑 29일 壬寅	21일 癸亥 22일 甲子 23일 乙丑 24일 丙寅 25일 丁卯 26일 戊辰 27일 己巳 28일 庚午 29일 辛未 30일 壬申	21일 癸巳 22일 甲午 23일 乙未 24일 丙申 25일 丁酉 26일 戊戌 27일 己亥 28일 庚子 29일 辛丑	21일 壬戌 22일 癸亥 23일 甲子 24일 乙丑 25일 丙寅 26일 丁卯 27일 戊辰 28일 己巳 29일 庚午

1998년

6월대己未		7월대庚申		8월소辛酉		9월대壬戌		10월대癸亥		11월대甲子		12월소乙丑	
일자 일진	절기	일자 일진	절기	일자 일진	절기	일자 일진	절기	일자 일진	절기	일자 일진	절기	일자 일진	절기
1일 辛未		1일 辛丑		1일 辛未		1일 庚子		1일 庚午		1일 庚子		1일 庚午	
2일 壬申		2일 壬寅		2일 壬申		2일 辛丑		2일 辛未		2일 辛丑		2일 辛未	
3일 癸酉		3일 癸卯		3일 癸酉		3일 壬寅		3일 壬申		3일 壬寅		3일 壬申	
4일 甲戌		4일 甲辰		4일 甲戌		4일 癸卯		4일 癸酉		4일 癸卯		4일 癸酉	
5일 乙亥		5일 乙巳		5일 乙亥		5일 甲辰		5일 甲戌		5일 甲辰		5일 甲戌	
6일 丙子		6일 丙午		6일 丙子		6일 乙巳		6일 乙亥		6일 乙巳		6일 乙亥	
7일 丁丑		7일 丁未		7일 丁丑		7일 丙午		7일 丙子		7일 丙午		7일 丙子	
8일 戊寅		8일 戊申		8일 戊寅		8일 丁未		8일 丁丑		8일 丁未		8일 丁丑	
9일 己卯		9일 己酉		9일 己卯		9일 戊申		9일 戊寅		9일 戊申		9일 戊寅	
10일 庚辰		10일 庚戌		10일 庚辰		10일 己酉		10일 己卯		10일 己酉		10일 己卯	
11일 辛巳		11일 辛亥		11일 辛巳		11일 庚戌		11일 庚辰		11일 庚戌		11일 庚辰	
12일 壬午		12일 壬子		12일 壬午		12일 辛亥		12일 辛巳		12일 辛亥		12일 辛巳	
13일 癸未		13일 癸丑		13일 癸未		13일 壬子		13일 壬午		13일 壬子		13일 壬午	
14일 甲申		14일 甲寅		14일 甲申		14일 癸丑		14일 癸未		14일 癸丑		14일 癸未	
15일 乙酉		15일 乙卯		15일 乙酉		15일 甲寅		15일 甲申		15일 甲寅		15일 甲申	
16일 丙戌		16일 丙辰		16일 丙戌		16일 乙卯		16일 乙酉		16일 乙卯		16일 乙酉	
17일 丁亥	입추7	17일 丁巳		17일 丁亥		17일 丙辰		17일 丙戌		17일 丙辰		17일 丙戌	
18일 戊子		18일 戊午	백로8	18일 戊子	한로9	18일 丁巳		18일 丁亥		18일 丁巳		18일 丁亥	입춘정
19일 己丑		19일 己未		19일 己丑		19일 戊午	입동10	19일 戊子	대설11	19일 戊午	소한12	19일 戊子	
20일 庚寅		20일 庚申		20일 庚寅		20일 己未		20일 己丑		20일 己未		20일 己丑	
21일 辛卯		21일 辛酉		21일 辛卯		21일 庚申		21일 庚寅		21일 庚申		21일 庚寅	
22일 壬辰		22일 壬戌		22일 壬辰		22일 辛酉		22일 辛卯		22일 辛酉		22일 辛卯	
23일 癸巳		23일 癸亥		23일 癸巳		23일 壬戌		23일 壬辰		23일 壬戌		23일 壬辰	
24일 甲午		24일 甲子		24일 甲午		24일 癸亥		24일 癸巳		24일 癸亥		24일 癸巳	
25일 乙未		25일 乙丑		25일 乙未		25일 甲子		25일 甲午		25일 甲子		25일 甲午	
26일 丙申		26일 丙寅		26일 丙申		26일 乙丑		26일 乙未		26일 乙丑		26일 乙未	
27일 丁酉		27일 丁卯		27일 丁酉		27일 丙寅		27일 丙申		27일 丙寅		27일 丙申	
28일 戊戌		28일 戊辰		28일 戊戌		28일 丁卯		28일 丁酉		28일 丁卯		28일 丁酉	
29일 己亥		29일 己巳		29일 己亥		29일 戊辰		29일 戊戌		29일 戊辰		29일 戊戌	
30일 庚子		30일 庚午				30일 己巳		30일 己亥		30일 己巳			

1999년

태세 己卯년 서기 1999년 단기 4332년	정월대丙寅			2월소丁卯			3월소戊辰			4월대己巳			5월소庚午			6월소辛未		
월절과월건	일자	일진	절기	일자	일진	절기	일자	일진	절기	일자	일진	절기	일자	일진	절기	일자	일진	절기
음1월 寅월건 입춘날부터 경칩전날까지	1일	己亥		1일	己巳		1일	戊戌		1일	丁卯		1일	丁酉		1일	丙寅	
음2월 卯월건 경칩날부터 청명전날까지	2일	庚子		2일	庚午		2일	己亥		2일	戊辰		2일	戊戌		2일	丁卯	
음3월 辰월건 청명날부터 입하전날까지	3일	辛丑		3일	辛未		3일	庚子		3일	己巳		3일	己亥		3일	戊辰	
음4월 巳월건 입하날부터 망종전날까지	4일	壬寅		4일	壬申		4일	辛丑		4일	庚午		4일	庚子		4일	己巳	
	5일	癸卯		5일	癸酉		5일	壬寅		5일	辛未		5일	辛丑		5일	庚午	
	6일	甲辰		6일	甲戌		6일	癸卯		6일	壬申		6일	壬寅		6일	辛未	
	7일	乙巳		7일	乙亥		7일	甲辰		7일	癸酉		7일	癸卯		7일	壬申	
	8일	丙午		8일	丙子		8일	乙巳		8일	甲戌		8일	甲辰		8일	癸酉	
	9일	丁未		9일	丁丑		9일	丙午		9일	乙亥		9일	乙巳		9일	甲戌	
	10일	戊申		10일	戊寅		10일	丁未		10일	丙子		10일	丙午		10일	乙亥	
음5월 午월건 망종날부터 소서전날까지	11일	己酉		11일	己卯		11일	戊申		11일	丁丑		11일	丁未		11일	丙子	
음6월 未월건 소서날부터 입추전날까지	12일	庚戌		12일	庚辰		12일	己酉		12일	戊寅		12일	戊申		12일	丁丑	
음7월 申월건 입추날부터 백로전날까지	13일	辛亥		13일	辛巳		13일	庚戌		13일	己卯		13일	己酉		13일	戊寅	
음8월 酉월건 백로날부터 한로전날까지	14일	壬子		14일	壬午		14일	辛亥		14일	庚辰		14일	庚戌		14일	己卯	
	15일	癸丑		15일	癸未		15일	壬子		15일	辛巳		15일	辛亥		15일	庚辰	
	16일	甲寅		16일	甲申		16일	癸丑		16일	壬午		16일	壬子		16일	辛巳	
	17일	乙卯		17일	乙酉		17일	甲寅		17일	癸未		17일	癸丑		17일	壬午	
	18일	丙辰		18일	丙戌		18일	乙卯		18일	甲申		18일	甲寅		18일	癸未	
	19일	丁巳	경칩 2	19일	丁亥	청명 3	19일	丙辰		19일	乙酉		19일	乙卯		19일	甲申	
	20일	戊午		20일	戊子		20일	丁巳		20일	丙戌		20일	丙辰		20일	乙酉	
음9월 戌월건 한로날부터 입동전날까지	21일	己未		21일	己丑		21일	戊午	입하 4	21일	丁亥		21일	丁巳		21일	丙戌	
음10월 亥월건 입동날부터 대설전날까지	22일	庚申		22일	庚寅		22일	己未		22일	戊子		22일	戊午		22일	丁亥	
음11월 子월건 대설날부터 소한전날까지	23일	辛酉		23일	辛卯		23일	庚申		23일	己丑	망종 5	23일	己未		23일	戊子	
음12월 丑월건 소한날부터 입춘전날까지	24일	壬戌		24일	壬辰		24일	辛酉		24일	庚寅		24일	庚申	소서 6	24일	己丑	
	25일	癸亥		25일	癸巳		25일	壬戌		25일	辛卯		25일	辛酉		25일	庚寅	
	26일	甲子		26일	甲午		26일	癸亥		26일	壬辰		26일	壬戌		26일	辛卯	
	27일	乙丑		27일	乙未		27일	甲子		27일	癸巳		27일	癸亥		27일	壬辰	입추 7
	28일	丙寅		28일	丙申		28일	乙丑		28일	甲午		28일	甲子		28일	癸巳	
	29일	丁卯		29일	丁酉		29일	丙寅		29일	乙未		29일	乙丑		29일	甲午	
	30일	戊辰								30일	丙申							

1999년

7월대壬申	8월소癸酉	9월대甲戌	10월대乙亥	11월대丙子	12월소丁丑	비 고
일자 일진 절기	일자 일진 절기	일자 일진 절기	일자 일진 절기	일자 일진 절기	일자 일진 절기	[양력 입절일]
1일 乙未	1일 乙丑	1일 甲午 한로 9	1일 甲子 입동 10	1일 甲午	1일 甲子	입춘(立春)
2일 丙申	2일 丙寅	2일 乙未	2일 乙丑	2일 乙未	2일 乙丑	양력 2월 4일
3일 丁酉	3일 丁卯	3일 丙申	3일 丙寅	3일 丙申	3일 丙寅	
4일 戊戌	4일 戊辰	4일 丁酉	4일 丁卯	4일 丁酉	4일 丁卯	경칩(驚蟄)
5일 己亥	5일 己巳	5일 戊戌	5일 戊辰	5일 戊戌	5일 戊辰	양력 3월 6일
6일 庚子	6일 庚午	6일 己亥	6일 己巳	6일 己亥	6일 己巳	청명(淸明)
7일 辛丑	7일 辛未	7일 庚子	7일 庚午	7일 庚子	7일 庚午	양력 4월 5일
8일 壬寅	8일 壬申	8일 辛丑	8일 辛未	8일 辛丑	8일 辛未	
9일 癸卯	9일 癸酉	9일 壬寅	9일 壬申	9일 壬寅	9일 壬申	입하(立夏)
10일 甲辰	10일 甲戌	10일 癸卯	10일 癸酉	10일 癸卯	10일 癸酉	양력 5월 6일
11일 乙巳	11일 乙亥	11일 甲辰	11일 甲戌	11일 甲辰	11일 甲戌	망종(芒種)
12일 丙午	12일 丙子	12일 乙巳	12일 乙亥	12일 乙巳	12일 乙亥	양력 6월 6일
13일 丁未	13일 丁丑	13일 丙午	13일 丙子	13일 丙午	13일 丙子	
14일 戊申	14일 戊寅	14일 丁未	14일 丁丑	14일 丁未	14일 丁丑	소서(小暑)
15일 己酉	15일 己卯	15일 戊申	15일 戊寅	15일 戊申	15일 戊寅	양력 7월 7일
16일 庚戌	16일 庚辰	16일 己酉	16일 己卯	16일 己酉	16일 己卯	입추(立秋)
17일 辛亥	17일 辛巳	17일 庚戌	17일 庚辰	17일 庚戌	17일 庚辰	양력 8월 8일
18일 壬子	18일 壬午	18일 辛亥	18일 辛巳	18일 辛亥	18일 辛巳	
19일 癸丑	19일 癸未	19일 壬子	19일 壬午	19일 壬子	19일 壬午	백로(白露)
20일 甲寅	20일 甲申	20일 癸丑	20일 癸未	20일 癸丑	20일 癸未	양력 9월 8일
21일 乙卯	21일 乙酉	21일 甲寅	21일 甲申	21일 甲寅	21일 甲申	한로(寒露)
22일 丙辰	22일 丙戌	22일 乙卯	22일 乙酉	22일 乙卯	22일 乙酉	양력10월 9일
23일 丁巳	23일 丁亥	23일 丙辰	23일 丙戌	23일 丙辰	23일 丙戌	
24일 戊午	24일 戊子	24일 丁巳	24일 丁亥	24일 丁巳	24일 丁亥	입동(立冬)
25일 己未	25일 己丑	25일 戊午	25일 戊子	25일 戊午	25일 戊子	양력11월 8일
26일 庚申	26일 庚寅	26일 己未	26일 己丑	26일 己未	26일 己丑	대설(大雪)
27일 辛酉	27일 辛卯	27일 庚申	27일 庚寅	27일 庚申	27일 庚寅	양력12월 7일
28일 壬戌	28일 壬辰	28일 辛酉	28일 辛卯	28일 辛酉	28일 辛卯	소한(小寒)
29일 癸亥 백로 8	29일 癸巳	29일 壬戌	29일 壬辰	29일 壬戌	29일 壬辰 입춘정	양력2000년
30일 甲子		30일 癸亥	30일 癸巳 대설 11	30일 癸亥 소한 12		1월 6일

2000년

태세 庚辰년 서기 2000년 단기 4333년 월절과월건	정월대戊寅 일자 일진 절기	2월대己卯 일자 일진 절기	3월소庚辰 일자 일진 절기	4월소辛巳 일자 일진 절기	5월대壬午 일자 일진 절기	6월소癸未 일자 일진 절기
음정월 寅월건 입춘날부터 경칩전날까지	1일 癸巳	1일 癸亥	1일 癸巳	1일 壬戌	1일 辛卯	1일 辛酉
음2월 卯월건 경칩날부터 청명전날까지	2일 甲午	2일 甲子	2일 甲午	2일 癸亥 입하 4	2일 壬辰	2일 壬戌
음3월 辰월건 청명날부터 입하전날까지	3일 乙未	3일 乙丑	3일 乙未	3일 甲子	3일 癸巳	3일 癸亥
음4월 巳월건 입하날부터 망종전날까지	4일 丙申	4일 丙寅	4일 丙申	4일 乙丑	4일 甲午 망종 5	4일 甲子
	5일 丁酉	5일 丁卯	5일 丁酉	5일 丙寅	5일 乙未	5일 乙丑
	6일 戊戌	6일 戊辰	6일 戊戌	6일 丁卯	6일 丙申	6일 丙寅 소서 6
	7일 己亥	7일 己巳	7일 己亥	7일 戊辰	7일 丁酉	7일 丁卯
	8일 庚子	8일 庚午	8일 庚子	8일 己巳	8일 戊戌	8일 戊辰
	9일 辛丑	9일 辛未	9일 辛丑	9일 庚午	9일 己亥	9일 己巳
	10일 壬寅	10일 壬申	10일 壬寅	10일 辛未	10일 庚子	10일 庚午
음5월 午월건 음6월 未월건 음7월 申월건 음8월 酉월건 망종날부터 소서전날까지 소서날부터 입추전날까지 입추날부터 백로전날까지 백로날부터 한로전날까지	11일 癸卯	11일 癸酉	11일 癸卯	11일 壬申	11일 辛丑	11일 辛未
	12일 甲辰	12일 甲戌	12일 甲辰	12일 癸酉	12일 壬寅	12일 壬申
	13일 乙巳	13일 乙亥	13일 乙巳	13일 甲戌	13일 癸卯	13일 癸酉
	14일 丙午	14일 丙子	14일 丙午	14일 乙亥	14일 甲辰	14일 甲戌
	15일 丁未	15일 丁丑	15일 丁未	15일 丙子	15일 乙巳	15일 乙亥
	16일 戊申	16일 戊寅	16일 戊申	16일 丁丑	16일 丙午	16일 丙子
	17일 己酉	17일 己卯	17일 己酉	17일 戊寅	17일 丁未	17일 丁丑
	18일 庚戌	18일 庚辰	18일 庚戌	18일 己卯	18일 戊申	18일 戊寅
	19일 辛亥	19일 辛巳 청명	19일 辛亥	19일 庚辰	19일 己酉	19일 己卯
	20일 壬子	20일 壬午	20일 壬子	20일 辛巳	20일 庚戌	20일 庚辰
음9월 戌월건 음10월 亥월건 음11월 子월건 음12월 丑월건 한로날부터 입동전날까지 입동날부터 대설전날까지 대설날부터 소한전날까지 소한날부터 입춘전날까지	21일 癸丑	21일 癸未	21일 癸丑	21일 壬午	21일 辛亥	21일 辛巳
	22일 甲寅	22일 甲申	22일 甲寅	22일 癸未	22일 壬子	22일 壬午
	23일 乙卯	23일 乙酉	23일 乙卯	23일 甲申	23일 癸丑	23일 癸未
	24일 丙辰	24일 丙戌	24일 丙辰	24일 乙酉	24일 甲寅	24일 甲申
	25일 丁巳	25일 丁亥	25일 丁巳	25일 丙戌	25일 乙卯	25일 乙酉
	26일 戊午	26일 戊子	26일 戊午	26일 丁亥	26일 丙辰	26일 丙戌
	27일 己未	27일 己丑	27일 己未	27일 戊子	27일 丁巳	27일 丁亥
	28일 庚申	28일 庚寅	28일 庚申	28일 己丑	28일 戊午	28일 戊子
	29일 辛酉	29일 辛卯	29일 辛酉	29일 庚寅	29일 己未	29일 己丑
	30일 壬戌 경칩 2	30일 壬辰 청명 3			30일 庚申	

2000년

7월소甲申		8월대乙酉		9월소丙戌		10월대丁亥		11월대戊子		12월소己丑		비 고
일자 일진	절기	일자 일진	절기	일자 일진	절기	일자 일진	절기	일자 일진	절기	일자 일진	절기	[양력 입절일]
1일 庚寅		1일 己未		1일 己丑		1일 戊午		1일 戊子		1일 戊午		입춘(立春)
2일 辛卯		2일 庚申		2일 庚寅		2일 己未		2일 己丑		2일 己未		양력 2월 4일
3일 壬辰		3일 辛酉		3일 辛卯		3일 庚申		3일 庚寅		3일 庚申		
4일 癸巳		4일 壬戌		4일 壬辰		4일 辛酉		4일 辛卯		4일 辛酉		경칩(驚蟄)
5일 甲午		5일 癸亥		5일 癸巳		5일 壬戌		5일 壬辰		5일 壬戌		양력 3월 5일
6일 乙未		6일 甲子		6일 甲午		6일 癸亥		6일 癸巳		6일 癸亥		청명(淸明)
7일 丙申		7일 乙丑		7일 乙未		7일 甲子		7일 甲午		7일 甲子		양력 4월 5일
8일 丁酉	입추	8일 丙寅		8일 丙申		8일 乙丑		8일 乙未		8일 乙丑		
9일 戊戌		9일 丁卯		9일 丁酉		9일 丙寅		9일 丙申		9일 丙寅		입하(立夏)
10일 己亥		10일 戊辰	백로	10일 戊戌		10일 丁卯		10일 丁酉		10일 丁卯		양력 5월 5일
11일 庚子		11일 己巳		11일 己亥	한로	11일 戊辰		11일 戊戌		11일 戊辰	소한	망종(芒種)
12일 辛丑		12일 庚午		12일 庚子		12일 己巳	입동	12일 己亥	대설	12일 己巳		양력 6월 5일
13일 壬寅		13일 辛未		13일 辛丑		13일 庚午		13일 庚子		13일 庚午		
14일 癸卯		14일 壬申		14일 壬寅		14일 辛未		14일 辛丑		14일 辛未		소서(小暑)
15일 甲辰		15일 癸酉		15일 癸卯		15일 壬申		15일 壬寅		15일 壬申		양력 7월 7일
16일 乙巳		16일 甲戌		16일 甲辰		16일 癸酉		16일 癸卯		16일 癸酉		입추(立秋)
17일 丙午		17일 乙亥		17일 乙巳		17일 甲戌		17일 甲辰		17일 甲戌		양력 8월 7일
18일 丁未		18일 丙子		18일 丙午		18일 乙亥		18일 乙巳		18일 乙亥		
19일 戊申		19일 丁丑		19일 丁未		19일 丙子		19일 丙午		19일 丙子		백로(白露)
20일 己酉		20일 戊寅		20일 戊申		20일 丁丑		20일 丁未		20일 丁丑		양력 9월 7일
21일 庚戌		21일 己卯		21일 己酉		21일 戊寅		21일 戊申		21일 戊寅		한로(寒露)
22일 辛亥		22일 庚辰		22일 庚戌		22일 己卯		22일 己酉		22일 己卯		양력10월 8일
23일 壬子		23일 辛巳		23일 辛亥		23일 庚辰		23일 庚戌		23일 庚辰		
24일 癸丑		24일 壬午		24일 壬子		24일 辛巳		24일 辛亥		24일 辛巳		입동(立冬)
25일 甲寅		25일 癸未		25일 癸丑		25일 壬午		25일 壬子		25일 壬午		양력11월 7일
26일 乙卯		26일 甲申		26일 甲寅		26일 癸未		26일 癸丑		26일 癸未		대설(大雪)
27일 丙辰		27일 乙酉		27일 乙卯		27일 甲申		27일 甲寅		27일 甲申		양력12월 7일
28일 丁巳		28일 丙戌		28일 丙辰		28일 乙酉		28일 乙卯		28일 乙酉		소한(小寒)
29일 戊午		29일 丁亥		29일 丁巳		29일 丙戌		29일 丙辰		29일 丙戌		양력2001년
		30일 戊子				30일 丁亥		30일 丁巳				1월 5일

2001년

태세 辛巳년 서기 2001년 단기 4334년 월절과월건	정월대庚寅 일자 일진 절기	2월대辛卯 일자 일진 절기	3월대壬辰 일자 일진 절기	4월소癸巳 일자 일진 절기	윤4월소 일자 일진 절기	5월대甲午 일자 일진 절기
음2월 寅월건 입춘날부터 경칩전날까지	1일 丁亥	1일 丁巳	1일 丁亥	1일 丁巳	1일 丙戌	1일 乙卯
	2일 戊子	2일 戊午	2일 戊子	2일 戊午	2일 丁亥	2일 丙辰
음3월 卯월건 경칩날부터 청명전날까지	3일 己丑	3일 己未	3일 己丑	3일 己未	3일 戊子	3일 丁巳
	4일 庚寅	4일 庚申	4일 庚寅	4일 庚申	4일 己丑	4일 戊午
음4월 辰월건 청명날부터 입하전날까지	5일 辛卯	5일 辛酉	5일 辛卯	5일 辛酉	5일 庚寅	5일 己未
	6일 壬辰	6일 壬戌	6일 壬辰	6일 壬戌	6일 辛卯	6일 庚申
음5월 巳월건 입하날부터 망종전날까지	7일 癸巳	7일 癸亥	7일 癸巳	7일 癸亥	7일 壬辰	7일 辛酉
	8일 甲午	8일 甲子	8일 甲午	8일 甲子	8일 癸巳	8일 壬戌
	9일 乙未	9일 乙丑	9일 乙未	9일 乙丑	9일 甲午	9일 癸亥
	10일 丙申	10일 丙寅	10일 丙申	10일 丙寅	10일 乙未	10일 甲子
음6월 午월건 망종날부터 소서전날까지	11일 丁酉	11일 丁卯 경칩2	11일 丁酉	11일 丁卯	11일 丙申	11일 乙丑
	12일 戊戌 입춘 정	12일 戊辰	12일 戊戌 청명3	12일 戊辰 입하4	12일 丁酉	12일 丙寅
음7월 未월건 소서날부터 입추전날까지	13일 己亥	13일 己巳	13일 己亥	13일 己巳	13일 戊戌	13일 丁卯
	14일 庚子	14일 庚午	14일 庚子	14일 庚午	14일 己亥 망종5	14일 戊辰
	15일 辛丑	15일 辛未	15일 辛丑	15일 辛未	15일 庚子	15일 己巳
음8월 申월건 입추날부터 백로전날까지	16일 壬寅	16일 壬申	16일 壬寅	16일 壬申	16일 辛丑	16일 庚午
	17일 癸卯	17일 癸酉	17일 癸卯	17일 癸酉	17일 壬寅	17일 辛未 소서6
	18일 甲辰	18일 甲戌	18일 甲辰	18일 甲戌	18일 癸卯	18일 壬申
	19일 乙巳	19일 乙亥	19일 乙巳	19일 乙亥	19일 甲辰	19일 癸酉
	20일 丙午	20일 丙子	20일 丙午	20일 丙子	20일 乙巳	20일 甲戌
음9월 戌월건 한로날부터 입동전날까지	21일 丁未	21일 丁丑	21일 丁未	21일 丁丑	21일 丙午	21일 乙亥
	22일 戊申	22일 戊寅	22일 戊申	22일 戊寅	22일 丁未	22일 丙子
음10월 亥월건 입동날부터 대설전날까지	23일 己酉	23일 己卯	23일 己酉	23일 己卯	23일 戊申	23일 丁丑
	24일 庚戌	24일 庚辰	24일 庚戌	24일 庚辰	24일 己酉	24일 戊寅
음11월 子월건 대설날부터 소한전날까지	25일 辛亥	25일 辛巳	25일 辛亥	25일 辛巳	25일 庚戌	25일 己卯
	26일 壬子	26일 壬午	26일 壬子	26일 壬午	26일 辛亥	26일 庚辰
음12월 丑월건 소한날부터 입춘전날까지	27일 癸丑	27일 癸未	27일 癸丑	27일 癸未	27일 壬子	27일 辛巳
	28일 甲寅	28일 甲申	28일 甲寅	28일 甲申	28일 癸丑	28일 壬午
	29일 乙卯	29일 乙酉	29일 乙卯	29일 乙酉	29일 甲寅	29일 癸未
	30일 丙辰	30일 丙戌	30일 丙辰			30일 甲申

2001년

6월소乙未		7월소丙申		8월대丁酉		9월소戊戌		10월대己亥		11월소庚子		12월대辛丑	
일자 일진 절기		일자 일진 절기		일자 일진 절기		일자 일진 절기		일자 일진 절기		일자 일진 절기		일자 일진 절기	
1일 乙酉		1일 甲寅		1일 癸未		1일 癸丑		1일 壬午		1일 壬子		1일 辛巳	
2일 丙戌		2일 乙卯		2일 甲申		2일 甲寅		2일 癸未		2일 癸丑		2일 壬午	
3일 丁亥		3일 丙辰		3일 乙酉		3일 乙卯		3일 甲申		3일 甲寅		3일 癸未	
4일 戊子		4일 丁巳		4일 丙戌		4일 丙辰		4일 乙酉		4일 乙卯		4일 甲申	
5일 己丑		5일 戊午		5일 丁亥		5일 丁巳		5일 丙戌		5일 丙辰		5일 乙酉	
6일 庚寅		6일 己未		6일 戊子		6일 戊午		6일 丁亥		6일 丁巳		6일 丙戌	
7일 辛卯		7일 庚申		7일 己丑		7일 己未		7일 戊子		7일 戊午		7일 丁亥	
8일 壬辰		8일 辛酉		8일 庚寅		8일 庚申		8일 己丑		8일 己未		8일 戊子	
9일 癸巳		9일 壬戌		9일 辛卯		9일 辛酉		9일 庚寅		9일 庚申		9일 己丑	
10일 甲午		10일 癸亥		10일 壬辰		10일 壬戌		10일 辛卯		10일 辛酉		10일 庚寅	
11일 乙未		11일 甲子		11일 癸巳		11일 癸亥		11일 壬辰		11일 壬戌		11일 辛卯	
12일 丙申		12일 乙丑		12일 甲午		12일 甲子		12일 癸巳		12일 癸亥		12일 壬辰	
13일 丁酉		13일 丙寅		13일 乙未		13일 乙丑		13일 甲午		13일 甲子		13일 癸巳	
14일 戊戌		14일 丁卯		14일 丙申		14일 丙寅		14일 乙未		14일 乙丑		14일 甲午	
15일 己亥		15일 戊辰		15일 丁酉		15일 丁卯		15일 丙申		15일 丙寅		15일 乙未	
16일 庚子		16일 己巳		16일 戊戌		16일 戊辰		16일 丁酉		16일 丁卯		16일 丙申	
17일 辛丑		17일 庚午		17일 己亥		17일 己巳		17일 戊戌		17일 戊辰		17일 丁酉	
18일 壬寅 입추7		18일 辛未		18일 庚子		18일 庚午		18일 己亥		18일 己巳		18일 戊戌	
19일 癸卯		19일 壬申		19일 辛丑		19일 辛未		19일 庚子		19일 庚午		19일 己亥	
20일 甲辰		20일 癸酉 백로8		20일 壬寅		20일 壬申		20일 辛丑		20일 辛未		20일 庚子	
21일 乙巳		21일 甲戌		21일 癸卯		21일 癸酉		21일 壬寅		21일 壬申		21일 辛丑	
22일 丙午		22일 乙亥		22일 甲辰 한로9		22일 甲戌 입동10		22일 癸卯		22일 癸酉 소한12		22일 壬寅	
23일 丁未		23일 丙子		23일 乙巳		23일 乙亥		23일 甲辰 대설11		23일 甲戌		23일 癸卯 입춘정	
24일 戊申		24일 丁丑		24일 丙午		24일 丙子		24일 乙巳		24일 乙亥		24일 甲辰	
25일 己酉		25일 戊寅		25일 丁未		25일 丁丑		25일 丙午		25일 丙子		25일 乙巳	
26일 庚戌		26일 己卯		26일 戊申		26일 戊寅		26일 丁未		26일 丁丑		26일 丙午	
27일 辛亥		27일 庚辰		27일 己酉		27일 己卯		27일 戊申		27일 戊寅		27일 丁未	
28일 壬子		28일 辛巳		28일 庚戌		28일 庚辰		28일 己酉		28일 己卯		28일 戊申	
29일 癸丑		29일 壬午		29일 辛亥		29일 辛巳		29일 庚戌		29일 庚辰		29일 己酉	
				30일 壬子				30일 辛亥				30일 庚戌	

육십사괘 생성발전도

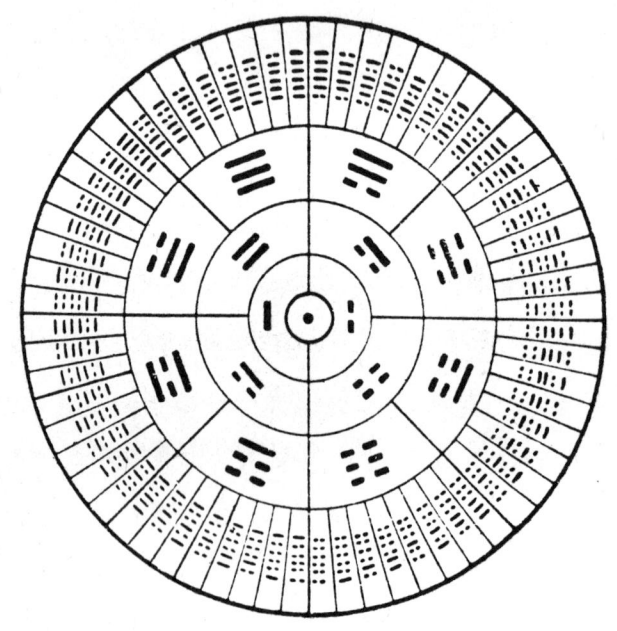

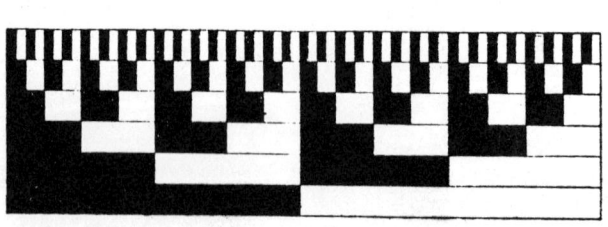

64괘
팔괘
사상
양의

태극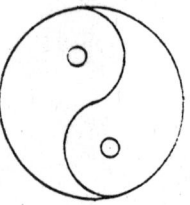

〔Ⅰ법〕 운수괘수표

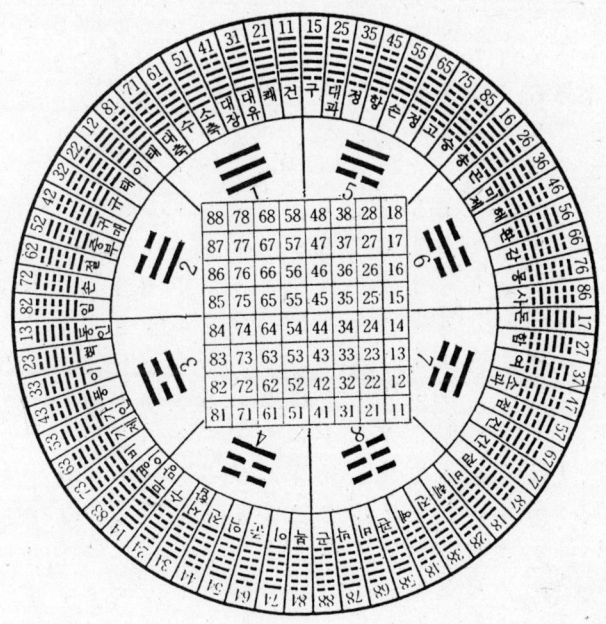

위 괘 \ 아래 괘	천	택	화	뇌	풍	수	산	지
1 천	11(50)	12(51)	13(52)	14(53)	15(54)	16(55)	17(56)	18(57)
2 택	21(58)	22(59)	23(60)	24(61)	25(62)	26(63)	27(64)	28(65)
3 화	31(66)	32(67)	33(68)	34(69)	35(70)	36(71)	37(72)	38(73)
4 뇌	41(74)	42(74)	43(76)	44(77)	45(78)	46(79)	47(80)	48(81)
5 풍	51(82)	52(83)	53(84)	54(85)	55(86)	56(87)	57(88)	58(89)
6 수	61(90)	62(92)	63(93)	64(93)	65(94)	66(95)	67(96)	68(97)
7 산	71(98)	72(99)	73(100)	74(101)	75(102)	76(103)	77(104)	78(105)
8 지	81(106)	82(107)	83(108)	84(109)	85(110)	86(111)	87(112)	88(113)

〔1 1〕

년운괘 1 1 건위천(乾爲天)

일 \ 월별(월운/일운)	정월 1 5	2월 5 5	3월 1 3	4월 5 3	5월 1 2	6월 5 2	7월 5 1	8월 1 1	9월 3 1	10월 7 1	11월 2 1	12월 6 1
1일	1 1	5 1	1 7	5 7	1 6	5 6	5 5	1 5	3 5	7 5	2 5	6 5
2일	1 7	5 7	1 1	5 1	1 4	5 4	5 3	1 3	3 3	7 3	2 3	6 3
3일	1 6	5 6	1 4	5 4	1 1	5 1	5 2	1 2	3 2	7 2	2 2	6 2
4일	5 5	1 5	5 3	1 3	5 2	1 2	1 1	5 1	7 1	3 1	6 1	2 1
5일	3 5	7 5	3 3	7 3	3 2	7 2	7 1	3 1	1 1	5 1	4 1	8 1
6일	2 5	6 5	2 3	6 3	2 2	6 2	6 1	2 1	4 1	8 1	1 1	5 1
7일	1 1	1 5	7 1	7 5	6 1	6 5	5 5	5 1	5 3	5 7	5 2	5 6
8일	7 1	7 5	1 1	1 5	4 1	4 5	3 5	3 1	3 3	3 7	3 2	3 6
9일	6 1	6 5	4 1	4 5	1 1	1 5	2 5	2 1	2 3	2 7	2 2	2 6
10일	1 1	1 5	1 7	1 3	1 6	1 2	5 5	5 1	3 5	3 1	2 5	2 1
11일	1 5	1 1	1 3	1 7	1 2	1 6	5 1	5 5	3 1	3 5	2 1	2 5
12일	1 3	1 7	1 5	1 1	1 8	1 4	5 7	5 3	3 7	3 3	2 7	2 3
13일	1 2	1 6	1 8	1 4	1 5	1 1	5 6	5 2	3 6	3 2	2 6	2 2
14일	5 1	5 5	5 7	5 3	5 6	5 2	1 5	1 1	7 5	7 1	6 5	6 1
15일	3 1	3 5	3 7	3 3	3 6	3 2	7 5	7 1	1 5	1 1	4 5	4 1
16일	2 1	2 5	2 7	2 3	2 6	2 2	6 5	6 1	4 5	4 1	1 5	1 1
17일	2 5	2 1	2 3	2 7	2 2	2 6	6 1	6 5	4 1	4 5	1 1	1 5
18일	1 1	1 5	1 7	1 8	1 5	1 7	5 5	5 1	3 5	3 1	2 5	2 1
19일	1 5	1 1	1 3	1 7	1 2	1 6	5 1	5 5	3 1	3 5	2 1	2 5
20일	1 7	7 5	1 1	3 7	1 4	7 2	5 3	3 1	3 3	5 1	2 3	8 1
21일	1 3	7 1	1 5	7 7	1 8	7 6	5 7	3 5	3 7	5 5	2 7	8 5
22일	1 5	7 7	1 3	7 1	1 2	7 4	5 1	3 3	3 1	5 3	2 1	8 3
23일	1 8	7 6	1 2	7 4	1 3	7 1	5 4	3 2	3 4	5 2	2 4	8 2
24일	5 7	3 5	5 1	3 3	5 4	3 2	1 3	7 1	7 3	1 1	6 3	4 1
25일	3 7	5 5	3 1	5 3	3 4	5 2	7 3	1 1	1 3	7 1	4 3	6 1
26일	2 7	8 5	2 1	8 3	2 4	8 2	6 3	4 1	4 3	6 1	1 3	7 1
27일	7 6	5 4	1 6	3 4	4 6	2 4	3 2	1 8	3 8	1 2	3 5	1 3
28일	8 2	6 8	2 2	4 8	3 2	6 8	7 6	2 4	4 4	2 6	4 1	2 7
29일	8 6	6 4	2 6	4 4	3 6	6 4	7 2	2 8	4 8	2 2	4 5	2 3
30일	1 6	6 5	1 4	6 3	1 1	6 2	5 2	2 1	3 2	8 1	2 2	5 1

[1 2]

년운괘 1 2 천택이(天澤履)

월별\일	정월	2월	3월	4월	5월	6월	7월	8월	9월	10월	11월	12월
월운/일운	1 6	5 6	1 4	5 4	1 1	5 1	5 2	1 2	3 2	7 2	2 2	6 2
1일	1 2	5 2	1 8	5 8	1 5	5 5	5 6	1 6	3 6	7 6	2 6	6 6
2일	1 8	5 8	1 2	5 2	1 3	5 3	5 4	1 4	3 4	7 4	2 4	6 4
3일	1 5	5 5	1 3	5 3	1 2	5 2	5 1	1 1	3 1	7 1	2 1	6 1
4일	5 6	1 6	5 4	1 4	5 1	1 1	1 2	5 2	7 2	3 2	6 2	2 2
5일	3 6	7 6	3 4	7 4	3 1	7 1	7 2	3 2	1 2	5 2	4 2	8 2
6일	2 6	6 6	2 4	6 4	2 1	6 1	6 2	2 2	4 2	8 2	1 2	5 2
7일	2 1	2 5	8 1	8 5	5 7	5 5	6 5	6 1	6 3	6 7	6 2	6 6
8일	8 1	8 5	2 1	2 5	3 1	3 5	4 5	4 1	4 3	4 7	4 2	4 6
9일	5 1	5 5	3 1	3 5	2 1	2 5	1 5	1 1	1 3	1 7	1 2	1 6
10일	1 2	1 6	1 8	1 4	1 5	1 1	5 6	5 2	3 6	3 2	2 6	2 2
11일	1 6	1 2	1 4	1 8	1 1	1 5	5 2	5 6	3 2	3 6	2 2	2 6
12일	1 4	1 8	1 6	1 2	1 7	1 3	5 8	5 4	3 8	3 4	2 8	2 4
13일	1 1	1 5	1 7	1 3	1 6	1 2	5 5	5 1	3 5	3 1	2 5	2 1
14일	5 2	5 6	5 8	5 4	5 5	5 1	1 6	1 2	7 6	7 2	6 6	6 2
15일	3 2	3 6	3 8	3 4	3 5	3 1	7 6	7 2	1 6	1 2	4 6	4 2
16일	2 2	2 6	2 8	2 4	2 5	2 1	6 6	6 2	4 6	4 2	1 6	1 2
17일	2 6	2 2	2 4	2 8	2 1	2 5	6 2	6 6	4 2	4 6	1 2	1 6
18일	1 2	1 6	1 8	1 4	1 5	1 4	5 6	5 2	3 6	3 2	2 6	2 2
19일	1 6	1 2	1 4	1 8	1 1	1 5	5 2	5 6	3 2	3 6	2 2	2 6
20일	1 8	7 6	1 2	7 4	1 3	7 1	5 4	3 2	3 4	5 2	2 4	8 2
21일	1 4	7 2	1 6	7 8	1 7	7 5	5 8	3 6	3 8	5 6	2 8	8 6
22일	1 6	7 8	1 4	7 2	1 1	7 3	5 2	3 4	3 2	5 4	2 2	8 4
23일	1 7	7 5	1 1	7 3	1 4	7 2	5 3	3 1	3 3	5 1	2 3	8 1
24일	5 8	3 6	5 2	3 4	5 3	3 1	1 4	7 2	7 4	1 2	6 4	4 2
25일	3 8	5 6	3 2	5 4	3 3	5 1	7 4	1 2	1 4	7 2	4 4	6 2
26일	2 8	8 6	2 2	8 4	2 3	8 1	6 4	4 2	4 4	6 2	1 4	7 2
27일	8 6	6 4	2 6	4 4	3 6	1 4	4 2	2 8	4 8	2 2	4 5	2 3
28일	7 2	5 8	1 2	3 8	4 2	2 8	3 6	1 4	3 4	1 5	3 1	1 7
29일	7 6	5 4	1 6	3 4	4 6	2 4	3 2	1 8	3 8	1 2	3 5	1 3
30일	1 5	6 6	1 3	6 4	1 2	6 1	5 1	2 2	3 1	8 2	2 1	5 2

51

[1 3]

년운괘 1 3 천화동인(天火同人)

월별 일	월운 일운	정월	2월	3월	4월	5월	6월	7월	8월	9월	10월	11월	12월
		1 7	5 7	1 1	5 1	1 4	5 4	5 3	1 3	3 3	7 3	2 3	6 3
1일		1 3	5 3	1 5	5 5	1 8	5 8	5 7	1 7	3 7	7 7	2 7	6 7
2일		1 5	5 5	1 3	5 3	1 2	5 2	5 1	1 1	3 1	7 1	2 1	6 1
3일		1 8	5 8	1 2	5 2	1 3	5 3	5 4	1 4	3 4	7 4	2 4	6 4
4일		5 7	1 7	5 1	1 1	5 4	1 4	1 3	5 3	7 3	3 3	6 3	2 3
5일		3 7	7 7	3 1	7 1	3 4	7 4	7 3	3 3	1 3	5 3	4 3	8 3
6일		2 7	6 7	2 1	6 1	2 4	6 4	6 3	2 3	4 3	8 3	1 3	5 3
7일		3 1	3 5	5 1	5 5	8 1	8 5	7 5	7 1	7 3	7 7	7 2	7 6
8일		5 1	5 5	3 1	3 5	2 1	2 5	1 5	1 1	1 3	1 7	1 2	1 6
9일		8 1	8 5	2 1	2 5	3 1	3 5	4 5	4 1	4 3	4 7	4 2	4 6
10일		1 3	1 7	1 5	1 1	1 8	1 4	5 7	5 3	3 7	3 3	2 7	2 3
11일		1 7	1 3	1 1	1 5	1 4	1 8	5 3	5 7	3 3	3 7	2 3	2 7
12일		1 1	1 5	1 7	1 3	1 6	1 2	5 5	5 1	3 5	3 1	2 5	2 1
13일		1 4	1 8	1 6	1 2	1 7	1 3	5 8	5 4	3 8	3 4	2 8	2 4
14일		5 3	5 7	5 5	5 1	5 8	5 4	1 7	1 3	7 7	7 3	6 7	6 3
15일		3 3	3 7	3 5	3 1	3 8	3 4	7 7	7 3	1 7	1 3	4 7	4 3
16일		2 3	2 7	2 5	2 1	2 8	2 4	6 7	6 3	4 7	4 3	1 7	1 3
17일		2 7	2 3	2 1	2 5	2 4	2 8	6 3	6 7	4 3	4 7	1 3	1 7
18일		1 3	1 7	1 5	1 1	1 8	1 4	5 7	5 3	3 7	3 3	2 3	2 3
19일		1 7	1 3	1 1	1 5	1 4	1 8	5 3	5 7	3 3	3 7	2 3	2 7
20일		1 5	7 7	1 3	7 1	1 2	7 4	5 1	3 3	3 1	5 3	2 1	8 3
21일		1 1	7 3	1 7	7 5	1 6	7 8	5 5	3 7	3 5	5 7	2 5	8 7
22일		1 7	7 5	1 1	7 3	1 4	7 2	5 3	3 1	3 3	5 1	2 3	8 1
23일		1 6	7 8	1 4	7 2	1 1	7 3	5 2	3 4	3 2	5 4	2 2	8 4
24일		5 5	3 2	5 3	3 1	5 2	3 4	1 1	7 3	7 1	1 3	6 1	4 3
25일		3 5	5 7	3 3	5 1	3 2	5 4	7 1	1 3	1 1	7 3	4 1	6 3
26일		2 5	8 7	2 3	8 1	2 2	8 4	6 1	4 3	4 1	6 3	1 1	7 3
27일		5 6	7 4	3 6	1 4	2 6	4 4	1 2	3 8	1 8	3 2	1 5	3 3
28일		6 2	8 8	4 2	2 8	1 2	3 8	2 6	4 4	2 4	4 6	2 1	4 7
29일		6 6	8 4	4 6	2 4	1 6	3 4	2 2	4 8	2 8	4 2	2 5	4 3
30일		1 8	6 7	1 2	6 1	1 3	6 4	5 4	2 3	3 4	8 3	2 4	5 3

[14]

년운괘 14 천뢰무망(天雷无妄)

월별 일\월운	정월	2월	3월	4월	5월	6월	7월	8월	9월	10월	11월	12월
일운	18	58	12	52	13	53	54	14	34	74	24	64
1일	14	54	16	56	17	57	58	18	38	78	28	68
2일	16	56	14	54	11	51	52	12	32	72	22	62
3일	17	57	11	51	14	54	53	13	33	73	23	63
4일	58	18	52	12	53	13	14	54	74	34	64	24
5일	38	78	32	72	33	73	74	34	14	54	44	84
6일	28	68	22	62	23	63	64	24	44	84	14	54
7일	41	45	61	65	71	75	85	81	83	87	82	86
8일	61	65	41	45	11	15	25	21	23	27	22	26
9일	71	75	11	15	41	45	35	31	33	37	32	36
10일	14	28	16	12	17	13	58	54	38	34	28	24
11일	18	14	12	16	13	17	54	58	34	38	24	28
12일	12	16	18	14	15	11	56	52	36	32	26	22
13일	13	15	15	11	18	14	57	53	37	33	27	23
14일	54	58	56	52	57	53	18	14	78	74	68	64
15일	34	38	36	32	37	33	78	74	18	14	48	44
16일	24	28	26	22	27	23	68	64	48	44	18	14
17일	28	24	22	26	23	27	64	68	44	48	14	18
18일	14	18	16	12	17	13	58	54	38	34	28	24
19일	18	14	12	16	13	17	54	58	34	38	24	28
20일	16	78	14	72	11	73	52	34	32	54	21	84
21일	12	74	18	76	15	77	56	38	36	58	26	88
22일	18	76	12	74	13	71	54	32	34	52	24	82
23일	15	77	13	71	12	74	51	33	31	53	21	83
24일	56	38	54	32	51	33	12	74	72	14	62	64
25일	36	58	34	52	31	53	72	14	12	74	42	44
26일	26	88	24	82	21	83	62	44	42	64	12	14
27일	66	84	46	24	16	34	22	48	28	42	25	43
28일	52	78	32	18	22	48	16	34	14	75	61	37
29일	56	84	36	14	26	44	12	38	18	72	65	33
30일	17	68	11	62	14	63	53	24	33	85	23	54

53

[1 5]

년운괘 1 5 천풍구(天風姤)

월별 일 월운 일운	정월	2월	3월	4월	5월	6월	7월	8월	9월	10월	11월	12월
	1 1	5 1	1 7	5 7	1 6	5 6	5 5	1 5	3 5	7 5	2 5	6 5
1일	1 5	5 5	1 3	5 3	1 2	5 2	5 1	1 1	3 1	7 1	2 1	6 1
2일	1 3	5 3	1 5	5 5	1 8	5 8	5 7	1 7	3 7	7 7	2 7	6 7
3일	1 2	5 2	1 8	5 8	1 5	5 5	5 6	1 6	3 6	7 6	2 6	6 6
4일	5 1	1 1	5 7	1 7	5 6	1 6	1 5	5 5	7 5	3 5	6 5	2 5
5일	3 1	7 1	3 7	7 7	3 6	7 6	7 5	3 5	1 5	5 5	4 5	8 5
6일	2 1	6 1	2 7	6 7	2 6	6 6	6 5	2 5	4 5	8 5	1 5	5 5
7일	5 1	5 5	3 1	3 5	2 1	2 5	1 5	1 1	1 3	1 7	1 2	1 6
8일	3 1	3 5	5 1	5 5	8 1	8 5	7 5	7 1	7 3	7 7	7 2	7 6
9일	2 1	2 5	8 1	8 5	5 1	5 5	6 5	6 1	6 3	6 7	6 2	6 6
10일	1 5	1 1	1 3	1 7	1 2	1 6	5 1	5 5	3 1	3 5	2 1	2 5
11일	1 1	1 5	1 7	1 3	1 6	1 2	5 5	5 1	3 5	3 1	2 5	2 1
12일	1 7	1 3	1 1	1 5	1 4	1 8	5 3	5 7	3 3	3 7	2 3	2 7
13일	1 6	1 2	1 4	1 8	1 1	1 5	5 2	5 6	3 2	3 6	2 2	2 6
14일	5 5	5 1	5 3	5 7	5 2	5 6	1 1	1 5	7 1	7 5	6 1	6 5
15일	3 5	3 1	3 3	3 7	3 2	3 6	7 1	7 5	1 1	1 5	4 1	4 5
16일	2 5	2 1	2 3	2 7	2 2	2 6	6 1	6 5	4 1	4 5	1 1	1 5
17일	2 1	2 5	2 7	2 3	2 6	2 2	6 5	6 1	4 5	4 1	1 5	1 1
18일	1 5	1 1	1 8	1 7	1 2	1 6	5 1	5 1	3 1	3 5	2 1	2 5
19일	1 1	1 5	1 7	1 3	1 6	1 2	5 5	5 1	3 5	3 1	2 5	2 2
20일	1 3	7 1	1 5	7 7	1 8	7 6	5 7	3 5	3 7	5 5	2 7	8 5
21일	1 7	7 5	1 1	7 3	1 4	7 2	5 3	3 1	3 3	5 1	2 3	8 1
22일	1 1	7 3	1 7	7 5	1 6	7 8	5 5	3 7	3 5	5 7	2 5	8 7
23일	1 4	7 2	1 6	7 8	1 7	7 5	5 8	3 6	3 8	5 6	2 8	8 6
24일	5 3	3 1	5 5	3 2	5 8	3 6	1 7	7 5	7 7	1 5	6 7	4 5
25일	3 3	5 1	3 5	5 7	3 8	5 6	7 7	1 5	1 7	7 5	4 7	6 5
26일	2 3	8 1	2 5	8 7	2 8	8 6	6 7	4 5	4 7	6 5	1 7	7 5
27일	3 6	1 4	5 6	7 4	8 6	6 4	7 2	5 8	7 8	5 2	7 5	5 3
28일	4 2	2 2	6 2	3 8	7 2	5 8	8 6	6 4	8 4	6 6	8 1	6 7
29일	4 6	2 4	6 6	3 4	7 6	5 4	8 2	6 8	8 8	6 2	8 5	6 3
30일	1 2	6 1	1 8	6 7	1 5	6 6	5 6	2 5	3 6	8 5	2 6	5 5

[16]

년운괘 16 천수송(天水訟)

일\월운\일운	정월	2월	3월	4월	5월	6월	7월	8월	9월	10월	11월	12월
	1 2	5 2	1 8	5 8	1 5	5 5	5 6	1 6	3 6	7 6	2 6	6 6
1일	1 6	5 6	1 4	5 4	1 1	5 1	5 2	1 2	3 2	7 2	2 2	6 2
2일	1 4	5 4	1 6	5 6	1 7	5 7	5 8	1 8	3 8	7 8	2 8	6 8
3일	1 1	5 1	1 7	5 7	1 6	5 6	5 5	1 5	3 5	7 5	2 5	6 5
4일	5 2	1 2	5 8	1 8	5 5	1 5	1 6	5 6	7 6	3 6	6 6	2 6
5일	3 2	7 2	3 8	7 8	3 5	7 5	7 6	3 6	1 6	5 6	4 6	8 6
6일	2 2	6 2	2 8	6 8	2 5	6 5	6 6	2 6	4 6	8 6	1 6	5 6
7일	6 1	6 5	4 1	4 5	1 1	1 5	2 5	2 1	2 3	2 7	2 2	2 6
8일	4 1	4 5	6 1	6 5	7 1	7 5	8 5	8 1	8 3	8 7	8 2	8 6
9일	1 1	1 5	7 1	7 5	6 1	6 5	5 5	5 1	5 3	5 7	5 2	5 6
10일	1 6	1 2	1 4	1 8	1 1	1 5	5 2	5 6	3 2	3 6	2 2	2 6
11일	1 2	1 6	1 8	1 4	1 5	1 1	5 6	5 2	3 6	3 2	2 6	2 2
12일	1 8	1 4	1 2	1 6	1 3	1 7	5 4	5 8	3 4	3 8	2 4	2 8
13일	1 5	1 1	1 3	1 7	1 2	1 6	5 1	5 5	3 1	3 5	2 1	2 5
14일	5 6	5 2	5 4	5 8	5 1	5 5	1 2	1 6	7 2	7 6	6 2	6 6
15일	3 6	3 2	3 4	3 8	3 1	3 5	7 2	7 6	1 2	1 6	4 2	4 6
16일	2 6	2 2	2 4	2 8	2 1	2 5	6 2	6 6	4 2	4 6	1 2	1 6
17일	2 2	2 6	2 8	2 4	2 5	2 1	6 6	6 2	4 6	4 2	1 6	1 2
18일	1 6	1 2	1 4	1 8	1 1	1 5	5 2	5 6	3 2	3 6	2 2	2 6
19일	1 2	1 6	1 8	1 4	1 5	1 1	5 6	5 2	3 6	3 2	2 6	2 2
20일	1 4	7 2	1 6	2 8	1 7	7 5	5 8	3 6	3 8	5 6	2 8	8 6
21일	1 8	7 6	1 2	7 4	1 3	7 1	5 4	3 2	3 4	5 2	2 4	8 2
22일	1 2	7 4	1 8	7 6	1 5	7 7	5 6	3 8	3 6	5 8	2 6	8 8
23일	1 3	7 1	1 5	7 7	1 8	7 6	5 7	3 5	3 7	5 5	2 7	8 5
24일	5 4	3 2	5 6	3 8	5 7	3 5	1 8	7 6	7 8	1 6	6 8	4 6
25일	3 4	5 2	3 6	5 8	3 7	5 5	7 8	1 6	1 8	7 6	4 8	6 6
26일	2 4	8 2	2 6	8 8	2 7	8 5	6 8	4 6	4 8	6 6	1 8	7 6
27일	4 6	2 4	6 6	8 4	7 6	5 4	8 2	6 6	8 8	6 2	8 5	7 2
28일	3 2	1 8	5 2	7 8	8 2	6 8	7 6	5 2	7 4	5 6	7 1	8 6
29일	3 6	1 4	5 6	7 4	8 6	6 4	7 2	5 6	7 8	5 2	7 5	8 2
30일	1 1	6 2	1 7	6 8	1 6	6 5	5 5	2 6	3 5	8 6	2 5	5 6

[1 7]

년운괘 1 7 천산돈(天山遯)

월별\일	월운/일운	정월	2월	3월	4월	5월	6월	7월	8월	9월	10월	11월	12월
		1 3	5 3	1 5	5 5	1 8	5 8	5 7	1 7	3 7	7 7	2 7	6 7
1일		1 7	5 7	1 1	5 1	1 4	5 4	5 3	1 3	3 3	7 3	2 3	6 3
2일		1 1	5 1	1 7	5 7	1 6	5 6	5 5	1 5	3 5	7 5	2 5	6 5
3일		1 4	5 4	1 6	5 6	1 7	5 7	5 8	1 8	3 8	7 8	2 8	6 8
4일		5 3	1 3	5 5	1 5	5 8	1 8	1 7	5 7	7 7	3 7	6 7	2 7
5일		3 3	7 3	3 5	7 5	3 8	7 8	7 7	3 7	1 7	5 7	4 7	8 7
6일		2 3	6 3	2 5	6 5	2 8	6 8	6 7	2 7	4 7	8 7	1 7	5 7
7일		7 1	7 5	1 1	1 5	4 1	4 5	3 5	3 1	3 3	3 7	3 2	3 6
8일		1 1	1 5	7 1	7 5	6 1	6 5	5 5	5 1	5 3	5 7	5 2	5 6
9일		4 1	4 5	6 1	6 5	7 1	7 8	8 5	8 1	8 3	8 7	8 2	8 6
10일		1 7	1 3	1 1	1 5	1 4	1 8	5 3	5 7	3 3	3 7	2 3	2 7
11일		1 3	1 7	1 5	1 1	1 8	1 4	5 7	5 3	3 7	3 3	2 7	2 3
12일		1 5	1 1	1 3	1 7	1 2	1 6	5 1	5 5	3 1	3 5	2 1	2 5
13일		1 8	1 4	1 2	1 6	1 3	1 7	5 4	5 8	3 4	3 8	2 4	2 8
14일		5 7	5 3	5 1	5 5	5 4	5 8	1 3	1 7	7 3	7 7	6 3	6 7
15일		3 7	3 3	3 1	3 5	3 4	3 8	7 3	7 7	1 3	1 7	4 3	4 7
16일		2 7	2 3	2 1	2 5	2 4	2 8	6 3	6 7	4 3	4 7	1 3	1 7
17일		2 3	2 7	2 5	2 1	2 8	2 4	6 7	6 3	4 7	4 3	1 7	1 3
18일		1 7	1 3	1 1	1 5	1 4	1 8	5 3	5 7	3 3	3 7	2 3	2 7
19일		1 3	1 7	1 5	1 1	1 8	1 4	5 7	5 3	3 7	3 3	2 7	2 3
20일		1 1	7 3	1 7	7 5	1 6	7 8	5 5	3 7	3 5	5 7	2 5	8 7
21일		1 5	7 7	1 3	7 1	1 2	7 4	5 1	3 3	3 1	5 3	2 1	8 3
22일		1 3	7 1	1 5	7 7	1 8	7 6	5 7	3 5	3 7	5 5	2 7	8 5
23일		1 2	7 4	1 8	7 6	1 5	7 7	5 6	3 8	3 6	5 8	2 6	8 8
24일		5 1	3 3	5 7	3 5	5 6	3 8	1 5	7 7	7 5	1 7	6 5	4 7
25일		3 1	5 3	3 7	5 5	3 6	5 8	7 5	1 7	1 5	7 7	4 5	6 7
26일		2 1	8 3	2 7	8 5	2 6	8 8	6 5	4 7	4 5	6 7	1 5	7 7
27일		1 6	3 4	7 6	5 4	6 6	8 4	5 2	7 8	5 8	7 2	5 5	7 3
28일		2 2	4 8	8 2	6 8	5 2	7 8	6 6	8 4	6 4	8 6	6 1	8 7
29일		2 6	4 4	8 6	6 4	5 6	7 4	6 2	8 8	6 8	8 2	6 5	8 3
30일		1 4	6 3	1 6	6 5	1 7	6 8	5 8	2 7	3 8	8 7	2 8	5 7

[18]

년운괘 18 천지비(天地否)

월별\일	정월	2월	3월	4월	5월	6월	7월	8월	9월	10월	11월	12월
월운/일운	14	54	16	56	17	57	58	18	38	78	28	68
1일	18	58	12	52	13	53	54	14	34	74	24	64
2일	12	52	18	58	15	55	56	16	36	76	26	66
3일	13	53	15	55	18	58	57	17	37	77	27	67
4일	54	14	56	16	57	17	18	58	78	38	68	28
5일	34	74	36	76	37	77	78	38	18	58	48	88
6일	24	64	26	66	27	67	68	28	48	88	18	58
7일	81	85	21	25	31	35	45	41	43	47	42	46
8일	21	25	81	85	51	55	65	61	63	67	62	66
9일	31	35	51	55	81	85	75	71	73	77	72	76
10일	18	14	12	16	13	17	54	58	34	38	24	28
11일	14	18	16	12	17	13	58	54	38	34	28	24
12일	16	12	14	18	11	15	52	56	32	36	22	26
13일	17	13	11	15	14	18	53	57	33	37	23	27
14일	58	54	52	56	53	57	14	18	74	78	64	68
15일	38	34	32	36	33	37	74	78	14	18	44	48
16일	28	24	22	26	23	27	64	68	44	48	14	18
17일	24	28	26	22	27	23	68	64	48	44	18	14
18일	18	14	12	16	18	17	54	58	34	38	24	28
19일	14	18	16	12	17	13	58	54	38	34	28	24
20일	12	74	18	76	15	77	56	38	36	58	26	88
21일	16	78	14	72	11	73	52	34	32	54	22	84
22일	14	72	16	28	17	75	58	36	38	56	28	86
23일	11	73	17	75	16	78	55	37	35	57	25	87
24일	52	34	58	36	55	32	16	78	76	18	66	48
25일	32	54	38	56	35	57	76	18	16	78	46	68
26일	22	84	28	86	25	76	66	48	46	68	16	78
27일	26	44	86	64	56	78	62	88	68	82	65	83
28일	12	38	72	58	62	84	56	74	54	76	51	77
29일	16	34	76	54	66	88	52	78	58	72	55	78
30일	13	64	15	66	18	67	57	28	37	88	27	58

[2 1]

년운괘 2 1 택천쾌(澤天夬)

월별 일	월운 일운	정월	2월	3월	4월	5월	6월	7월	8월	9월	10월	11월	12월
		2 5	6 5	2 3	6 3	2 2	6 2	6 1	2 1	4 1	8 1	1 1	5 1
1일		2 1	6 1	2 7	6 7	2 6	6 6	6 5	2 5	4 5	8 5	1 5	5 5
2일		2 7	6 7	2 1	6 1	2 4	6 4	6 3	2 3	4 3	8 3	1 3	5 3
3일		2 6	6 6	2 4	6 4	2 1	6 1	6 2	2 2	4 2	8 2	1 2	5 2
4일		6 5	2 5	6 3	2 3	6 2	2 2	2 1	6 1	8 1	4 1	5 1	1 1
5일		4 5	8 5	4 3	8 3	4 2	8 2	8 1	4 1	2 1	6 1	3 1	7 1
6일		1 5	5 5	1 3	5 3	1 2	5 2	5 1	1 1	3 1	7 1	2 1	6 1
7일		1 2	1 6	7 2	7 6	6 2	6 6	5 6	5 2	5 4	5 8	5 1	5 5
8일		7 2	7 6	1 2	1 6	4 2	4 6	3 6	3 2	3 4	3 8	3 1	3 5
9일		6 2	6 6	4 2	4 6	1 2	1 6	2 6	2 2	2 4	2 8	2 1	2 5
10일		2 1	2 5	2 7	2 3	2 6	2 2	6 5	6 1	4 5	4 1	1 5	1 1
11일		2 5	2 1	2 3	2 7	2 2	2 6	6 1	6 5	4 1	4 5	1 1	1 5
12일		2 3	2 7	2 5	2 1	2 8	2 4	6 7	6 3	4 7	4 3	1 7	1 3
13일		2 2	2 6	2 8	2 4	2 5	2 1	6 6	6 2	4 6	4 2	1 6	1 2
14일		6 1	6 5	6 7	6 3	6 6	6 2	2 5	2 1	8 5	8 1	5 5	5 1
15일		4 1	4 5	4 7	4 3	4 6	4 2	8 5	8 1	2 5	2 1	3 5	3 1
16일		1 1	1 5	1 7	1 3	1 6	1 2	5 5	5 1	3 5	3 1	2 5	2 1
17일		1 5	1 1	1 3	1 7	1 2	1 6	5 1	5 5	3 1	3 5	2 1	2 5
18일		2 1	2 5	2 7	2 3	2 6	2 2	6 5	6 1	4 5	4 1	1 5	1 1
19일		2 5	2 1	2 3	2 7	2 2	2 6	6 1	6 5	4 1	4 5	1 1	1 5
20일		2 7	8 5	2 1	8 3	2 4	8 2	6 3	4 1	4 3	6 1	1 3	7 1
21일		2 3	8 1	2 5	8 7	2 8	8 6	6 7	4 5	4 7	6 5	1 7	7 5
22일		2 5	8 7	2 3	8 1	2 2	8 4	6 1	4 3	4 1	6 3	1 1	7 3
23일		2 8	8 6	2 2	8 4	2 3	8 1	6 4	4 2	4 4	6 2	1 4	7 2
24일		6 7	4 5	6 1	4 3	6 4	4 2	2 3	8 1	8 3	2 1	5 3	3 1
25일		4 7	6 5	4 1	6 3	4 4	6 2	8 3	2 1	2 3	8 1	3 3	5 1
26일		1 7	7 5	1 1	7 3	1 4	7 2	5 3	3 1	3 3	5 1	2 3	8 1
27일		7 5	5 3	1 5	3 3	4 5	2 3	3 1	1 7	3 7	1 1	3 6	1 4
28일		8 1	6 7	2 1	4 7	3 1	1 7	7 5	2 3	4 3	2 5	4 2	2 8
29일		8 5	6 3	2 5	4 3	3 5	1 3	7 1	2 7	4 7	2 1	4 6	2 4
30일		2 6	5 5	2 4	5 3	2 1	5 2	6 2	1 1	4 2	7 1	1 2	6 1

[2 2]

년운괘 2 2 태위택(兌爲澤)

월별\일	월운\일운	정월	2월	3월	4월	5월	6월	7월	8월	9월	10월	11월	12월
		26	66	24	64	21	61	62	22	42	82	12	52
1일		22	62	28	68	25	65	66	26	46	86	16	56
2일		28	68	22	62	23	63	64	24	44	84	14	54
3일		25	65	23	63	22	62	61	21	41	81	11	51
4일		66	26	64	24	61	21	22	62	82	42	52	12
5일		46	86	44	84	41	81	82	42	22	62	32	72
6일		16	56	14	54	11	51	52	12	32	72	22	62
7일		22	27	82	86	52	56	66	62	64	68	61	65
8일		82	86	22	26	32	36	46	42	44	48	41	45
9일		52	56	32	36	22	26	16	12	14	18	11	15
10일		22	26	28	24	25	21	66	62	46	42	16	12
11일		26	22	24	28	21	25	62	66	42	46	12	16
12일		24	28	26	22	27	23	68	64	48	44	18	14
13일		21	25	27	23	26	22	65	65	45	41	15	11
14일		62	66	68	64	65	61	26	22	86	82	56	52
15일		42	46	48	44	45	41	86	82	26	22	36	32
16일		12	16	18	14	15	11	56	52	36	32	26	22
17일		16	12	14	18	11	15	52	56	32	36	22	26
18일		22	26	28	24	25	21	66	12	46	42	16	12
19일		26	22	24	28	21	25	62	16	42	46	12	16
20일		28	86	21	84	23	81	64	42	44	62	14	72
21일		24	82	26	88	27	85	68	46	48	66	18	76
22일		26	88	24	82	21	83	62	44	42	64	12	74
23일		27	85	21	83	24	82	63	41	43	61	13	71
24일		68	46	62	44	63	41	24	82	84	22	54	32
25일		48	66	42	64	43	61	84	22	24	82	34	52
26일		18	76	12	74	13	71	54	32	34	52	24	82
27일		85	63	25	43	35	13	41	27	47	21	46	24
28일		71	57	11	37	41	27	35	13	33	15	32	18
29일		75	53	15	33	45	23	31	17	37	11	36	14
30일		25	56	23	54	22	51	61	12	41	72	11	62

[2 3]

년운괘 2 3 택화혁(澤火革)

일\월별	월운\일운	정월	2월	3월	4월	5월	6월	7월	8월	9월	10월	11월	12월
		27	67	21	61	24	64	63	23	43	83	13	53
1일		23	63	25	65	28	68	67	27	47	87	17	57
2일		25	65	23	63	22	62	61	21	41	81	11	51
3일		28	68	22	62	23	63	64	24	44	84	14	54
4일		67	27	61	21	64	24	23	63	83	43	53	13
5일		47	87	41	81	44	84	83	43	23	63	33	73
6일		17	57	11	51	14	54	53	13	33	73	23	63
7일		32	36	52	56	82	86	76	72	74	78	71	75
8일		52	56	32	36	22	26	16	12	14	18	11	15
9일		82	86	22	26	32	36	46	42	44	48	41	45
10일		23	27	25	21	28	24	67	63	47	43	17	13
11일		27	23	21	25	24	28	63	67	43	47	13	17
12일		21	25	27	23	26	22	65	61	45	41	15	11
13일		24	28	26	22	27	23	68	64	48	44	18	14
14일		63	67	65	61	68	64	27	23	87	83	57	53
15일		43	47	45	41	48	44	87	83	27	23	37	33
16일		13	17	15	11	18	14	57	53	37	33	27	23
17일		17	13	11	15	14	18	53	57	33	37	23	27
18일		23	27	25	21	28	24	67	63	47	43	17	13
19일		27	23	21	25	24	28	63	67	43	47	13	17
20일		25	87	23	81	21	84	61	43	41	63	11	73
21일		21	83	27	85	26	88	65	47	45	67	15	77
22일		27	85	21	83	24	82	63	41	43	61	13	71
23일		26	88	24	82	21	83	62	44	42	64	12	74
24일		65	47	63	41	62	64	21	83	81	23	51	33
25일		45	67	43	61	42	44	81	23	21	83	31	53
26일		15	77	13	71	12	74	51	33	31	53	21	83
27일		55	73	35	13	25	43	11	37	17	31	16	34
28일		61	87	41	27	11	37	25	43	23	45	22	48
29일		65	83	45	23	15	33	21	47	27	41	26	44
30일		28	57	22	51	23	54	64	13	44	74	14	63

[24]

년운괘 24 택뢰수(澤雷隨)

일\월운 일운	정월	2월	3월	4월	5월	6월	7월	8월	9월	10월	11월	12월
	28	68	22	62	23	63	64	24	44	84	14	54
1일	24	64	26	66	27	67	68	28	48	88	18	58
2일	26	66	24	64	21	61	62	22	42	82	12	52
3일	27	67	21	61	24	64	63	23	43	83	13	53
4일	68	28	62	22	63	23	24	64	84	44	54	14
5일	48	88	42	82	43	83	84	44	24	64	34	74
6일	18	58	12	52	13	53	54	14	34	74	24	46
7일	42	46	62	66	72	76	86	82	84	88	81	85
8일	62	66	42	46	12	16	26	22	24	28	21	25
9일	72	76	12	16	42	46	36	32	34	38	31	35
10일	24	28	26	22	27	23	68	64	48	44	18	14
11일	28	24	22	26	23	27	64	68	44	48	14	18
12일	22	26	28	24	25	21	66	62	46	42	16	12
13일	23	27	25	21	28	24	67	63	47	43	17	13
14일	64	68	66	62	67	63	28	24	88	84	58	54
15일	44	48	46	42	47	43	88	84	28	24	38	34
16일	14	18	16	12	17	13	58	54	38	34	28	24
17일	18	14	12	16	13	17	54	58	34	38	24	28
18일	24	28	26	22	27	23	68	64	48	44	18	14
19일	28	24	22	26	23	27	64	68	44	48	14	18
20일	26	88	24	82	21	83	62	44	42	64	12	74
21일	22	84	28	86	25	87	66	48	46	68	16	78
22일	28	86	22	84	23	81	64	42	44	62	14	72
23일	25	87	23	81	22	84	61	43	41	63	11	73
24일	66	48	64	42	61	43	22	84	82	24	52	34
25일	46	68	44	62	41	63	82	24	22	84	32	54
26일	16	78	14	72	11	73	52	34	32	54	22	84
27일	65	83	45	23	15	33	21	47	27	41	26	44
28일	51	77	31	17	21	47	15	33	13	35	12	38
29일	55	73	35	13	25	43	11	37	17	31	16	34
30일	27	58	21	52	24	53	63	14	43	74	13	67

[25]

년운괘 25 택풍대과(澤風大過)

월별\일	정월	2월	3월	4월	5월	6월	7월	8월	9월	10월	11월	12월
월운/일운	21	61	27	67	26	66	65	25	45	85	15	55
1일	25	65	23	63	22	62	61	21	41	81	11	51
2일	23	63	25	65	28	68	67	27	47	87	17	57
3일	22	62	28	68	25	65	66	26	46	86	16	56
4일	61	21	67	27	66	26	25	65	85	45	55	15
5일	41	81	47	87	46	86	85	45	25	65	35	75
6일	11	51	17	57	16	56	55	15	35	75	25	65
7일	52	56	32	36	22	26	16	12	14	18	11	15
8일	32	36	52	56	82	86	76	72	74	78	71	75
9일	22	26	82	86	52	56	66	62	64	68	61	65
10일	25	21	23	26	22	26	61	65	41	45	11	15
11일	21	25	27	23	26	22	65	61	45	41	15	11
12일	27	23	21	25	24	28	63	67	43	47	13	17
13일	26	22	24	28	21	25	62	66	42	46	12	16
14일	65	61	63	67	62	66	21	25	81	85	51	55
15일	45	41	43	47	42	46	81	85	21	25	31	35
16일	15	11	13	17	12	16	51	55	31	35	21	25
17일	11	15	17	13	16	12	55	51	35	31	25	21
18일	25	21	23	27	22	26	61	65	41	45	11	15
19일	21	25	27	23	26	22	65	61	45	41	15	11
20일	23	81	25	87	28	86	67	45	47	65	17	75
21일	27	85	21	83	24	82	36	41	43	61	13	71
22일	21	83	27	85	26	88	65	47	45	67	15	77
23일	24	82	26	88	27	85	68	46	48	66	18	76
24일	63	41	65	47	68	46	27	85	87	25	57	35
25일	43	61	45	67	48	66	87	25	27	85	37	55
26일	13	71	15	77	18	76	57	35	37	55	27	85
27일	35	13	55	73	85	63	71	57	77	51	76	54
28일	41	27	61	87	71	57	85	63	83	65	82	68
29일	45	23	65	83	75	53	81	67	87	61	86	64
30일	22	51	28	57	25	56	66	15	46	75	16	65

[26]

년운괘 26 택수곤(澤水困)

월별 일	월운 일운	정월	2월	3월	4월	5월	6월	7월	8월	9월	10월	11월	12월
		22	62	28	68	25	65	66	26	46	86	16	56
1일		26	66	24	64	21	61	62	22	42	82	12	52
2일		24	64	26	66	27	67	68	28	48	88	18	58
3일		21	61	27	67	26	66	65	25	45	85	15	55
4일		61	22	68	28	65	25	26	66	86	46	56	16
5일		42	82	48	88	45	85	86	46	26	66	36	76
6일		12	52	18	58	15	55	56	16	36	76	26	66
7일		62	66	42	44	12	15	26	22	24	28	21	25
8일		42	46	62	66	72	76	86	82	84	88	81	85
9일		12	16	72	76	62	66	56	52	54	58	51	55
10일		26	22	24	28	21	25	62	66	42	46	12	16
11일		22	26	28	24	25	21	66	62	46	42	16	12
12일		28	24	22	26	23	27	64	68	44	48	14	18
13일		25	21	23	27	22	26	61	65	41	45	11	15
14일		66	62	64	68	61	65	22	26	82	86	52	56
15일		46	42	44	48	41	45	82	86	22	26	32	36
16일		16	12	14	18	11	15	52	56	32	36	22	26
17일		12	16	18	14	15	11	56	52	36	32	26	22
18일		26	22	24	28	21	25	62	66	42	46	12	16
19일		22	26	28	24	25	21	66	62	46	42	16	12
20일		24	82	26	88	27	85	68	46	84	66	18	76
21일		28	86	22	84	23	81	64	42	44	62	14	72
22일		22	84	28	86	25	87	66	48	46	68	16	78
23일		23	81	25	87	28	86	67	45	47	65	17	75
24일		64	41	66	48	67	45	28	86	88	26	58	36
25일		44	62	46	68	47	65	88	26	28	86	38	56
26일		14	72	16	78	17	75	58	36	38	56	28	86
27일		45	23	65	83	75	53	81	67	87	61	86	64
28일		31	17	51	77	81	67	75	53	73	55	72	58
29일		35	13	55	73	85	63	71	57	77	51	76	54
30일		21	52	27	58	26	55	65	16	45	76	15	66

[27]

년운괘 2 7 택산함(澤山咸)

월별		정월	2월	3월	4월	5월	6월	7월	8월	9월	10월	11월	12월
일	월운 일운	2 3	6 3	2 5	6 5	2 8	6 8	6 7	2 7	4 7	8 7	1 7	5 7
1일		2 7	6 7	2 1	6 1	2 4	6 4	6 3	2 3	4 3	8 3	1 3	5 3
2일		2 1	6 1	2 7	6 7	2 6	6 6	6 5	2 5	4 5	8 5	1 5	5 5
3일		2 4	6 4	2 6	6 6	2 7	6 7	6 8	2 8	4 8	8 8	1 8	5 8
4일		6 3	2 3	6 5	2 5	6 8	2 8	2 7	6 7	8 7	4 7	5 7	1 7
5일		4 3	8 3	4 5	8 5	4 8	8 8	8 7	4 7	2 7	6 7	3 7	7 7
6일		1 3	5 3	1 5	5 5	1 8	5 8	5 7	1 7	3 7	7 7	2 7	6 7
7일		7 2	7 6	1 2	1 6	4 2	4 6	3 6	3 2	3 4	3 8	3 1	3 5
8일		1 2	1 6	7 2	7 6	6 2	6 6	5 6	5 2	5 4	5 8	5 1	5 5
9일		4 2	4 6	6 2	6 6	7 2	7 6	8 6	8 2	8 4	8 8	8 1	7 5
10일		2 7	2 3	2 1	2 5	2 4	2 8	6 3	6 7	4 3	4 7	1 3	1 7
11일		2 3	2 7	2 5	2 1	2 8	2 4	6 7	6 3	4 7	4 3	1 7	1 3
12일		2 5	2 1	2 3	2 7	2 2	2 6	6 1	6 5	4 1	4 5	1 1	1 5
13일		2 8	2 4	2 2	2 6	2 3	2 7	6 4	6 8	4 4	4 8	1 4	1 8
14일		6 7	6 3	6 1	6 5	6 4	6 8	2 3	2 7	8 3	8 7	5 3	5 7
15일		4 7	4 3	4 1	4 5	4 4	4 8	8 3	3 8 7	2 3	2 7	3 3	3 7
16일		1 7	1 3	1 1	1 5	1 4	1 8	5 3	5 7	3 3	3 7	2 3	2 7
17일		1 3	1 7	1 5	1 1	1 8	1 4	5 7	5 3	3 7	3 3	2 7	2 3
18일		2 7	2 3	2 1	2 5	2 4	2 8	6 3	6 7	4 3	4 7	1 3	1 7
19일		2 3	2 7	2 5	2 1	2 8	2 4	6 7	6 3	4 7	4 3	1 7	1 3
20일		2 1	8 3	2 7	8 5	2 6	8 8	6 5	4 7	4 5	6 7	1 5	7 7
21일		2 5	8 7	2 3	8 1	2 2	8 4	6 1	4 3	4 1	6 3	1 1	7 3
22일		2 3	8 1	2 5	8 7	2 8	8 6	6 7	4 5	4 7	6 5	1 7	7 5
23일		2 2	8 4	2 8	8 6	2 5	8 7	6 6	4 8	4 6	6 8	1 6	7 8
24일		6 1	4 3	6 7	4 5	6 6	4 8	2 5	8 7	8 5	2 7	5 5	3 2
25일		4 1	6 3	4 7	6 5	4 6	6 8	8 5	2 7	2 5	8 7	3 5	5 7
26일		1 1	7 3	1 7	7 5	1 6	7 8	5 5	3 7	3 5	5 7	2 5	8 7
27일		1 5	3 3	7 5	5 3	6 5	8 3	5 1	7 7	5 7	7 7	5 7	7 4
28일		2 1	1 7	8 1	6 7	5 1	7 7	6 5	8 3	6 3	8 3	6 3	8 8
29일		2 5	4 3	8 5	6 3	5 5	7 3	6 1	8 7	6 7	8 7	6 7	8 4
30일		2 4	5 3	2 6	5 5	2 7	5 8	6 8	1 7	4 8	7 7	1 8	6 7

[28]

년운괘 2 8 택지췌(澤地萃)

월별\일	월운\일운	정월	2월	3월	4월	5월	6월	7월	8월	9월	10월	11월	12월
		24	64	26	66	27	67	68	28	48	88	18	58
1일		28	68	22	62	23	63	64	24	44	84	14	54
2일		22	62	28	68	25	65	66	26	46	86	16	56
3일		23	63	25	65	28	68	67	27	47	87	17	57
4일		64	24	66	26	67	27	28	68	88	48	58	18
5일		44	84	46	86	47	87	88	48	28	68	38	78
6일		14	54	16	56	17	57	58	18	38	78	28	68
7일		82	86	22	26	32	36	46	42	44	48	41	45
8일		22	26	82	86	52	56	66	62	64	68	61	65
9일		32	36	52	56	82	86	76	72	74	78	71	75
10일		28	24	22	26	23	27	64	68	44	48	14	18
11일		24	28	26	22	27	23	68	64	48	44	18	14
12일		26	22	24	28	21	25	62	66	42	46	12	16
13일		27	23	21	25	24	28	63	67	43	47	13	15
14일		68	64	62	66	63	67	24	28	84	88	54	58
15일		48	44	42	46	43	47	84	88	24	78	34	38
16일		18	14	12	16	13	17	54	58	34	38	24	28
17일		14	18	16	12	17	13	58	54	38	34	28	24
18일		28	24	22	26	23	27	64	68	44	48	14	18
19일		24	28	26	22	27	23	68	64	48	44	18	14
20일		21	84	28	86	25	87	66	48	46	68	16	78
21일		26	88	24	82	21	83	62	44	42	64	12	74
22일		24	82	26	88	27	85	68	46	48	66	18	76
23일		21	83	27	85	26	88	65	47	45	67	15	77
24일		62	64	68	46	65	47	26	88	86	28	56	38
25일		42	44	48	66	45	67	86	28	26	88	36	58
26일		12	74	18	76	15	77	56	38	36	58	26	88
27일		25	73	85	63	55	73	61	87	67	81	66	84
28일		11	37	71	57	61	87	55	73	53	75	52	78
29일		15	33	75	53	65	83	51	77	57	71	56	74
30일		23	54	25	56	28	57	67	18	47	78	17	68

[31]

년운괘　3 1　화천대유(火天大有)

일 \ 월별	정월	2월	3월	4월	5월	6월	7월	8월	9월	10월	11월	12월
월운 / 일운	3 5	7 5	3 3	7 3	3 2	7 2	7 1	3 1	1 1	5 1	4 1	8 1
1일	3 1	7 1	3 7	7 7	3 6	7 6	7 5	3 5	1 5	5 5	4 5	8 5
2일	3 7	7 7	3 1	7 1	3 4	7 4	7 3	3 3	1 3	5 3	4 3	8 3
3일	3 6	7 6	3 4	7 4	3 1	7 1	7 2	3 2	1 2	5 2	4 2	8 2
4일	7 5	3 5	7 3	3 3	7 2	3 2	3 1	7 1	5 1	1 1	8 1	4 1
5일	1 5	5 5	1 3	5 3	1 2	5 2	5 1	1 1	3 1	7 1	2 1	6 1
6일	4 5	8 5	4 3	8 3	4 2	8 2	8 1	4 1	2 1	6 1	3 1	7 1
7일	1 3	1 7	7 3	7 7	6 3	6 7	5 7	5 3	5 1	5 5	5 4	5 8
8일	7 3	7 7	1 3	1 7	4 3	4 7	3 7	3 3	3 1	3 5	3 4	3 8
9일	6 3	6 7	4 3	4 7	1 3	1 7	2 7	2 3	2 1	2 5	2 4	2 8
10일	3 1	3 5	3 7	3 3	3 6	3 2	7 5	7 1	1 5	1 1	4 5	4 1
11일	3 5	3 1	3 3	3 7	3 2	3 6	7 1	7 5	1 1	1 5	4 1	4 5
12일	3 3	3 7	3 5	3 1	3 8	3 4	7 7	7 3	1 7	1 3	4 7	4 3
13일	3 2	3 6	3 8	3 4	3 5	3 1	7 6	7 2	1 6	1 2	4 6	4 2
14일	7 1	7 5	7 7	7 3	7 6	7 2	3 5	3 1	5 5	5 1	8 5	8 1
15일	1 1	1 5	1 7	1 3	1 6	1 2	5 5	5 1	3 5	3 1	2 5	2 1
16일	4 1	4 5	4 7	4 3	4 6	4 2	8 5	8 1	2 5	2 1	3 5	3 1
17일	4 5	4 1	4 3	4 7	4 2	4 6	8 1	8 5	2 1	2 5	3 1	3 5
18일	3 1	3 5	3 4	3 3	3 6	3 2	7 5	7 1	1 5	1 1	4 5	4 1
19일	3 5	3 1	3 3	3 7	3 2	3 6	7 1	7 5	1 1	1 5	3 5	4 5
20일	3 7	5 5	3 1	5 3	3 4	5 2	7 3	1 1	1 3	7 1	4 3	6 1
21일	3 3	5 1	3 5	5 7	3 8	5 6	7 7	1 5	1 7	7 5	4 7	6 5
22일	3 5	5 7	3 3	5 1	3 2	5 4	7 1	1 3	1 1	7 3	4 1	6 3
23일	3 8	5 6	3 2	5 4	3 3	5 1	7 4	1 2	1 4	7 2	4 4	6 2
24일	7 7	1 5	7 1	1 4	7 4	1 2	3 3	5 1	5 3	3 1	8 3	2 1
25일	1 7	7 5	1 1	7 3	1 4	7 2	5 3	3 1	3 3	5 1	2 3	8 1
26일	4 7	6 5	4 1	6 3	4 4	6 2	8 3	2 1	2 3	8 1	3 3	5 1
27일	7 8	5 2	1 3	3 2	4 8	2 2	3 4	1 6	3 6	1 4	3 7	2 5
28일	8 4	6 6	2 4	4 6	3 4	1 6	7 8	2 2	4 2	2 8	4 3	2 1
29일	8 8	6 5	2 3	4 2	3 8	1 2	7 4	2 6	4 6	2 4	4 7	1 6
30일	3 6	8 5	3 4	8 3	3 1	8 2	7 2	4 1	1 2	6 1	4 2	7 1

[3 2]

년운괘 3 2 화택규(火澤睽)

월별 일\월운	정월	2월	3월	4월	5월	6월	7월	8월	9월	10월	11월	12월
일운	3 6	7 6	3 4	7 4	3 1	7 1	7 2	3 2	1 2	5 2	4 2	8 2
1일	3 2	7 2	3 8	7 8	3 5	7 5	7 6	3 6	1 6	5 6	4 6	8 6
2일	3 8	7 8	3 2	7 2	3 3	7 3	7 4	3 4	1 4	5 4	4 4	8 4
3일	3 5	7 5	3 3	7 3	3 2	7 2	7 1	3 1	1 1	5 1	4 1	8 1
4일	7 6	3 6	7 4	3 4	7 1	3 1	3 2	7 2	5 2	1 2	8 2	4 2
5일	1 6	5 6	1 4	5 4	1 1	5 1	5 2	1 2	3 2	7 2	2 2	6 2
6일	4 6	8 6	4 4	8 4	4 1	8 1	8 2	4 2	2 2	6 2	3 2	7 2
7일	2 3	2 7	8 3	8 7	5 3	5 7	6 7	6 3	6 1	6 5	6 4	6 8
8일	8 3	8 7	2 3	2 7	3 3	3 7	4 7	4 3	4 1	4 5	4 4	4 8
9일	5 3	5 7	3 3	3 7	2 3	2 7	1 7	1 3	1 1	1 5	1 4	1 8
10일	3 2	3 6	3 8	3 4	3 5	3 1	7 6	7 2	1 6	1 2	4 6	4 2
11일	3 6	3 2	3 4	3 8	3 1	3 5	7 2	7 6	1 2	1 6	4 2	4 6
12일	3 4	3 8	3 6	3 2	3 7	3 3	7 8	7 4	1 8	1 4	4 8	4 4
13일	3 1	3 5	3 7	3 3	3 6	3 2	7 5	7 1	1 5	1 1	4 5	4 1
14일	7 2	7 6	7 8	7 4	7 5	7 1	3 6	3 2	5 6	5 2	8 6	8 2
15일	1 2	1 6	1 8	1 4	1 5	1 1	5 6	5 2	3 6	3 2	2 6	2 2
16일	4 2	4 6	4 8	4 4	4 5	4 1	8 6	8 2	2 6	2 2	3 6	3 2
17일	4 6	4 2	4 4	4 8	4 1	4 5	8 2	8 6	2 2	2 6	3 2	3 6
18일	3 2	3 6	3 8	3 4	3 5	3 1	7 6	7 2	1 6	1 2	4 6	4 2
19일	3 6	3 2	3 4	3 8	3 1	3 5	7 2	7 6	1 2	1 6	4 2	4 6
20일	3 8	5 6	3 2	5 4	3 3	5 2	7 4	1 2	1 4	7 2	4 4	6 2
21일	3 4	5 2	3 6	5 8	3 7	5 5	7 8	1 6	1 8	7 6	4 8	6 6
22일	3 6	5 8	3 4	5 2	3 1	5 3	7 2	1 4	1 2	7 4	4 2	6 4
23일	3 7	5 5	3 1	5 3	3 4	5 2	7 3	1 1	1 3	7 1	4 3	6 1
24일	7 8	1 6	7 2	1 4	7 3	1 1	3 4	5 2	5 4	3 2	8 4	2 2
25일	1 8	7 6	1 2	7 4	1 3	7 1	5 4	3 2	3 4	5 2	2 4	8 2
26일	4 8	6 6	4 2	6 4	4 3	6 1	8 4	2 2	2 4	8 2	3 4	5 2
27일	8 8	6 2	8 4	2 8	4 2	3 8	1 2	4 4	2 6	4 6	8 6	3 8 2 1
28일	7 4	5 6	1 4	3 6	4 4	2 6	3 8	1 2	8 2	7 2	4 4	1 5
29일	7 8	5 2	1 8	3 2	4 8	2 2	3 4	1 6	8 6	7 6	4 8	1 1
30일	3 5	8 6	3 3	8 4	3 2	8 1	7 1	4 2	1 1	6 2	4 1	7 2

[3 3]

년운괘 3 3 이위화(離爲火)

월별\일	월운\일운	정월	2월	3월	4월	5월	6월	7월	8월	9월	10월	11월	12월
		37	77	31	71	34	74	73	33	13	53	43	83
1일		33	73	35	75	38	78	77	37	17	57	47	87
2일		35	75	33	73	32	72	71	31	11	51	41	81
3일		38	78	32	72	33	73	74	34	14	54	44	84
4일		77	37	71	31	74	34	33	73	53	13	83	43
5일		17	57	11	51	14	54	53	13	33	73	23	63
6일		47	87	41	81	44	84	83	43	23	63	33	73
7일		33	37	53	57	83	87	77	73	71	75	74	78
8일		53	57	33	37	23	27	17	13	11	15	14	18
9일		83	87	23	27	33	37	47	43	41	45	44	48
10일		33	37	35	31	38	34	77	73	17	13	47	43
11일		37	33	31	35	34	38	73	77	13	17	43	47
12일		31	35	37	33	36	32	75	71	15	11	45	41
13일		34	38	36	32	37	33	78	74	18	14	48	44
14일		73	77	75	71	78	74	37	33	57	53	87	83
15일		13	17	15	11	18	14	57	53	37	33	27	23
16일		43	47	45	41	48	44	87	83	27	23	37	33
17일		47	43	41	45	44	48	83	84	23	27	33	37
18일		33	37	35	31	38	34	77	73	17	13	47	43
19일		37	33	31	35	34	38	73	74	13	17	43	47
20일		35	57	33	51	32	54	71	13	11	73	41	63
21일		31	53	37	55	36	58	75	77	15	77	45	67
22일		37	55	31	53	34	52	73	11	13	71	43	61
23일		36	58	34	52	31	53	72	14	12	74	42	64
24일		75	17	73	11	72	14	31	53	51	33	81	23
25일		15	77	13	71	12	74	51	33	31	53	21	83
26일		45	67	43	61	42	64	81	23	21	83	31	53
27일		58	72	38	12	28	42	14	36	25	87	17	57
28일		64	86	44	26	14	36	28	42	11	73	23	63
29일		68	82	48	22	18	32	24	46	15	77	27	67
30일		38	87	32	81	33	84	74	43	14	63	44	73

[34]

년운괘 3 4 화뢰서합(火雷噬嗑)

월별\일	정월	2월	3월	4월	5월	6월	7월	8월	9월	10월	11월	12월
월운→일운↓	38	78	32	72	33	73	74	34	14	54	44	84
1일	34	74	36	76	37	77	78	38	18	58	48	88
2일	36	76	34	74	31	71	72	32	12	52	42	82
3일	37	77	31	71	34	74	73	33	13	53	43	83
4일	78	38	72	32	73	33	34	74	54	14	84	44
5일	18	58	12	52	13	53	54	14	34	74	24	64
6일	48	88	42	82	43	83	84	44	24	64	34	74
7일	43	47	63	67	73	77	87	83	81	85	84	88
8일	63	67	43	47	13	17	27	23	21	25	24	28
9일	73	77	13	17	43	47	37	33	31	35	34	38
10일	34	38	36	32	37	33	78	74	18	14	48	44
11일	38	34	32	36	33	37	74	78	14	18	44	48
12일	32	36	38	34	35	31	26	72	16	12	46	42
13일	33	37	35	31	38	34	77	73	17	13	47	43
14일	74	78	76	72	77	73	38	34	58	54	88	84
15일	14	18	16	12	17	13	58	54	38	34	28	24
16일	44	48	46	42	47	43	88	84	28	24	38	34
17일	48	44	42	46	43	47	84	88	24	28	34	38
18일	34	38	36	32	37	33	78	74	18	14	48	44
19일	38	34	32	36	33	37	74	78	14	18	44	48
20일	36	58	34	52	31	53	72	14	12	74	42	64
21일	32	54	38	56	35	57	76	18	16	78	46	68
22일	38	56	32	54	33	51	74	12	14	72	44	62
23일	35	57	33	51	32	54	71	13	11	73	41	63
24일	76	18	74	12	71	13	32	54	52	34	82	24
25일	16	78	14	72	11	73	52	34	32	54	22	84
26일	46	68	44	62	41	63	82	24	22	84	32	54
27일	68	64	48	25	18	32	86	46	26	88	36	41
28일	54	58	34	16	24	46	72	32	12	74	42	35
29일	58	54	38	15	28	42	76	34	16	78	46	31
30일	37	88	31	82	34	83	73	44	13	67	43	74

[35]

년운괘 3 5 화풍정(火風鼎)

일 \ 월별	정월	2월	3월	4월	5월	6월	7월	8월	9월	10월	11월	12월
월운일운	31	71	37	77	36	76	75	35	15	55	45	85
1일	35	75	33	73	32	72	71	31	11	51	41	81
2일	33	73	35	75	38	78	77	37	17	57	47	87
3일	32	72	38	78	35	75	76	36	16	56	46	86
4일	71	31	77	37	76	36	35	75	55	15	85	45
5일	11	51	17	57	16	56	55	15	35	75	25	65
6일	41	81	47	87	46	86	85	45	25	65	35	75
7일	53	57	33	37	23	27	17	13	11	15	14	18
8일	33	37	53	57	83	87	77	73	71	75	74	78
9일	23	27	83	87	53	57	67	62	61	65	64	68
10일	35	31	33	37	32	36	71	75	11	15	41	45
11일	31	35	37	33	36	32	75	31	15	11	45	41
12일	37	33	31	35	34	38	73	77	13	17	43	47
13일	36	32	34	38	31	35	72	76	12	16	42	46
14일	75	71	73	77	72	76	31	35	51	55	81	85
15일	15	11	13	17	12	16	51	55	31	35	21	25
16일	45	41	43	47	42	46	81	85	21	25	31	35
17일	41	45	47	43	46	42	85	81	25	21	35	31
18일	35	31	33	37	32	36	71	75	11	15	41	45
19일	31	35	37	33	36	32	75	71	15	11	45	41
20일	33	51	35	57	38	56	77	15	17	75	47	65
21일	37	55	31	53	34	52	73	11	13	71	43	61
22일	31	53	37	55	36	58	75	17	15	77	45	67
23일	34	52	36	58	37	55	78	16	18	76	48	66
24일	73	11	75	17	78	16	37	55	57	35	87	25
25일	13	71	15	77	18	76	57	35	37	55	27	85
26일	43	61	45	67	48	66	87	25	27	85	37	55
27일	47	12	58	72	88	62	74	56	76	54	77	51
28일	33	26	64	86	74	56	88	62	82	68	83	65
29일	37	22	68	82	78	52	84	66	86	64	87	61
30일	32	81	38	87	35	86	76	45	16	65	46	75

년운괘 36 화수미제(火水未濟)

월별\일	정월	2월	3월	4월	5월	6월	7월	8월	9월	10월	11월	12월
월운/일운	32	72	38	78	35	75	76	36	16	56	46	86
1일	36	76	34	74	31	71	72	32	12	52	42	82
2일	34	74	36	76	37	77	78	38	18	58	48	88
3일	31	71	37	77	36	76	75	35	15	55	45	85
4일	72	32	78	38	75	35	36	76	56	16	86	46
5일	12	52	18	58	15	55	56	16	36	76	26	66
6일	42	82	48	88	45	85	86	46	26	66	36	76
7일	63	67	43	47	13	17	27	23	21	25	24	28
8일	43	47	63	67	73	77	87	83	81	85	84	88
9일	13	17	73	77	63	67	57	53	51	55	54	58
10일	36	32	34	38	31	35	72	76	12	16	42	46
11일	32	36	38	34	35	31	76	72	16	12	46	42
12일	38	34	32	36	33	37	74	78	14	18	44	48
13일	35	31	33	37	32	36	71	75	11	15	41	45
14일	76	72	74	78	71	75	32	36	52	56	82	86
15일	16	12	14	18	11	15	52	56	32	36	22	26
16일	46	42	44	48	41	45	82	86	22	26	32	36
17일	42	46	48	44	45	41	86	82	26	22	36	32
18일	36	32	34	38	31	35	72	76	12	16	42	46
19일	32	36	38	34	35	31	76	72	16	12	46	42
20일	34	52	36	58	37	55	78	16	18	76	84	66
21일	38	56	32	54	33	51	74	12	14	72	44	62
22일	32	54	38	56	35	57	76	18	16	78	46	68
23일	33	51	35	57	38	56	77	15	17	75	47	65
24일	74	12	76	18	77	15	38	56	58	36	88	26
25일	14	72	16	78	17	75	58	36	38	56	28	86
26일	44	62	46	68	47	65	88	26	28	86	38	56
27일	48	66	42	82	65	81	84	66	86	64	87	61
28일	34	52	36	76	84	55	78	52	72	58	73	55
29일	38	56	32	72	88	51	74	56	76	54	77	51
30일	31	82	37	88	36	85	75	46	15	66	45	76

[3 7]

년운괘　３７　화산여(火山旅)

월별\일	월운\일운	정월	2월	3월	4월	5월	6월	7월	8월	9월	10월	11월	12월
		3 3	7 3	3 5	7 5	3 8	7 8	7 7	3 7	1 7	5 7	4 7	8 7
1일		3 7	7 7	3 1	7 1	3 4	7 4	7 3	3 3	1 3	5 3	4 3	8 3
2일		3 1	7 1	3 7	7 7	3 6	7 6	7 5	3 5	1 5	5 5	4 5	8 5
3일		3 4	7 4	3 6	7 6	3 7	7 7	7 8	3 8	1 8	5 8	4 8	8 8
4일		7 3	3 3	7 5	3 5	7 8	3 8	3 7	7 7	5 7	1 7	8 7	4 7
5일		1 3	5 3	1 5	5 5	1 8	5 8	5 7	1 7	3 7	7 7	2 7	6 7
6일		4 3	8 3	4 5	8 5	4 8	8 8	8 7	4 7	2 7	6 7	3 7	7 7
7일		7 3	7 7	1 3	1 7	4 3	4 7	3 7	3 3	3 1	3 5	3 4	3 8
8일		1 3	1 7	7 3	7 7	6 3	6 7	5 7	5 3	5 1	5 5	5 4	5 8
9일		4 3	4 7	6 3	6 7	7 3	7 7	8 7	8 3	8 1	8 5	8 4	8 8
10일		3 7	3 3	3 1	3 5	3 4	3 8	7 3	7 7	1 3	1 7	4 3	4 7
11일		3 3	3 7	3 5	3 1	3 8	3 4	7 7	7 3	1 7	1 3	4 7	4 3
12일		3 5	3 1	3 3	3 7	3 2	3 6	7 1	7 5	1 1	1 5	4 1	4 5
13일		3 8	3 4	3 2	3 6	3 3	3 7	7 4	7 8	1 4	1 8	4 4	4 8
14일		7 7	7 3	7 1	7 5	7 4	7 8	3 3	3 7	5 3	5 7	8 3	8 7
15일		1 7	1 3	1 1	1 5	1 4	1 8	5 3	5 7	3 3	3 7	2 3	2 7
16일		4 7	4 3	4 1	4 5	4 4	4 8	8 3	8 7	2 3	2 7	3 3	3 7
17일		4 3	4 7	4 5	4 1	4 8	4 4	8 7	8 3	2 7	2 3	3 7	3 3
18일		3 7	3 3	3 1	3 5	3 4	3 8	7 3	7 7	1 3	1 7	4 3	4 7
19일		3 3	3 7	3 5	3 1	3 8	3 4	7 7	7 3	1 7	1 3	4 7	4 3
20일		3 1	5 3	3 7	5 5	3 6	5 8	7 5	1 7	1 5	7 7	4 5	6 7
21일		3 5	5 7	3 3	5 1	3 2	5 4	7 1	1 3	1 1	7 3	4 1	6 3
22일		3 3	5 1	3 5	5 7	3 8	5 6	7 7	1 5	1 7	7 5	4 7	6 5
23일		3 2	5 4	3 8	5 6	3 5	5 7	7 6	1 8	1 6	7 8	4 6	6 8
24일		7 1	1 3	7 7	1 5	7 6	1 8	3 5	5 7	5 5	3 2	8 5	2 7
25일		1 1	7 4	1 7	7 5	1 6	7 8	5 5	3 7	3 5	5 7	2 5	8 7
26일		4 1	6 3	4 7	6 5	4 6	6 8	8 5	2 7	2 5	8 7	3 5	5 7
27일		1 8	3 2	7 8	5 2	6 8	8 2	5 4	7 6	5 6	7 4	5 7	7 1
28일		2 4	4 6	8 4	6 6	5 4	7 6	6 8	8 2	6 2	8 8	6 3	8 5
29일		2 8	4 2	8 8	6 2	5 8	7 2	6 4	8 6	6 6	8 4	6 7	8 1
30일		3 4	8 3	3 6	8 5	3 7	8 8	7 8	4 7	1 8	6 7	4 8	7 7

년운꽤 38 화지진(火地晋)

일\월	정월	2월	3월	4월	5월	6월	7월	8월	9월	10월	11월	12월
월운/일운	34	74	36	76	37	77	78	38	18	58	48	88
1일	38	78	32	72	33	73	74	34	14	54	44	84
2일	32	72	38	78	35	75	76	36	16	56	46	86
3일	33	73	35	75	38	78	77	37	17	57	47	87
4일	74	34	76	36	77	37	38	78	58	18	88	48
5일	14	54	16	56	17	57	58	18	38	78	28	68
6일	44	84	46	86	47	87	88	48	28	68	38	78
7일	83	87	23	27	33	37	47	43	41	45	44	48
8일	23	27	83	87	53	57	67	63	61	65	64	68
9일	33	37	53	57	83	87	77	73	71	75	74	78
10일	38	34	32	36	33	37	74	78	14	18	44	48
11일	34	38	36	32	37	33	78	76	18	14	48	44
12일	36	32	34	38	31	35	72	76	12	16	42	46
13일	37	33	31	35	34	38	73	77	13	17	43	47
14일	78	74	72	76	73	77	34	38	54	58	84	88
15일	18	14	12	16	13	17	54	58	34	38	24	28
16일	48	44	42	46	43	47	84	88	24	28	34	38
17일	44	48	46	42	47	43	88	84	18	24	38	34
18일	35	34	37	36	33	37	74	78	14	18	44	48
19일	34	38	36	32	33	37	78	74	18	14	48	44
20일	32	54	38	56	35	57	76	18	16	78	46	68
21일	36	58	34	52	31	53	72	14	12	74	42	64
22일	34	52	36	58	37	55	78	16	18	76	48	66
23일	31	53	37	55	36	58	75	17	15	77	45	67
24일	72	14	78	16	75	17	36	58	56	38	86	28
25일	12	74	18	76	15	77	56	38	36	58	26	88
26일	42	64	48	66	45	67	86	28	26	88	36	58
27일	28	42	88	62	58	72	64	86	66	84	32	81
28일	14	36	74	56	64	86	18	72	52	78	46	75
29일	18	32	78	52	68	82	14	76	56	74	42	71
30일	33	84	35	86	38	87	77	48	17	68	47	78

[41]

년운괘 4 1 뇌천대장(雷天大壯)

일 \ 월별	정월	2월	3월	4월	5월	6월	7월	8월	9월	10월	11월	12월
월운/일운	4 5	8 5	4 3	8 3	4 2	8 2	8 1	4 1	2 1	6 1	3 1	7 1
1일	4 1	8 1	4 7	8 7	4 6	8 6	8 5	4 5	2 5	6 5	3 5	7 5
2일	4 7	8 7	4 1	8 1	4 4	8 4	8 3	4 3	2 3	6 3	3 3	7 3
3일	4 6	8 6	4 4	8 4	4 1	8 1	8 2	4 2	2 2	6 2	3 2	7 2
4일	8 5	4 5	8 3	4 3	8 2	4 2	4 1	8 1	6 1	2 1	7 1	3 1
5일	2 5	6 5	2 3	6 3	2 2	6 2	6 1	2 1	4 1	8 1	1 1	5 1
6일	3 5	7 5	3 3	7 3	3 2	7 2	7 1	3 1	1 1	5 1	4 1	8 1
7일	1 4	1 8	7 4	7 8	6 4	6 8	5 8	5 4	5 2	5 6	5 3	5 7
8일	7 4	7 8	1 4	1 8	4 4	4 8	3 8	3 4	3 2	3 6	3 3	3 7
9일	6 4	6 8	4 4	4 8	1 4	1 8	2 8	2 4	2 2	2 6	2 3	2 7
10일	4 1	4 5	4 7	4 3	4 6	4 2	8 5	8 1	2 5	2 1	3 5	3 1
11일	4 5	4 1	4 3	4 7	4 2	4 6	8 1	8 5	2 1	2 5	3 1	3 5
12일	4 3	4 7	4 5	4 1	4 8	4 4	8 7	8 3	2 7	2 3	3 7	3 3
13일	4 2	4 6	4 8	4 4	4 5	4 1	8 6	8 2	2 6	2 2	3 6	3 2
14일	8 1	8 5	8 7	8 3	8 6	8 2	4 5	4 1	6 5	6 1	7 5	7 1
15일	2 1	2 5	2 7	2 3	2 6	2 2	6 5	6 1	4 5	4 1	1 5	1 1
16일	3 1	3 5	3 7	3 3	3 6	3 2	7 5	7 1	1 5	1 1	4 5	4 1
17일	3 5	3 1	3 3	3 7	3 2	3 6	7 1	7 5	1 1	1 5	4 1	4 5
18일	4 1	4 5	4 7	4 3	4 6	4 2	8 5	8 1	2 5	2 1	3 5	3 1
19일	4 5	4 1	4 1	4 7	4 2	4 6	8 1	8 5	2 1	2 5	3 1	3 5
20일	4 7	6 5	4 1	6 3	4 4	6 2	8 3	2 1	2 3	8 1	3 3	5 1
21일	4 3	6 1	4 5	6 7	4 8	6 6	8 7	2 5	2 7	8 5	3 7	5 5
22일	4 5	6 7	4 3	6 1	4 2	6 4	8 1	2 3	2 1	8 3	3 1	5 3
23일	4 8	6 6	4 2	6 4	4 3	6 1	8 4	2 2	2 4	8 2	3 4	5 2
24일	8 7	2 5	8 1	2 3	8 4	2 2	4 3	6 1	6 3	4 1	7 3	1 1
25일	2 7	8 5	2 1	8 3	2 4	8 2	6 3	4 1	4 3	6 1	1 3	7 1
26일	3 7	5 5	3 1	5 3	3 4	5 2	7 3	1 1	1 3	7 1	4 3	6 1
27일	7 7	5 1	1 7	3 1	4 7	2 1	3 1	1 5	3 7	1 3	3 8	1 2
28일	8 3	6 5	2 3	4 5	3 3	1 5	4 7	2 1	4 1	2 7	4 4	2 6
29일	8 7	6 1	2 7	4 1	3 7	1 1	4 3	2 5	4 5	2 3	4 8	2 2
30일	4 6	7 5	4 4	7 3	4 1	7 2	8 2	3 1	2 2	5 1	3 2	8 1

[42]

년운괘　42　뇌택귀매(雷澤歸妹)

월별\일운	정월	2월	3월	4월	5월	6월	7월	8월	9월	10월	11월	12월
월운	46	86	44	84	41	81	82	42	22	62	32	72
1일	42	82	48	88	45	85	86	46	26	66	36	76
2일	48	88	42	82	43	83	84	44	24	64	34	74
3일	45	85	43	83	42	82	81	41	21	61	31	71
4일	86	46	84	44	81	41	42	82	62	22	72	32
5일	26	66	24	64	21	61	62	22	42	82	12	52
6일	36	76	34	74	31	71	72	32	12	52	42	82
7일	24	28	84	88	54	58	68	64	62	66	63	67
8일	84	88	24	28	34	38	48	44	42	46	43	47
9일	54	58	34	38	24	28	18	14	12	16	13	17
10일	42	46	46	44	45	41	86	82	26	22	36	32
11일	46	42	44	48	41	45	82	86	22	26	32	36
12일	44	48	46	42	47	43	88	84	28	24	38	34
13일	41	45	47	43	46	42	85	81	25	21	35	31
14일	82	86	88	84	85	81	46	42	66	62	76	72
15일	22	26	28	24	25	21	66	62	46	42	16	12
16일	32	36	38	34	35	31	76	72	16	12	46	42
17일	36	32	34	38	31	35	72	36	12	16	42	46
18일	42	46	48	44	45	41	86	42	26	22	36	32
19일	46	42	44	48	41	45	82	46	22	26	32	36
20일	48	66	42	64	43	61	84	22	24	82	34	52
21일	44	62	46	68	47	65	88	26	28	86	38	56
22일	46	68	44	62	41	63	82	24	22	84	32	54
23일	47	65	41	63	44	62	83	21	23	81	33	51
24일	88	26	82	24	83	21	44	62	64	42	74	12
25일	28	86	22	84	23	81	64	42	44	62	14	72
26일	38	56	32	54	33	51	74	12	14	72	44	62
27일	87	61	27	41	37	11	43	25	45	23	48	22
28일	73	55	13	35	43	25	37	11	31	17	34	16
29일	77	51	17	31	47	21	33	15	35	13	38	12
30일	45	76	43	74	42	71	81	32	21	52	31	82

[43]

년운괘 43 뇌화풍(雷火豊)

월별 일 월운/일운	정월	2월	3월	4월	5월	6월	7월	8월	9월	10월	11월	12월
	47	87	41	81	44	84	83	43	23	63	33	73
1일	43	83	45	85	48	88	87	41	27	67	37	77
2일	45	85	43	83	42	82	81	47	21	61	31	71
3일	48	88	42	82	43	83	84	44	24	64	34	74
4일	87	47	81	41	84	44	43	83	63	23	73	33
5일	27	67	21	61	24	64	63	23	43	83	13	53
6일	37	77	31	71	34	74	72	33	13	53	43	83
7일	34	38	54	58	84	88	78	74	72	76	73	77
8일	54	58	34	38	24	28	18	14	12	16	13	17
9일	84	88	24	28	34	38	48	44	42	46	43	47
10일	43	47	45	41	48	44	87	83	27	23	37	33
11일	47	43	41	45	44	48	83	87	23	27	33	37
12일	41	45	47	43	46	42	85	81	25	21	35	31
13일	44	48	46	42	47	43	88	84	28	24	38	34
14일	83	87	85	81	88	84	47	43	67	63	77	73
15일	23	27	25	21	28	24	67	63	47	43	17	13
16일	33	37	35	31	38	34	77	73	17	13	47	43
17일	37	33	31	35	34	38	73	37	13	17	43	47
18일	43	47	45	41	48	44	87	43	27	23	37	33
19일	47	43	41	45	44	48	83	47	23	27	33	37
20일	45	67	43	61	42	64	81	23	21	83	31	53
21일	41	63	47	65	46	68	85	27	25	87	35	57
22일	47	65	41	63	44	62	83	21	23	81	33	51
23일	46	68	44	62	41	63	82	24	22	84	32	54
24일	85	27	83	21	82	24	41	63	61	43	71	13
25일	25	87	23	81	22	84	61	43	41	63	11	73
26일	35	57	33	51	32	54	71	13	11	73	41	63
27일	57	71	37	11	27	41	13	33	15	33	18	67
28일	63	85	43	25	13	35	27	47	21	47	24	53
29일	67	81	47	21	17	31	23	43	25	43	28	57
30일	48	77	42	71	43	74	84	33	24	53	34	83

[44]

년운괘 44 진위뢰(震爲雷)

월별\일	정월	2월	3월	4월	5월	6월	7월	8월	9월	10월	11월	12월
월운/일운	48	88	42	82	43	83	84	44	24	64	34	74
1일	44	84	42	82	47	87	84	44	24	64	34	74
2일	46	86	44	84	41	81	82	42	22	62	32	72
3일	47	87	41	81	44	84	83	43	23	63	33	73
4일	88	48	82	42	83	43	44	84	64	24	74	34
5일	28	68	22	62	23	63	64	24	44	84	14	54
6일	38	78	32	72	33	73	74	34	14	54	44	84
7일	44	48	64	68	74	78	88	84	82	86	83	87
8일	64	68	44	48	14	18	28	24	22	26	23	27
9일	74	78	14	18	44	48	38	34	32	36	33	37
10일	44	48	46	42	47	43	88	84	28	24	38	34
11일	48	44	42	46	43	47	84	88	24	28	34	38
12일	42	46	48	44	45	41	86	82	26	22	36	32
13일	43	47	45	41	48	44	87	83	27	23	37	33
14일	84	88	86	82	87	83	48	44	68	64	78	74
15일	24	28	26	22	27	23	68	64	48	44	18	14
16일	34	38	36	32	37	33	78	74	18	14	48	44
17일	38	34	32	36	33	37	74	78	14	18	44	48
18일	44	48	46	42	47	43	88	84	28	24	38	34
19일	48	44	42	46	43	47	84	88	24	28	34	38
20일	46	68	44	62	41	63	82	24	21	84	32	54
21일	42	64	48	66	45	65	86	28	26	88	36	58
22일	48	66	42	64	43	61	84	22	24	82	34	52
23일	45	67	43	61	42	64	81	23	21	83	31	53
24일	86	28	84	22	81	23	42	64	62	64	72	14
25일	26	88	24	82	23	83	62	44	42	44	12	74
26일	36	58	34	52	31	52	72	14	12	74	42	64
27일	67	41	47	56	17	21	23	45	25	43	28	42
28일	53	75	33	62	23	15	17	31	11	37	11	36
29일	57	71	37	66	27	11	13	35	15	33	18	32
30일	47	78	41	72	44	76	83	34	23	54	33	84

[45]

년운괘 45 뇌풍항(雷風恒)

월별 일	정월	2월	3월	4월	5월	6월	7월	8월	9월	10월	11월	12월
월운/일운	41	81	47	87	46	86	85	45	25	65	35	75
1일	45	85	43	83	42	82	81	41	21	61	31	71
2일	43	83	45	85	48	88	87	47	27	67	37	77
3일	42	82	48	88	45	85	86	46	26	66	36	76
4일	81	41	87	47	88	40	45	85	65	25	75	35
5일	21	61	27	67	26	66	65	25	45	85	15	55
6일	31	71	37	77	36	76	75	35	15	55	45	85
7일	54	58	34	38	24	28	18	14	12	16	13	17
8일	34	38	54	58	84	88	78	74	72	76	73	77
9일	24	28	84	88	54	58	68	64	62	66	63	67
10일	45	41	43	47	42	46	81	85	21	25	31	35
11일	41	45	47	43	46	42	85	81	25	21	35	31
12일	47	43	41	45	44	48	83	87	23	27	33	37
13일	46	42	44	48	41	45	82	86	22	26	32	36
14일	85	81	83	87	82	86	41	45	61	65	71	75
15일	25	21	23	27	22	26	61	65	41	45	11	15
16일	35	31	33	37	32	36	71	75	11	15	41	45
17일	31	35	37	34	36	32	75	71	15	11	45	41
18일	45	41	43	48	42	46	81	85	21	25	31	35
19일	41	45	47	44	46	42	85	81	25	21	35	31
20일	43	61	45	67	48	66	87	25	27	85	37	55
21일	47	65	41	63	44	62	83	21	23	81	33	51
22일	41	63	47	65	46	68	85	27	25	87	35	57
23일	44	62	46	68	47	65	88	26	28	86	38	56
24일	83	21	85	27	88	26	47	65	67	45	77	15
25일	23	81	25	87	28	86	67	45	47	65	17	75
26일	33	51	35	57	38	56	77	15	17	75	47	65
27일	37	11	57	71	87	61	73	55	75	53	78	52
28일	43	25	63	45	73	55	87	61	81	67	84	66
29일	47	21	67	81	77	51	83	65	85	63	88	62
30일	42	71	48	77	45	76	86	35	26	55	36	85

년운괘 46 뇌수해(雷水解)

월별\일운	정월	2월	3월	4월	5월	6월	7월	8월	9월	10월	11월	12월
월운	42	82	48	88	45	85	86	46	26	66	36	76
1일	46	86	44	84	41	81	82	42	22	62	32	72
2일	44	84	46	86	47	87	88	48	28	68	38	78
3일	41	81	47	87	46	86	85	45	25	65	35	75
4일	82	42	88	48	85	45	46	86	66	26	76	36
5일	22	62	28	68	25	65	66	26	46	86	16	56
6일	32	72	38	78	35	75	76	36	16	56	46	86
7일	64	68	44	48	14	18	28	24	22	26	23	27
8일	44	48	64	68	74	78	88	84	82	86	83	87
9일	14	18	74	78	64	68	58	54	52	56	53	57
10일	46	42	44	48	41	45	82	86	22	26	32	36
11일	42	46	48	44	45	41	86	82	26	22	36	32
12일	48	44	42	46	43	47	84	88	24	28	34	38
13일	45	41	43	47	42	46	81	85	21	25	31	35
14일	86	82	84	88	81	85	42	46	62	66	72	76
15일	26	22	24	28	21	25	62	66	42	46	12	16
16일	36	32	34	38	31	35	72	76	12	16	42	46
17일	32	36	38	34	35	31	76	72	16	12	46	42
18일	46	42	44	46	41	45	82	86	22	26	32	36
19일	42	46	48	44	45	41	86	82	26	22	36	32
20일	44	62	46	68	47	65	88	26	28	86	38	56
21일	48	66	42	64	43	61	84	22	24	82	34	52
22일	42	64	48	66	45	67	86	28	26	88	36	58
23일	43	61	45	67	48	66	87	25	27	85	37	55
24일	84	22	86	28	87	25	48	66	68	46	78	17
25일	24	82	26	88	27	85	68	46	48	66	18	76
26일	34	52	36	58	37	55	78	16	18	78	48	66
27일	47	21	67	81	33	51	83	65	85	83	88	62
28일	33	15	53	75	47	65	77	51	71	77	74	56
29일	37	11	57	76	43	61	73	55	75	73	78	52
30일	41	72	47	78	46	75	85	36	25	56	35	36

[4 7]

년운괘 4 7 뇌산소과(雷山小過)

월별 일	월운 일운	정월	2월	3월	4월	5월	6월	7월	8월	9월	10월	11월	12월
		4 1	8 3	4 5	8 5	4 8	8 8	8 7	4 7	2 7	6 7	3 7	7 7
1일		4 1	8 7	4 1	8 1	4 4	8 4	8 3	4 3	2 3	6 3	3 3	7 3
2일		4 7	8 1	4 7	8 7	4 6	8 6	8 5	4 5	2 5	6 5	3 5	7 5
3일		4 6	8 4	4 6	4 6	4 7	8 7	8 8	4 8	2 8	6 8	3 8	7 8
4일		8 3	4 3	8 5	4 5	8 8	4 8	4 7	8 7	6 7	2 7	7 7	3 7
5일		2 3	6 3	2 5	6 5	2 8	6 8	6 7	2 7	4 7	8 7	1 7	5 7
6일		3 3	7 3	3 5	7 5	3 8	7 8	7 7	3 7	1 7	5 7	4 7	8 7
7일		7 4	7 8	1 4	1 8	4 4	4 8	3 8	3 7	3 2	3 6	3 3	3 7
8일		1 4	1 8	7 4	7 8	6 4	6 8	5 8	5 4	5 2	5 6	5 3	5 7
9일		4 4	4 8	6 4	6 8	7 4	7 8	8 8	8 4	8 2	8 6	8 3	8 7
10일		4 7	4 3	4 1	4 5	4 4	4 8	8 3	8 7	2 3	2 7	3 3	3 7
11일		4 3	4 7	4 5	4 1	4 8	4 4	8 7	8 3	2 7	2 3	3 7	3 3
12일		4 5	4 1	4 3	4 7	4 2	4 6	8 1	8 5	2 1	2 5	3 1	3 5
13일		4 8	4 4	4 2	4 6	4 3	4 7	8 4	8 8	2 4	2 8	3 4	3 8
14일		8 7	8 3	8 1	8 5	8 4	8 8	4 3	4 7	6 3	6 7	7 3	7 7
15일		2 7	2 3	2 1	2 5	2 4	2 8	6 3	6 7	4 3	4 7	1 3	1 7
16일		3 7	3 3	3 1	3 5	3 4	3 8	7 3	7 7	1 3	1 7	4 3	4 7
17일		3 4	3 7	3 5	3 1	3 8	3 4	7 7	7 3	1 7	1 3	4 7	4 3
18일		4 8	4 3	4 1	4 5	4 4	4 6	8 3	8 7	2 3	2 7	3 3	3 7
19일		4 4	4 7	4 5	4 1	4 8	4 4	8 7	8 3	2 7	2 3	3 7	3 3
20일		4 1	6 3	4 7	6 5	4 6	6 8	8 5	2 7	2 5	8 7	3 5	5 7
21일		4 5	6 7	4 3	6 1	4 2	6 4	8 1	2 3	2 1	8 3	3 1	5 3
22일		4 3	6 1	4 5	6 7	4 8	6 6	8 7	2 5	2 7	8 5	3 7	5 5
23일		4 2	6 4	4 8	6 6	4 5	6 7	8 6	2 8	2 6	8 8	3 6	5 8
24일		8 1	2 3	8 7	2 5	8 6	2 8	4 5	6 7	6 5	4 7	7 5	1 7
25일		2 1	8 3	2 7	8 5	2 6	8 8	6 5	4 7	4 5	6 7	1 5	7 7
26일		3 1	5 3	3 7	5 5	3 6	5 8	7 5	1 7	1 5	7 7	4 5	6 7
27일		1 7	5 1	7 7	5 1	6 7	8 1	5 3	7 5	5 5	7 3	5 8	7 2
28일		2 3	4 5	8 3	6 5	5 3	7 5	6 7	8 1	6 1	8 7	6 4	8 6
29일		2 7	4 1	8 7	6 1	5 7	7 1	6 3	8 5	6 5	8 3	6 8	8 2
30일		4 4	7 3	4 6	7 5	4 7	1 8	8 8	3 7	2 8	5 7	3 8	8 7

[48]

년운괘 48 뇌지예(雷地豫)

월별 일 월운 일운	정월	2월	3월	4월	5월	6월	7월	8월	9월	10월	11월	12월
	4 4	8 4	3 4	6 4	7 4	8 4	4 4	2 4	6 4	3 4	7 4	1 4
1일	4 8	8 8	4 2	8 2	4 3	8 3	8 4	4 4	2 4	6 4	3 4	7 4
2일	4 2	8 2	4 8	8 8	4 5	8 5	8 6	4 6	2 6	6 6	3 6	7 6
3일	4 3	8 3	4 5	8 5	4 8	8 8	8 7	4 7	2 7	6 7	3 7	7 7
4일	8 4	4 4	8 6	4 6	8 7	4 7	4 8	8 8	6 8	2 8	7 8	3 8
5일	2 4	6 4	2 6	6 6	2 7	6 7	6 8	2 8	4 8	8 8	1 8	5 8
6일	3 4	7 4	3 6	7 6	3 7	7 7	7 8	3 8	1 8	5 8	4 8	8 8
7일	8 4	8 8	2 4	2 8	3 4	3 8	4 8	4 4	4 2	4 6	4 3	4 7
8일	2 4	2 8	8 4	8 8	5 4	5 8	6 8	6 4	6 2	6 6	6 3	6 7
9일	3 4	3 8	5 4	5 8	8 4	8 8	7 8	7 4	7 2	7 6	7 3	7 7
10일	4 8	4 4	4 2	4 6	4 3	4 7	8 4	8 8	2 4	2 8	3 4	3 8
11일	4 4	4 8	4 6	4 2	4 7	4 3	8 8	8 4	2 8	2 4	3 8	8 4
12일	4 6	4 2	4 4	4 8	4 1	4 5	8 2	8 6	2 2	2 6	3 2	3 6
13일	4 7	4 3	4 1	4 5	4 4	4 8	8 3	8 7	2 3	2 7	3 3	3 7
14일	8 8	8 4	8 2	8 6	8 3	8 7	4 4	4 8	6 4	6 8	7 4	7 8
15일	2 8	2 4	2 2	2 6	2 3	2 7	6 4	6 8	4 4	4 8	1 4	1 8
16일	3 8	3 4	3 2	3 6	3 3	3 7	7 4	7 8	1 4	1 8	4 4	4 8
17일	3 4	3 8	3 6	3 2	3 7	3 4	7 8	7 4	1 8	1 4	4 8	4 4
18일	4 6	4 4	4 2	4 6	4 3	4 8	8 4	8 8	2 4	2 8	3 4	3 8
19일	4 4	4 8	4 6	4 2	4 7	4 4	8 8	8 4	2 8	2 4	3 8	3 4
20일	4 2	6 4	4 8	6 6	4 5	6 7	8 6	2 8	2 6	8 8	3 6	5 8
21일	4 6	6 8	4 4	2 4	4 1	6 3	8 2	2 4	2 2	1 4	3 2	5 4
22일	4 4	6 2	4 6	6 8	4 7	6 5	8 8	2 6	2 8	8 6	3 8	5 6
23일	4 1	6 3	4 7	6 5	4 6	6 8	8 5	2 7	2 5	8 7	3 5	5 7
24일	8 2	2 4	8 8	2 6	8 5	2 7	4 6	6 8	6 6	4 8	7 8	1 8
25일	2 2	8 4	2 8	8 6	2 5	8 7	6 6	4 8	4 6	6 8	1 6	7 8
26일	3 2	5 4	3 8	5 6	3 5	5 7	7 6	1 8	1 6	7 8	4 6	6 8
27일	2 7	4 1	8 7	6 1	5 7	7 1	6 3	8 5	6 5	8 3	6 8	8 2
28일	1 3	3 5	7 3	5 5	6 3	8 5	5 7	7 1	5 1	7 7	5 4	7 6
29일	1 7	3 1	7 7	5 1	6 7	8 1	5 3	7 5	5 5	7 3	5 8	7 2
30일	4 3	7 4	4 5	7 6	4 8	7 7	8 7	3 8	2 7	5 8	3 7	8 8

[5 1]

년운괘 5 1 풍천소축(風天小畜)

월별\일	월운\일운	정월	2월	3월	4월	5월	6월	7월	8월	9월	10월	11월	12월
		5 5	1 5	5 3	1 3	5 2	1 2	1 1	5 1	7 1	3 1	3 6	2 1
1일		5 1	1 1	5 7	1 7	5 6	1 6	1 5	5 5	7 5	3 5	6 5	2 5
2일		5 7	1 7	5 1	1 1	5 4	1 4	1 3	5 3	7 3	3 3	6 3	2 3
3일		5 6	1 6	5 4	1 4	5 1	1 1	1 2	5 2	7 2	3 2	6 2	2 2
4일		1 5	5 5	1 3	5 3	1 2	5 2	5 1	1 1	3 1	7 1	2 1	6 1
5일		7 5	3 5	7 3	3 3	7 2	3 2	3 1	7 2	5 1	1 1	8 1	4 1
6일		6 5	2 5	6 3	2 3	6 2	2 2	2 1	6 1	8 1	4 1	5 1	1 1
7일		1 5	1 1	7 5	7 1	6 5	6 1	5 1	5 5	5 7	5 3	5 6	5 2
8일		7 5	7 7	1 5	1 1	4 5	4 1	3 1	3 5	3 7	3 3	3 6	3 2
9일		6 5	6 1	4 5	4 1	1 5	1 1	2 1	2 5	2 7	2 3	2 6	2 2
10일		5 1	5 5	5 7	5 3	5 6	5 2	1 5	1 1	7 5	7 1	6 5	6 1
11일		5 5	5 1	5 3	5 7	5 2	5 6	1 1	1 5	7 1	7 5	6 1	6 5
12일		5 3	5 7	5 5	5 1	5 8	5 4	1 7	1 3	7 7	7 3	6 7	6 3
13일		5 2	5 6	5 8	5 4	5 5	5 1	1 6	1 2	7 6	7 2	6 6	6 2
14일		1 1	1 5	1 7	1 3	1 6	1 2	5 5	5 1	3 5	3 1	2 5	2 1
15일		7 1	7 5	7 7	7 3	7 6	7 2	3 5	3 1	5 5	5 1	8 5	8 1
16일		6 1	6 5	6 7	6 3	6 6	6 2	2 5	2 1	8 5	8 1	5 5	5 1
17일		6 5	6 1	6 3	6 7	6 2	6 6	2 1	2 5	8 1	8 5	5 1	5 5
18일		5 1	5 5	5 7	5 3	5 6	5 2	1 5	1 1	7 5	7 1	6 5	6 1
19일		5 5	5 1	5 3	5 7	5 2	5 6	1 1	1 5	7 1	7 5	6 1	6 5
20일		5 7	3 5	5 1	3 3	5 4	3 2	1 3	7 1	7 3	1 1	6 2	4 1
21일		5 3	3 1	5 5	3 7	5 8	3 6	1 7	7 5	7 7	1 5	6 7	4 5
22일		5 5	3 7	5 3	3 1	5 2	3 4	1 1	7 3	7 1	1 3	6 1	4 3
23일		5 8	3 6	5 2	3 4	5 3	3 1	1 4	7 2	7 4	1 2	6 4	4 2
24일		1 7	7 5	1 1	7 3	1 4	7 2	5 3	3 1	3 3	5 1	2 3	8 1
25일		7 7	1 5	7 1	1 3	7 4	1 2	3 3	5 1	5 3	3 1	8 3	2 1
26일		6 7	4 5	6 1	4 3	6 4	4 2	2 3	8 1	8 3	2 1	5 3	3 1
27일		7 2	5 8	1 2	3 8	4 2	2 8	3 6	1 4	3 4	1 6	3 1	1 7
28일		8 6	6 4	2 6	4 4	3 6	1 4	4 2	2 8	4 8	2 2	4 5	2 3
29일		8 2	6 8	2 2	4 8	3 2	1 8	4 6	2 4	4 4	2 6	4 1	2 7
30일		5 6	2 5	5 4	2 3	5 1	2 2	1 2	6 1	7 2	4 1	6 2	1 1

[5 2]

년운괘　5 2　풍택중부(風澤中孚)

월별 / 일 월운·일운	정월	2월	3월	4월	5월	6월	7월	8월	9월	10월	11월	12월
	5 6	1 6	5 4	1 4	5 1	1 1	1 2	5 2	7 2	3 2	6 2	2 2
1일	5 2	1 2	5 8	1 8	5 5	1 5	1 6	5 6	7 6	3 6	6 6	2 6
2일	5 8	1 8	5 2	1 2	5 3	1 3	1 4	5 4	7 4	3 4	6 4	2 4
3일	5 5	1 5	5 3	1 3	5 2	1 2	1 1	5 1	7 1	3 1	6 1	2 1
4일	1 6	5 6	1 4	5 4	1 1	5 1	5 2	1 2	3 2	7 2	2 2	6 2
5일	7 6	3 6	7 4	3 4	7 1	3 1	3 2	7 2	5 2	1 2	8 2	4 2
6일	6 6	2 6	6 4	2 4	6 1	2 1	2 2	6 2	8 2	4 2	5 2	1 2
7일	2 5	2 1	8 5	8 1	5 5	5 1	6 1	6 5	6 7	6 3	6 6	6 2
8일	8 5	8 1	2 5	2 1	3 5	3 1	4 1	4 5	4 7	4 3	4 6	4 2
9일	5 5	5 1	3 5	3 1	2 5	2 1	1 1	1 5	1 7	1 3	1 6	1 2
10일	5 2	5 6	5 8	5 4	5 5	5 1	1 6	1 2	7 6	7 2	6 6	6 2
11일	5 6	5 2	5 4	5 8	5 1	5 5	1 2	1 6	7 2	7 6	6 2	6 6
12일	5 4	5 8	5 6	5 2	5 7	5 3	1 8	1 4	7 8	7 4	6 8	6 4
13일	5 1	5 5	5 7	5 3	5 6	5 2	1 5	1 1	7 5	7 1	6 5	6 1
14일	1 2	1 6	1 8	1 4	1 5	1 1	5 6	5 2	3 6	3 2	2 6	2 2
15일	7 2	7 6	7 8	7 4	7 5	7 1	3 6	3 2	5 6	5 2	8 6	8 2
16일	6 2	6 6	6 8	6 4	6 5	6 1	2 6	2 2	8 6	8 2	5 6	5 2
17일	6 6	6 1	6 4	6 8	6 8	6 5	2 2	2 6	8 2	8 6	5 2	5 5
18일	5 2	5 5	5 3	5 4	5 5	5 1	1 6	1 2	7 6	7 2	6 6	6 1
19일	5 6	5 1	5 4	5 8	5 1	5 5	1 2	1 6	7 2	7 6	6 2	6 5
20일	5 8	3 6	1 4	3 4	5 1	3 1	1 4	7 2	7 4	1 2	6 4	4 2
21일	5 4	3 2	5 6	3 8	5 7	3 5	1 8	7 6	7 8	1 6	6 8	4 6
22일	5 6	3 8	5 4	3 2	5 1	3 3	1 2	7 4	7 2	1 4	6 2	4 4
23일	5 7	3 5	5 1	3 3	5 4	3 2	1 3	7 1	7 3	1 1	6 3	4 1
24일	1 8	7 6	1 2	7 4	1 3	7 1	5 4	3 2	3 4	5 2	2 4	8 2
25일	7 8	1 6	7 2	1 4	7 3	1 1	3 4	5 2	5 4	3 2	8 4	2 2
26일	6 8	4 6	6 2	4 4	6 3	4 1	2 4	8 2	8 4	2 2	5 4	3 2
27일	8 2	6 6	2 2	4 8	3 2	1 8	4 6	2 4	2 4	4 6	4 1	3 6
28일	7 6	5 2	1 6	3 4	4 6	2 4	3 2	1 8	3 8	1 2	3 5	4 2
29일	7 2	6 6	1 2	3 8	4 2	2 8	3 6	1 4	3 4	1 6	3 1	4 6
30일	5 5	2 6	5 3	2 4	5 2	2 1	1 1	6 2	7 1	4 2	6 1	1 2

[5 3]

년운괘　5 3　풍화가인(風火家人)

월별\일	정월	2월	3월	4월	5월	6월	7월	8월	9월	10월	11월	12월
월운/일운	5 7	1 7	5 1	1 1	5 4	1 4	1 3	5 3	7 3	3 3	6 3	2 3
1일	5 3	1 3	5 5	1 5	5 8	1 8	1 7	5 7	7 7	3 7	6 7	2 7
2일	5 5	1 5	5 3	1 3	5 2	1 2	1 1	5 1	7 1	3 1	6 1	2 1
3일	5 8	1 8	5 2	1 2	5 3	1 3	1 4	5 4	7 4	3 4	6 4	2 4
4일	1 7	5 7	1 1	5 1	1 4	5 4	5 3	1 3	3 3	7 3	2 3	6 3
5일	7 7	3 7	7 1	3 1	7 4	3 4	3 3	7 3	5 3	1 3	8 3	4 3
6일	6 7	2 7	6 1	2 1	6 4	2 4	2 3	6 3	8 3	4 3	5 3	1 3
7일	3 5	3 1	5 5	5 1	8 5	8 1	7 1	7 5	7 7	7 3	7 6	7 2
8일	5 5	5 1	3 5	3 1	2 5	2 1	1 1	1 5	1 7	1 3	1 6	1 2
9일	8 5	8 1	2 5	2 1	3 5	3 1	4 1	4 5	4 7	4 3	4 6	4 2
10일	5 3	5 7	5 5	5 1	5 8	5 4	1 7	1 3	7 7	7 3	6 7	6 3
11일	5 7	5 3	5 1	5 5	5 4	5 8	1 3	1 7	7 3	7 7	6 3	6 7
12일	5 1	5 5	5 7	5 3	5 6	5 2	1 5	1 1	7 5	7 1	6 5	6 1
13일	5 4	5 8	5 6	5 2	5 7	5 3	1 8	1 4	7 8	7 4	6 8	6 4
14일	1 3	1 7	1 5	1 1	1 8	1 4	5 7	5 3	3 7	3 3	2 7	2 3
15일	7 3	7 7	7 5	7 1	7 8	7 4	3 7	3 3	5 7	5 3	8 7	8 3
16일	6 3	6 7	6 5	6 1	6 8	6 4	2 7	2 3	8 7	8 3	5 7	5 3
17일	6 7	6 3	6 1	6 5	6 4	6 8	2 3	2 7	8 3	8 7	5 3	5 7
18일	5 3	5 7	5 5	5 1	5 8	5 4	1 7	1 3	7 7	7 3	6 7	6 3
19일	5 7	5 3	5 1	5 5	5 4	5 8	1 3	1 7	7 3	7 7	6 3	6 7
20일	5 5	3 7	5 3	3 1	5 2	3 4	1 1	7 3	7 1	1 3	6 1	4 3
21일	5 1	3 3	5 7	3 5	5 6	3 8	1 5	7 7	7 5	1 7	6 5	4 7
22일	5 7	3 5	5 1	3 3	5 4	3 2	1 3	7 1	7 3	1 1	6 3	4 2
23일	5 6	3 8	5 4	3 2	6 1	3 3	1 2	7 4	7 2	1 4	6 2	4 4
24일	1 5	7 7	1 3	7 1	1 2	7 4	5 1	3 3	3 1	5 3	2 1	8 3
25일	7 5	1 7	7 3	1 1	7 2	1 4	3 1	5 3	5 1	3 3	8 1	2 3
26일	6 5	4 7	6 3	4 1	6 2	4 4	2 1	8 3	8 1	2 3	5 1	3 3
27일	5 2	7 8	3 2	1 8	2 2	4 8	1 6	3 4	1 4	3 6	1 1	3 7
28일	6 6	8 4	4 5	2 4	1 5	3 4	2 2	4 8	2 8	4 2	2 5	4 3
29일	6 2	8 8	4 2	2 8	1 2	3 8	2 6	4 4	2 4	4 6	2 1	4 7
30일	5 8	2 7	5 2	2 1	5 3	2 4	1 4	6 3	7 4	4 3	6 4	1 3

[5 4]

년운괘　5 4　풍뢰익(風雷益)

월별 일 월운/일운	정월	2월	3월	4월	5월	6월	7월	8월	9월	10월	11월	12월
	5 8	1 8	5 2	1 2	5 3	1 3	1 4	5 4	7 4	3 4	6 4	2 4
1일	5 4	1 4	5 6	1 6	5 7	1 7	1 8	5 8	7 8	3 8	6 8	2 8
2일	5 6	1 6	5 4	1 4	5 1	1 1	1 2	5 2	7 2	3 2	6 2	2 2
3일	5 7	1 7	5 1	1 1	5 4	1 4	1 3	5 3	7 3	3 3	6 3	2 3
4일	1 8	5 8	1 2	5 2	1 3	5 3	5 4	1 4	3 4	7 4	2 4	6 4
5일	7 8	3 8	7 2	3 2	7 3	3 3	3 4	7 4	5 4	1 4	8 4	4 4
6일	6 8	2 8	6 2	2 2	6 3	2 3	2 4	6 4	8 4	4 4	5 4	1 4
7일	4 5	4 1	6 5	6 1	7 5	7 1	8 1	8 5	8 7	8 3	8 6	8 2
8일	6 5	6 1	4 5	4 1	1 5	1 1	2 1	2 5	2 7	2 3	2 6	2 2
9일	7 5	7 1	1 5	1 1	4 5	4 1	3 1	3 5	3 7	3 3	3 6	3 2
10일	5 4	5 8	5 6	5 2	5 7	5 3	1 8	1 4	7 8	7 4	6 8	6 4
11일	5 8	5 4	5 2	5 6	5 3	5 7	1 4	1 8	7 4	7 8	6 4	6 8
12일	5 2	5 6	5 8	5 4	5 5	5 1	1 6	1 2	7 6	7 2	6 6	6 2
13일	5 3	5 7	5 5	5 1	5 8	5 4	1 7	1 3	7 7	7 3	6 7	6 3
14일	1 4	1 8	1 6	1 2	1 7	1 3	5 8	5 4	3 8	3 4	2 8	2 4
15일	7 4	7 8	7 6	7 2	7 7	7 3	3 8	3 4	5 8	5 4	8 8	8 4
16일	6 4	6 8	6 6	6 2	6 7	6 3	2 8	2 4	8 8	8 4	5 8	5 4
17일	6 8	6 4	6 2	6 6	6 3	6 7	2 4	2 8	8 4	8 8	5 4	5 8
18일	5 4	5 8	5 6	5 2	5 7	5 3	1 8	1 4	7 8	7 4	6 8	6 4
19일	5 8	5 4	5 2	5 6	5 3	5 7	1 4	1 8	7 4	7 8	6 4	6 8
20일	5 6	3 8	5 4	3 2	5 1	3 3	1 2	7 4	7 2	1 4	6 2	4 4
21일	5 2	3 4	5 8	3 6	5 5	3 7	1 6	7 8	7 6	1 8	6 6	4 8
22일	5 8	3 6	5 2	3 4	5 3	3 1	1 4	7 2	7 4	1 2	6 4	4 2
23일	5 5	3 7	5 3	3 1	5 2	3 4	1 1	7 3	7 1	1 3	6 1	4 3
24일	1 6	7 8	1 4	7 2	1 1	7 3	5 2	3 4	3 2	5 4	2 2	8 4
25일	7 6	1 8	7 4	1 2	7 1	1 3	3 2	5 4	5 2	3 4	8 2	2 4
26일	6 6	4 8	6 4	4 2	6 1	4 3	2 2	8 4	8 2	2 4	5 2	3 4
27일	6 2	8 8	4 2	2 8	1 2	3 8	2 6	4 4	8 6	4 6	2 1	4 7
28일	5 6	7 4	3 6	1 4	2 6	4 4	1 2	3 7	7 2	3 2	1 5	3 3
29일	5 2	7 8	3 2	1 8	2 2	4 8	1 6	3 4	7 6	3 6	1 1	3 7
30일	5 7	2 8	5 1	2 3	5 4	2 3	1 3	6 4	7 3	4 4	6 3	1 4

[55]

년운괘　55　손위풍(巽爲風)

월별 일 월운 일운	정월	2월	3월	4월	5월	6월	7월	8월	9월	10월	11월	12월
	51	11	57	17	56	16	15	55	75	35	65	25
1일	55	15	63	13	52	12	11	51	71	31	61	21
2일	53	13	55	15	58	18	17	57	77	37	67	27
3일	52	12	58	18	55	15	16	56	76	36	66	26
4일	11	51	18	57	16	56	55	15	35	75	25	64
5일	71	31	77	37	76	36	35	75	55	15	85	45
6일	61	21	67	27	66	26	25	65	85	45	55	15
7일	55	51	35	31	25	21	11	15	17	13	16	12
8일	35	31	55	51	85	81	71	75	77	73	75	72
9일	25	21	85	81	55	51	61	65	67	63	66	62
10일	55	51	53	57	52	56	11	15	71	75	61	65
11일	51	55	57	53	56	52	15	11	75	71	65	61
12일	57	53	51	55	54	58	13	17	73	77	63	67
13일	56	52	54	58	51	55	12	16	72	76	62	66
14일	15	11	13	17	12	16	51	55	31	35	21	25
15일	75	71	73	77	72	76	31	35	51	55	81	85
16일	65	61	63	67	62	66	21	25	81	85	51	55
17일	61	65	67	63	66	62	25	21	85	81	55	51
18일	55	51	53	57	52	56	11	15	71	75	61	65
19일	51	55	57	53	56	52	15	11	75	71	65	61
20일	53	31	55	37	58	36	17	75	77	15	67	45
21일	57	35	51	33	54	32	13	71	73	11	63	41
22일	51	33	57	35	56	38	15	77	75	17	65	47
23일	54	32	56	38	57	35	18	76	78	16	68	46
24일	13	71	15	77	18	76	57	35	37	55	27	85
25일	73	11	75	17	78	16	37	55	57	35	87	25
26일	63	41	65	47	68	46	27	85	87	25	57	35
27일	32	18	52	78	82	68	76	54	74	56	71	57
28일	46	24	67	84	76	54	82	68	88	62	85	63
29일	42	28	62	88	72	58	86	64	84	66	81	67
30일	52	21	58	27	55	26	16	65	76	45	66	15

[56]

년운괘 56 풍수환(風水渙)

월별 일운 월운	정월	2월	3월	4월	5월	6월	7월	8월	9월	10월	11월	12월
	52	12	58	18	55	15	16	56	76	36	66	26
1일	56	16	54	14	51	11	12	52	72	32	62	22
2일	54	14	56	16	57	17	18	58	78	38	68	28
3일	51	11	57	17	56	16	15	55	75	35	65	25
4일	12	52	18	58	15	55	56	16	36	76	26	66
5일	72	32	78	38	75	35	36	76	56	16	86	46
6일	62	22	68	28	65	25	26	66	86	46	56	16
7일	65	61	45	41	15	11	21	25	27	23	26	22
8일	45	41	65	61	75	71	81	85	87	83	86	82
9일	15	11	75	71	65	61	51	55	57	53	56	52
10일	56	52	54	58	51	55	12	16	72	76	62	66
11일	52	56	58	54	55	51	16	12	76	72	66	62
12일	58	54	52	56	53	57	14	18	74	78	64	68
13일	55	51	53	57	52	56	11	15	71	75	61	65
14일	16	12	14	18	11	15	52	56	32	36	22	26
15일	76	72	74	78	71	75	32	36	52	56	82	86
16일	66	62	64	68	61	65	22	26	82	86	52	56
17일	62	66	68	64	65	61	26	22	86	82	56	52
18일	56	52	54	58	51	55	12	16	72	76	62	66
19일	52	56	58	54	55	51	16	12	76	72	66	62
20일	54	32	56	38	57	35	18	76	78	16	68	46
21일	58	36	52	34	53	31	14	72	74	12	64	42
22일	52	34	58	36	55	37	16	78	76	18	66	48
23일	53	31	55	37	58	36	17	75	77	15	67	45
24일	14	72	16	78	17	75	58	36	38	56	28	86
25일	74	12	76	18	77	15	38	56	58	36	88	26
26일	64	42	66	48	67	45	28	86	88	26	58	36
27일	42	28	62	88	72	58	86	64	84	66	81	67
28일	35	74	55	74	86	64	72	58	78	52	75	53
29일	32	78	52	78	82	68	76	54	74	56	71	57
30일	51	22	57	28	56	25	15	66	75	46	65	16

〔57〕

년운괘　57　풍산점(風山漸)

월별\일	월운\일운	정월	2월	3월	4월	5월	6월	7월	8월	9월	10월	11월	12월
		53	13	55	15	58	18	17	57	77	37	67	27
1일		57	17	51	11	54	14	13	53	73	33	63	23
2일		51	11	57	17	56	16	15	55	75	35	65	25
3일		54	14	56	16	57	17	18	58	78	38	68	28
4일		13	53	15	55	18	58	57	17	37	77	27	67
5일		73	33	75	35	78	38	37	77	57	17	87	47
6일		63	23	65	25	68	28	27	67	87	47	57	17
7일		75	71	15	11	45	41	31	35	37	33	36	32
8일		15	11	75	71	65	61	51	55	57	53	56	52
9일		45	41	65	61	75	71	81	85	87	83	86	82
10일		57	53	51	55	54	58	13	17	73	77	63	67
11일		53	57	55	51	58	54	17	13	77	73	67	63
12일		55	51	53	57	52	56	11	15	71	75	61	65
13일		58	54	52	56	53	57	14	18	74	78	64	68
14일		17	13	11	15	14	18	53	57	33	37	23	27
15일		77	73	71	75	74	78	33	37	53	57	83	87
16일		67	63	61	65	64	68	23	27	83	87	53	57
17일		63	67	65	61	68	64	27	23	87	83	57	53
18일		57	58	51	55	54	58	13	17	73	77	63	67
19일		53	57	55	51	58	54	17	13	77	73	67	63
20일		51	33	57	35	56	38	15	77	75	17	65	47
21일		55	37	53	31	52	34	11	73	71	13	61	43
22일		53	31	55	37	58	36	17	75	77	15	67	45
23일		52	34	58	36	55	37	16	78	76	18	66	48
24일		11	73	17	75	16	78	55	32	35	57	25	87
25일		71	13	77	15	76	18	35	57	55	37	85	27
26일		61	43	67	45	66	48	25	87	85	27	55	37
27일		12	38	72	58	62	88	56	74	54	76	51	77
28일		26	44	86	64	56	14	62	88	68	82	65	83
29일		22	48	82	68	52	18	66	84	64	86	61	87
30일		54	23	56	25	57	28	18	67	78	47	68	17

[58]

년운괘 58 풍지관(風地觀)

월별\일	정월	2월	3월	4월	5월	6월	7월	8월	9월	10월	11월	12월
월운\일운	54	14	56	16	57	17	18	58	78	38	68	28
1일	58	18	52	12	53	13	14	54	74	34	64	24
2일	52	12	58	18	55	15	16	56	76	36	66	26
3일	53	13	55	15	58	18	17	57	77	37	67	27
4일	14	54	16	56	17	57	58	18	38	78	28	68
5일	74	34	76	36	77	37	38	78	58	18	88	48
6일	64	24	66	26	67	27	28	68	88	48	58	18
7일	85	81	25	21	35	31	41	45	47	43	46	42
8일	25	21	85	81	55	51	61	65	67	63	66	62
9일	35	31	55	51	85	81	71	75	77	73	76	72
10일	58	54	52	56	53	57	14	18	74	78	64	68
11일	54	58	56	52	57	53	18	14	78	74	68	64
12일	56	52	54	58	51	55	12	16	72	76	62	66
13일	57	53	51	55	54	58	13	17	73	77	63	67
14일	18	14	12	16	13	17	54	58	34	38	24	28
15일	78	74	72	76	73	77	34	38	54	58	84	88
16일	68	44	62	66	63	67	24	28	84	88	54	58
17일	64	68	66	62	67	63	28	24	88	84	58	54
18일	58	54	52	56	58	57	14	18	74	78	64	68
19일	54	58	56	52	57	53	18	14	78	84	68	64
20일	52	34	58	36	55	37	16	78	76	18	66	48
21일	56	38	54	32	51	33	12	74	72	14	62	44
22일	54	32	56	38	57	35	18	76	78	16	68	46
23일	51	33	57	35	56	38	15	77	75	17	65	47
24일	12	74	18	76	15	77	56	38	36	58	26	88
25일	72	14	78	16	75	17	36	58	56	38	86	28
26일	62	44	68	46	65	47	26	88	86	28	56	38
27일	22	48	82	78	52	43	62	84	82	88	61	87
28일	16	34	76	54	66	37	56	78	76	72	55	73
29일	12	38	72	58	62	33	52	74	72	78	51	77
30일	53	24	55	26	58	27	17	68	77	48	67	18

[6 1]

년운괘 6 1 수천수(水天需)

일운\월운	정월	2월	3월	4월	5월	6월	7월	8월	9월	10월	11월	12월
	6 5	2 5	6 3	2 3	6 2	2 2	2 1	6 1	8 1	4 1	5 1	1 1
1일	6 1	2 1	6 7	2 7	6 6	2 6	2 5	6 5	8 5	4 5	5 5	1 5
2일	6 7	2 7	6 1	2 1	6 4	2 4	2 3	6 3	8 3	4 3	5 3	1 3
3일	6 6	2 6	6 4	2 4	6 1	2 1	2 2	6 2	8 2	4 2	5 2	1 2
4일	2 5	6 5	2 3	6 3	2 2	6 2	6 1	2 1	4 1	8 1	1 1	5 1
5일	8 5	4 5	8 3	4 3	8 2	4 2	4 1	8 1	6 1	2 1	7 1	3 1
6일	5 5	1 5	5 3	1 3	5 2	1 2	1 1	5 1	7 1	3 1	6 1	2 1
7일	1 6	1 2	7 6	7 2	6 6	6 2	5 2	5 6	5 8	5 4	5 5	5 1
8일	7 6	7 2	1 6	1 2	4 6	4 2	3 2	3 6	3 8	3 4	3 5	3 1
9일	6 6	6 2	4 6	4 2	1 6	1 2	2 2	2 6	2 8	2 4	2 5	2 1
10일	6 1	6 5	6 7	6 3	6 6	6 2	2 5	2 1	8 5	8 1	5 5	5 1
11일	6 5	6 1	6 3	6 7	6 2	6 6	2 1	2 5	8 1	8 5	5 1	5 5
12일	6 3	6 7	6 5	6 1	6 8	6 4	2 7	2 3	8 7	8 3	5 7	5 3
13일	6 2	6 6	6 8	6 4	6 5	6 1	2 6	2 2	8 6	8 2	5 6	5 2
14일	2 1	2 5	2 7	2 3	2 6	2 2	6 5	6 1	4 5	4 1	1 5	1 1
15일	8 1	8 5	8 7	8 3	8 6	8 2	4 5	4 1	6 5	6 1	7 5	7 1
16일	5 1	5 5	5 7	5 3	5 6	5 2	1 5	1 1	7 5	7 1	6 5	6 1
17일	5 5	5 1	5 3	5 7	5 2	5 6	1 1	1 5	7 1	7 5	6 1	6 5
18일	6 1	6 5	6 7	6 3	6 6	6 2	2 5	2 1	8 5	8 1	5 5	5 1
19일	6 5	6 1	6 3	6 7	6 2	6 6	2 1	2 5	8 1	8 5	2 5	5 5
20일	6 7	4 5	6 1	4 3	6 4	4 2	2 3	8 1	8 3	2 1	5 3	3 1
21일	6 3	4 1	6 5	4 7	6 8	4 6	2 7	8 5	8 7	2 5	5 7	3 5
22일	6 5	4 7	6 3	4 1	6 2	4 4	2 1	8 3	8 1	2 3	5 1	3 3
23일	6 8	4 6	6 2	4 4	6 3	4 1	2 4	8 2	8 4	2 2	5 4	3 2
24일	2 7	8 5	2 1	8 3	2 4	8 2	6 3	4 1	4 2	6 1	1 3	7 1
25일	8 7	2 5	8 1	2 3	8 4	2 2	4 3	6 1	6 3	4 1	7 3	1 1
26일	5 7	3 5	5 1	3 3	5 4	3 2	1 3	7 1	7 3	1 1	6 3	4 1
27일	7 1	5 7	1 1	3 7	5 8	2 7	3 5	1 3	3 3	1 5	3 2	1 8
28일	8 5	6 3	2 5	4 3	6 4	1 3	4 1	2 7	4 7	2 1	4 6	2 4
29일	8 1	6 7	2 1	4 7	6 8	1 7	4 5	2 3	4 3	2 5	4 2	2 8
30일	6 6	1 5	6 4	1 3	6 1	1 2	2 2	5 1	8 2	3 1	5 2	2 1

[6 2]

년운괘 6 2 수택절(水澤節)

월별\일운	정월	2월	3월	4월	5월	6월	7월	8월	9월	10월	11월	12월
월운	6 6	2 6	6 4	2 4	6 1	2 1	2 2	6 2	8 2	4 2	5 2	1 2
1일	6 2	2 2	6 8	2 8	6 5	2 5	2 6	6 6	8 6	4 6	5 6	1 6
2일	6 8	2 8	6 2	2 2	6 3	2 3	2 4	6 4	8 4	4 4	5 4	1 4
3일	6 5	2 5	6 3	2 3	6 2	2 2	2 1	6 1	8 1	4 1	5 1	1 1
4일	2 6	6 6	2 4	6 4	2 1	6 1	6 2	2 2	4 2	8 2	1 2	5 2
5일	8 6	4 6	8 4	4 4	8 1	4 1	4 2	8 2	6 2	2 2	7 2	3 2
6일	5 6	1 6	5 4	1 4	5 1	1 1	1 2	5 2	7 2	3 2	6 2	2 2
7일	2 6	2 2	8 6	8 2	5 6	5 2	6 2	6 6	6 8	6 4	6 5	6 1
8일	8 6	8 2	2 6	2 2	3 6	3 2	4 2	4 6	4 8	4 4	4 5	4 1
9일	5 6	5 2	3 6	3 2	2 6	2 2	1 2	1 6	1 8	1 4	1 5	1 1
10일	6 2	6 6	6 8	6 4	6 5	6 1	2 6	2 2	8 6	8 2	5 6	5 2
11일	6 6	6 2	6 4	6 8	6 1	6 5	2 2	2 6	8 2	8 6	6 2	5 6
12일	6 4	6 8	6 6	6 2	6 7	6 3	2 8	2 4	8 8	8 4	5 8	5 4
13일	6 1	6 5	6 7	6 3	6 6	6 2	2 5	2 1	8 5	8 1	5 5	5 1
14일	2 2	2 6	2 8	2 4	2 5	2 1	6 6	6 2	4 6	4 2	1 6	1 2
15일	8 2	8 6	8 8	8 4	8 5	8 1	4 6	4 2	6 6	6 2	7 6	7 2
16일	5 2	5 6	5 8	5 4	5 5	5 1	1 6	1 2	7 6	7 2	6 6	6 2
17일	5 6	5 2	5 4	5 8	5 1	5 5	1 2	1 6	7 2	7 6	6 2	6 6
18일	6 2	6 6	6 8	6 4	6 5	6 1	2 6	2 2	8 6	8 2	5 6	5 2
19일	6 6	6 2	6 4	6 8	6 1	6 5	2 2	2 6	8 6	8 6	5 6	5 6
20일	6 8	4 6	6 2	4 4	6 3	4 1	2 4	8 2	8 4	2 2	5 4	3 2
21일	6 4	4 2	6 6	4 8	6 7	4 5	2 8	8 6	8 8	2 6	5 8	3 6
22일	6 6	4 8	6 4	4 2	6 1	4 3	2 2	8 4	8 2	2 4	5 2	3 4
23일	6 7	4 5	6 1	4 3	6 4	4 2	2 3	8 1	8 3	2 1	5 3	3 1
24일	2 8	8 6	2 2	8 4	2 3	8 1	6 4	4 2	4 4	6 2	1 4	7 2
25일	8 8	2 6	8 2	2 4	8 3	2 1	4 4	6 2	6 4	4 2	7 4	1 2
26일	5 8	3 6	5 2	3 4	5 3	3 1	1 4	7 2	7 4	1 2	6 4	4 2
27일	8 1	6 7	2 1	4 7	3 1	1 7	4 5	2 3	4 3	2 5	4 2	2 8
28일	7 5	5 3	1 5	3 3	4 5	2 3	3 1	1 7	3 7	1 1	3 6	1 4
29일	7 1	5 7	1 1	3 7	4 1	2 7	3 5	1 3	3 3	1 5	3 2	1 8
30일	6 5	1 6	6 3	1 4	6 2	1 1	2 1	5 2	8 1	3 2	5 1	2 2

[63]

년운괘 63 수화기재(水火旣濟)

일\월운	정월	2월	3월	4월	5월	6월	7월	8월	9월	10월	11월	12월
일운	6 7	2 7	6 1	2 1	6 4	2 4	2 3	6 3	8 3	4 3	5 3	1 3
1일	6 3	2 3	6 5	2 5	6 8	2 8	2 7	6 7	8 7	4 1	5 7	1 7
2일	6 5	2 5	6 3	2 3	6 2	2 2	2 1	6 1	8 1	4 7	5 1	1 1
3일	6 8	2 8	6 2	2 2	6 3	2 3	2 4	6 4	8 4	4 4	5 4	1 4
4일	2 7	6 7	2 1	6 1	2 4	6 4	6 3	2 3	4 2	8 3	1 3	5 3
5일	8 7	4 7	8 1	4 1	8 4	4 4	4 3	8 3	6 3	2 3	7 3	3 3
6일	5 7	1 7	5 1	1 1	5 4	1 4	1 3	5 3	7 3	3 3	6 3	2 3
7일	3 6	3 2	5 6	5 2	8 6	8 2	7 2	7 6	7 8	7 4	7 5	7 1
8일	5 6	5 2	3 6	3 2	2 6	2 2	1 2	1 6	1 8	1 4	1 5	1 1
9일	8 6	8 2	2 6	2 2	3 6	3 2	4 2	4 6	4 8	4 4	4 5	4 1
10일	6 3	6 7	6 5	6 1	6 8	6 4	2 7	2	8 7	8 3	5 7	5 3
11일	6 7	6 3	6 1	6 5	6 4	6 8	2 3	2 7	8 3	8 7	5 3	5 7
12일	6 1	6 5	6 7	6 3	6 6	6 2	2 5	2 1	8 5	8 1	5 5	5 1
13일	6 4	6 8	6 6	6 2	6 7	6 3	2 8	2 4	8 8	8 4	5 8	5 4
14일	2 3	2 7	2 5	2 1	2 8	2 4	6 7	6 3	4 7	4 3	1 7	1 3
15일	8 3	8 7	8 5	8 1	8 8	8 4	4 7	4 3	6 7	6 3	7 7	7 3
16일	5 3	5 7	5 5	5 1	5 8	5 4	1 7	1 3	7 7	7 3	6 7	6 3
17일	5 7	5 3	5 1	5 5	5 4	5 8	1 3	1 7	7 3	7 7	6 3	6 7
18일	6 3	6 7	6 5	6 1	6 8	6 4	2 7	2 3	8 7	8 3	5 7	5 3
19일	6 7	6 3	6 1	6 5	6 4	6 8	2 3	2 7	8 3	8 7	5 3	5 7
20일	6 5	4 7	6 3	4 1	6 2	4 4	2 1	8 3	8 1	2 3	5 1	3 3
21일	6 1	4 3	6 7	4 5	6 6	4 8	2 5	8 7	8 5	2 7	5 5	3 7
22일	6 7	4 5	6 1	4 3	6 4	4 2	2 3	8 1	8 3	2 1	5 3	3 1
23일	6 6	4 8	6 4	4 2	6 1	4 3	2 2	8 4	8 2	2 4	5 2	3 4
24일	2 5	8 7	2 3	8 1	2 2	8 4	6 1	4 3	4 1	6 3	1 1	7 3
25일	8 5	2 7	8 3	2 1	8 2	2 4	4 1	6 3	6 1	4 3	7 1	1 3
26일	5 5	3 7	5 3	3 1	5 2	3 4	1 1	7 3	7 1	1 3	6 1	4 3
27일	5 1	7 7	3 1	1 7	2 1	4 7	1 5	3 3	1 3	3 5	1 2	3 8
28일	6 5	8 3	4 5	2 3	1 5	3 3	2 1	4 7	2 7	4 1	2 6	4 4
29일	6 1	8 7	4 1	2 7	1 1	3 7	1 5	4 3	2 3	4 5	2 2	4 8
30일	6 8	1 7	6 2	1 1	6 3	1 4	2 4	5 3	8 4	3 3	5 4	2 3

[6 4]

년운괘 6 4 수뢰준(水雷屯)

월별\일운	정월	2월	3월	4월	5월	6월	7월	8월	9월	10월	11월	12월
월운	68	28	62	22	63	23	24	64	84	44	54	14
1일	64	24	66	26	67	27	28	68	88	48	58	18
2일	66	26	64	24	61	21	22	62	82	42	52	12
3일	67	27	61	21	64	24	23	63	83	43	53	13
4일	28	68	22	62	23	63	64	24	44	84	14	54
5일	88	48	82	42	83	43	44	84	64	24	74	34
6일	58	18	52	12	53	13	14	54	74	34	64	24
7일	46	42	66	62	76	72	82	86	88	84	85	81
8일	66	62	46	42	16	12	22	26	28	24	25	21
9일	76	72	16	12	46	42	32	36	38	34	35	31
10일	76	72	16	12	46	42	32	36	38	34	35	54
11일	68	64	62	66	63	67	24	28	84	88	54	58
12일	62	66	68	64	65	71	26	22	86	82	56	52
13일	63	67	65	61	68	64	27	23	87	83	57	53
14일	24	28	26	22	27	23	68	64	48	44	18	14
15일	84	88	86	82	87	83	48	44	68	64	78	74
16일	54	58	56	52	57	53	18	14	78	74	48	64
17일	58	54	26	56	53	57	14	18	74	78	64	68
18일	64	68	66	62	67	63	28	24	88	84	58	54
19일	68	14	62	66	63	67	24	28	84	88	54	58
20일	66	48	64	42	61	43	21	84	82	24	52	34
21일	62	44	68	46	65	47	26	88	86	28	56	38
22일	68	46	62	44	63	41	24	82	84	22	54	32
23일	65	47	63	41	62	44	21	83	81	23	51	33
24일	26	88	24	82	21	83	62	64	42	64	12	74
25일	86	28	84	22	81	23	42	44	62	44	72	14
26일	56	38	54	32	51	33	12	14	72	14	62	44
27일	61	87	41	27	11	37	25	45	23	45	22	48
28일	55	73	35	13	25	43	11	31	17	31	16	34
29일	51	77	31	17	21	47	15	35	13	35	12	38
30일	67	18	61	12	64	13	23	54	83	34	53	24

[65]

년운괘 65 수풍정(水風井)

월별 일	월운 일운	정월	2월	3월	4월	5월	6월	7월	8월	9월	10월	11월	12월
		61	21	67	27	66	26	25	64	85	45	55	15
1일		65	25	63	23	62	22	21	61	81	41	51	11
2일		63	23	65	25	68	28	27	67	87	47	57	17
3일		62	22	68	28	65	25	26	66	86	46	56	16
4일		21	61	27	67	26	66	65	25	45	85	15	55
5일		81	41	87	47	86	46	45	85	65	25	75	35
6일		51	11	57	17	56	16	15	55	75	35	65	25
7일		56	52	36	32	26	22	12	16	18	14	15	11
8일		36	32	56	52	86	82	72	76	78	74	75	71
9일		26	22	86	82	56	52	62	66	68	64	65	61
10일		65	61	63	67	62	66	21	25	81	85	51	55
11일		61	65	67	63	66	62	25	21	85	81	55	51
12일		67	63	61	65	64	68	23	27	83	87	53	57
13일		66	62	64	68	61	65	22	26	82	86	52	56
14일		25	21	23	27	22	26	61	65	41	45	11	15
15일		85	81	83	87	82	86	41	45	61	65	71	75
16일		55	51	53	57	52	56	11	15	71	75	61	65
17일		51	55	57	53	56	52	15	11	75	71	65	61
18일		65	61	63	67	62	66	21	25	81	85	51	55
19일		61	65	67	63	66	62	25	21	85	81	55	51
20일		63	41	65	47	68	46	27	85	87	25	57	35
21일		67	45	61	43	64	42	23	81	83	21	53	31
22일		61	43	76	45	66	48	25	87	85	27	55	37
23일		64	42	66	48	67	45	28	86	88	26	58	36
24일		23	81	25	87	28	86	67	45	47	65	17	75
25일		83	21	85	27	88	26	47	65	67	45	77	15
26일		53	31	55	37	58	36	17	75	77	15	67	45
27일		31	17	51	77	81	67	75	53	73	55	72	58
28일		45	23	65	83	75	53	81	67	87	61	86	64
29일		41	27	61	87	71	57	85	63	83	65	82	68
30일		62	11	68	17	65	16	26	55	86	35	56	25

[66]

년운괘　6 6　감위수(坎爲水)

월별\일	월운\일운	정월	2월	3월	4월	5월	6월	7월	8월	9월	10월	11월	12월
		62	22	68	28	65	25	26	66	86	46	56	16
1일		66	26	64	24	61	21	22	62	82	42	52	12
2일		64	24	66	26	67	27	28	68	88	48	58	18
3일		61	21	67	27	66	26	25	65	85	45	55	15
4일		22	62	28	68	25	65	66	26	46	86	16	56
5일		82	42	88	48	85	45	46	86	66	26	76	36
6일		52	12	58	18	55	15	16	56	76	36	66	26
7일		66	62	46	42	16	12	22	26	28	24	25	21
8일		46	42	66	62	76	72	82	86	88	84	85	81
9일		16	12	76	72	66	62	52	56	58	54	55	51
10일		66	62	64	68	61	65	22	26	82	86	52	56
11일		62	66	68	64	65	61	26	22	86	82	56	52
12일		68	64	62	66	63	67	24	28	84	88	54	58
13일		65	65	63	67	62	66	21	25	81	85	51	55
14일		26	22	24	28	21	25	62	66	42	46	12	16
15일		86	82	84	88	81	85	42	46	62	66	72	76
16일		56	52	54	58	51	55	12	16	72	76	62	66
17일		52	56	58	54	55	51	16	12	76	72	66	62
18일		66	62	64	68	61	65	22	26	82	86	52	56
19일		62	66	68	64	65	61	26	22	86	82	56	52
20일		64	42	66	48	67	45	28	86	88	26	58	36
21일		68	46	62	44	63	41	24	82	84	22	54	32
22일		62	44	68	46	65	47	26	88	86	28	56	38
23일		63	41	65	47	68	46	27	85	87	25	57	35
24일		24	82	26	88	27	85	68	46	48	66	18	76
25일		84	22	86	28	87	25	48	66	68	46	78	16
26일		54	32	56	38	57	35	18	76	78	16	68	46
27일		41	27	61	87	71	57	85	63	83	65	82	68
28일		35	13	55	73	85	63	71	57	77	51	76	54
29일		37	17	51	77	81	67	75	53	73	55	72	58
30일		61	11	67	18	66	15	25	56	85	36	55	26

[67]

년운괘　67　수산건(水山蹇)

월별 일	월운 일운	정월	2월	3월	4월	5월	6월	7월	8월	9월	10월	11월	12월
		63	23	65	25	68	28	27	67	87	47	57	17
1일		67	27	61	21	64	24	23	63	83	43	53	13
2일		61	21	67	27	66	26	25	65	85	45	55	15
3일		64	24	66	26	67	27	28	67	88	48	58	18
4일		23	63	25	65	28	68	67	27	47	87	17	57
5일		83	43	85	45	88	48	47	87	67	27	77	37
6일		53	13	55	15	58	18	17	57	77	37	67	27
7일		76	72	16	12	46	42	32	36	38	34	35	31
8일		16	12	76	72	66	62	52	56	58	54	55	51
9일		46	42	66	62	76	72	82	86	88	85	85	81
10일		67	63	61	65	64	68	23	27	83	87	53	57
11일		63	67	65	61	68	64	27	23	87	83	57	53
12일		65	61	63	67	62	66	21	25	81	85	51	55
13일		68	64	62	66	63	67	24	28	84	88	54	58
14일		27	23	21	25	24	28	63	67	43	47	13	17
15일		87	83	81	85	84	88	43	47	63	67	73	77
16일		57	53	51	55	54	58	13	17	73	77	63	67
17일		53	57	55	51	58	54	17	13	77	73	67	63
18일		67	63	61	65	64	68	23	27	83	87	53	57
19일		63	67	65	61	68	14	27	23	87	83	57	53
20일		61	43	67	45	66	48	25	87	85	27	55	37
21일		65	47	63	41	62	44	21	83	81	23	51	33
22일		63	41	65	47	68	46	27	85	87	25	57	35
23일		62	44	68	46	65	47	26	88	86	28	56	38
24일		21	83	27	85	26	88	65	47	45	67	15	77
25일		81	23	87	25	86	28	45	67	65	47	75	17
26일		51	33	57	35	56	38	15	77	75	17	65	47
27일		11	37	71	57	62	87	55	73	53	75	52	78
28일		25	43	85	63	56	73	61	87	67	81	66	84
29일		21	47	81	67	52	77	65	83	63	85	62	88
30일		64	13	66	15	67	18	28	57	88	37	58	27

[68]

년운괘 6 8 수지비(水地比)

월별\일운	정월	2월	3월	4월	5월	6월	7월	8월	9월	10월	11월	12월
월운	6 4	2 4	6 6	2 6	6 7	2 7	2 8	6 8	8 8	4 8	5 8	1 8
1일	6 8	2 8	6 2	2 2	6 3	2 3	2 4	6 4	8 4	4 4	5 4	1 4
2일	6 2	2 2	6 8	2 8	6 5	2 5	2 6	6 6	8 6	4 6	5 6	1 6
3일	6 3	2 3	6 5	2 5	6 8	2 8	2 7	6 7	8 7	4 7	5 7	1 7
4일	2 4	6 4	2 6	6 6	2 7	6 7	6 8	2 8	4 8	8 8	1 8	5 8
5일	8 4	4 4	8 6	4 6	8 7	4 7	4 8	8 8	6 8	2 8	7 8	3 8
6일	5 4	1 4	5 6	1 6	5 7	1 7	1 8	5 8	7 8	3 8	6 8	2 8
7일	8 6	8 2	2 6	2 2	3 6	3 2	4 2	4 6	4 8	4 4	4 5	4 1
8일	2 6	2 2	8 6	8 2	5 6	5 2	6 2	6 6	6 8	6 4	6 5	6 1
9일	3 6	3 2	5 6	5 2	8 6	8 2	7 2	6 7	7 8	7 4	7 5	7 1
10일	6 8	6 4	6 2	6 6	6 3	6 7	2 4	2 8	8 4	8 8	5 4	5 8
11일	6 4	6 8	6 6	6 2	6 7	6 3	2 8	2 4	8 8	8 4	5 8	5 4
12일	6 6	6 2	6 4	6 8	6 1	6 5	2 2	2 6	8 2	8 6	5 2	5 6
13일	6 7	6 3	6 1	6 5	6 4	6 8	2 3	2 7	8 3	8 7	5 3	5 7
14일	2 8	2 4	2 2	2 6	2 3	2 7	6 4	6 8	4 4	4 8	1 4	1 8
15일	8 8	8 4	8 2	8 6	8 3	8 7	4 4	4 8	4 6	6 8	7 4	7 8
16일	5 8	5 4	5 2	5 6	5 3	5 7	1 4	1 8	7 4	1 8	6 4	6 8
17일	5 4	5 8	5 6	5 3	5 7	5 3	1 8	1 4	7 8	1 4	6 8	6 4
18일	6 8	6 4	6 2	6 6	6 3	6 7	2 4	2 8	4 4	2 8	5 4	5 8
19일	1 4	6 8	6 6	6 2	6 7	6 3	2 8	2 4	4 8	2 4	5 8	5 4
20일	6 2	4 4	6 8	4 6	6 5	4 7	2 6	8 8	8 6	2 8	5 6	3 8
21일	6 6	4 8	6 4	4 2	6 1	4 3	2 2	8 4	8 2	2 4	5 2	3 4
22일	6 4	4 2	6 6	4 8	6 7	4 5	2 8	8 6	8 8	2 6	5 8	3 6
23일	6 1	4 3	6 7	4 5	6 6	4 8	2 5	8 7	8 5	2 7	5 5	3 7
24일	2 2	8 4	2 8	8 6	2 5	8 7	6 6	4 8	4 6	6 8	1 6	7 8
25일	8 2	2 4	8 8	2 6	8 5	2 7	4 6	6 8	6 6	4 8	7 6	1 8
26일	5 2	3 4	5 8	3 6	5 5	3 7	1 6	7 8	7 6	1 8	6 6	4 8
27일	2 1	4 7	8 1	6 7	5 1	7 7	6 5	5 8	3 6	8 5	6 2	8 8
28일	6 5	3 3	7 5	5 3	6 5	8 3	5 1	7 7	5 7	7 1	5 6	7 4
29일	6 1	3 7	7 1	5 7	6 1	8 7	5 5	7 3	5 3	7 5	5 2	7 8
30일	6 3	1 4	6 5	1 6	6 8	2 8	2 7	5 8	8 7	3 8	5 7	2 8

[71]

년운괘   7 1   산천대축(山天大畜)

월별 일	월운 일운	정월	2월	3월	4월	5월	6월	7월	8월	9월	10월	11월	12월
		75	35	73	33	72	32	31	71	51	11	81	41
1일		71	31	77	37	76	36	35	75	55	15	85	45
2일		77	37	71	31	74	34	33	73	53	13	83	43
3일		76	36	74	34	71	31	32	72	52	12	82	42
4일		35	75	33	73	32	72	71	31	11	51	41	81
5일		55	15	53	13	52	12	11	51	71	31	61	21
6일		85	45	83	43	82	42	41	81	61	21	71	31
7일		17	13	77	73	67	63	53	57	55	51	58	54
8일		77	73	17	13	47	43	33	37	35	31	38	34
9일		67	63	47	43	17	13	23	27	25	21	28	24
10일		71	75	77	73	76	72	35	31	55	51	85	81
11일		75	71	73	77	72	76	31	35	51	55	81	85
12일		73	77	75	71	78	74	37	33	57	53	87	83
13일		72	76	78	74	75	71	36	32	56	52	86	82
14일		31	35	37	33	36	32	75	71	15	11	45	41
15일		51	55	57	53	56	52	15	11	75	71	65	61
16일		81	85	87	83	86	82	45	41	65	61	75	71
17일		85	81	83	87	82	86	41	45	61	65	71	75
18일		71	75	77	73	76	72	35	31	55	51	85	81
19일		75	71	77	77	72	75	31	35	51	55	81	85
20일		77	15	71	13	74	12	33	51	53	31	83	43
21일		73	11	75	17	78	16	37	55	57	35	87	25
22일		75	17	73	11	72	14	31	53	51	33	81	23
23일		78	16	72	14	73	11	34	52	54	32	84	22
24일		37	55	31	53	34	52	74	11	13	71	43	61
25일		57	35	51	33	54	32	13	71	73	11	63	41
26일		87	25	81	23	84	22	43	61	63	41	73	11
27일		74	53	14	36	44	26	38	12	32	18	34	15
28일		88	67	28	42	38	12	44	26	46	24	47	21
29일		84	63	24	46	34	16	48	22	42	28	43	25
30일		76	45	74	43	71	42	32	81	52	21	82	42

[72]

년운괘   72   산택손(山澤損)

월별 일	월운 일운	정월	2월	3월	4월	5월	6월	7월	8월	9월	10월	11월	12월
		76	36	74	34	71	31	32	72	52	12	82	42
1일		72	32	78	38	75	35	36	76	56	16	86	46
2일		78	38	72	32	73	33	34	74	54	14	84	44
3일		75	35	73	33	72	32	71	71	51	11	81	41
4일		36	76	34	74	31	71	72	32	12	52	42	82
5일		56	16	54	14	51	11	12	52	72	32	62	22
6일		86	46	84	44	81	41	42	82	62	22	72	32
7일		27	23	87	83	57	53	63	67	65	61	68	64
8일		87	83	27	23	37	33	43	47	45	41	48	44
9일		57	53	37	33	27	23	13	17	15	11	18	14
10일		72	76	78	74	75	71	36	32	56	52	86	82
11일		76	72	74	78	71	75	32	36	52	56	82	86
12일		74	78	76	72	77	73	38	34	58	54	88	84
13일		71	75	77	73	76	72	35	31	55	51	85	81
14일		32	36	38	34	35	31	76	72	16	12	46	42
15일		52	56	58	54	55	51	16	12	76	72	66	62
16일		82	86	88	84	85	81	46	42	66	62	76	72
17일		86	82	84	88	81	85	42	46	62	66	72	76
18일		72	76	78	74	75	71	36	32	56	52	36	82
19일		76	72	74	78	71	75	32	36	52	56	86	86
20일		78	16	72	14	73	11	34	52	54	32	84	22
21일		74	12	76	18	77	15	38	56	58	36	88	26
22일		76	18	74	12	71	13	32	54	52	34	82	24
23일		77	15	71	13	74	12	33	51	53	31	83	21
24일		38	56	32	54	33	51	74	12	14	72	44	62
25일		58	36	52	34	53	31	14	72	44	12	64	42
26일		88	26	82	24	83	21	44	62	64	42	74	12
27일		84	66	24	46	34	25	48	22	42	28	43	25
28일		78	52	18	32	48	11	34	16	36	14	37	11
29일		74	56	14	36	44	15	38	12	32	18	33	15
30일		75	46	73	44	72	41	31	82	51	22	81	32

99

[7 3]

년운괘 7 3 산화비(山火賁)

월별\일	정월	2월	3월	4월	5월	6월	7월	8월	9월	10월	11월	12월
월운/일운	77	37	71	31	74	34	33	73	75	83	83	43
1일	73	33	75	35	78	38	37	77	57	17	87	47
2일	75	35	73	33	72	32	31	71	51	11	81	41
3일	78	38	72	32	73	33	34	74	54	14	84	44
4일	37	77	31	71	34	74	73	33	13	53	43	83
5일	57	17	51	11	54	14	13	53	73	33	63	23
6일	87	47	81	41	84	44	43	83	63	23	73	33
7일	37	33	57	53	87	83	73	77	75	71	78	74
8일	55	53	37	33	27	23	13	17	15	11	18	14
9일	87	83	27	23	37	33	43	47	45	41	48	44
10일	73	77	75	71	78	74	37	33	57	53	87	83
11일	77	73	71	75	74	78	33	37	53	57	83	87
12일	71	75	77	73	76	72	35	31	55	51	85	81
13일	74	78	76	72	77	73	38	34	58	54	88	84
14일	33	37	35	31	38	34	77	73	17	13	47	43
15일	53	57	55	51	58	54	17	13	77	73	67	63
16일	83	87	85	81	88	84	47	43	67	63	77	73
17일	87	83	81	85	84	88	43	47	63	67	73	77
18일	73	77	75	71	78	74	37	33	57	53	87	83
19일	77	73	71	75	74	78	33	37	53	57	83	87
20일	75	17	73	11	72	14	31	53	51	33	81	23
21일	71	13	77	15	76	18	35	57	55	37	85	27
22일	77	15	71	13	74	12	33	51	53	31	83	21
23일	76	18	74	12	71	13	32	54	52	74	82	24
24일	35	57	33	51	32	54	71	13	11	63	41	63
25일	55	37	53	31	52	34	11	73	71	13	61	43
26일	85	27	83	21	82	24	41	63	61	43	71	13
27일	54	76	34	16	24	46	18	32	12	38	13	33
28일	68	82	48	22	18	32	24	46	26	44	27	47
29일	64	86	44	26	14	36	28	42	22	48	23	43
30일	78	47	72	41	87	44	34	83	54	23	84	33

[74]

년운괘   7 4   산뢰이 (山雷頤)

월별\일	정월	2월	3월	4월	5월	6월	7월	8월	9월	10월	11월	12월
월운/일운	78	38	72	32	73	33	34	74	54	14	84	44
1일	74	34	76	36	77	37	38	78	58	18	88	48
2일	76	36	74	34	71	31	32	72	52	12	82	42
3일	77	37	71	31	74	34	33	73	53	13	83	43
4일	38	78	32	72	33	73	74	34	14	54	44	84
5일	58	18	52	12	53	13	14	54	74	34	64	24
6일	88	48	82	42	83	43	44	84	64	24	74	34
7일	47	43	67	63	77	73	83	87	85	81	88	84
8일	67	63	47	43	17	13	23	27	25	21	28	24
9일	77	73	17	13	47	43	33	37	35	31	38	34
10일	74	78	76	72	77	73	38	34	58	54	88	84
11일	78	74	72	76	73	77	34	38	54	58	84	88
12일	72	76	78	74	75	71	36	32	56	52	86	82
13일	73	77	75	71	78	74	37	33	57	53	87	83
14일	34	38	36	32	37	33	78	74	18	14	48	44
15일	54	58	56	52	57	53	18	14	78	74	68	64
16일	84	88	86	82	87	83	48	44	68	64	78	74
17일	88	84	82	86	83	87	44	48	64	68	74	71
18일	74	78	76	72	77	73	38	34	58	54	88	84
19일	78	74	72	76	73	77	34	38	54	56	84	88
20일	76	28	76	12	71	13	32	54	52	34	82	24
21일	72	14	78	16	75	17	36	58	56	38	86	28
22일	78	16	72	14	73	11	34	52	54	32	84	22
23일	75	17	73	11	72	14	32	53	51	33	81	23
24일	36	58	34	52	31	53	72	14	12	74	42	64
25일	56	38	54	32	51	33	12	74	72	14	62	44
26일	86	28	84	22	81	23	42	64	62	44	72	14
27일	64	86	44	26	14	36	28	42	22	48	23	45
28일	58	72	38	12	28	42	14	36	16	34	17	31
29일	54	76	34	16	24	46	18	32	12	38	13	35
30일	77	48	71	42	74	43	33	84	53	24	83	34

101

[75]

년운괘   7 5   산풍고(山風蠱)

일\월별	정월	2월	3월	4월	5월	6월	7월	8월	9월	10월	11월	12월
월운/일운	71	31	77	37	76	36	35	75	55	15	85	45
1일	75	35	73	33	72	32	31	71	51	11	81	41
2일	73	33	75	35	78	38	37	77	57	17	87	47
3일	72	32	78	38	75	35	36	76	56	16	86	46
4일	31	71	37	77	36	76	75	35	15	55	45	85
5일	51	11	57	17	56	16	15	55	75	35	65	25
6일	81	41	87	47	86	46	45	85	65	25	75	35
7일	57	53	37	33	27	23	13	17	15	11	18	14
8일	37	33	57	53	87	83	73	77	75	71	78	74
9일	27	23	87	83	57	53	63	67	65	61	68	64
10일	75	71	73	77	72	76	31	35	51	55	81	85
11일	71	75	77	73	76	72	35	31	55	51	85	81
12일	77	73	71	75	74	78	33	37	53	57	83	87
13일	76	72	74	78	71	75	32	36	52	56	82	86
14일	35	31	33	37	32	36	71	75	11	15	41	45
15일	55	51	53	57	52	56	11	15	71	75	61	65
16일	85	81	83	87	82	86	41	45	61	65	71	75
17일	81	85	87	83	86	82	45	41	65	61	75	71
18일	75	71	73	77	72	76	31	35	51	55	81	85
19일	71	75	77	73	76	72	35	35	55	51	85	81
20일	73	11	75	17	78	17	37	55	57	35	87	25
21일	77	15	71	13	74	12	33	15	53	31	83	21
22일	71	13	77	15	76	18	35	57	55	37	85	27
23일	74	12	76	18	77	15	38	56	58	36	88	26
24일	33	51	35	57	38	56	77	15	17	75	47	65
25일	53	31	55	37	58	36	16	75	77	15	67	45
26일	83	21	85	27	88	26	47	65	67	45	77	15
27일	34	16	54	76	84	66	76	52	72	58	73	55
28일	48	22	68	82	78	52	84	66	86	64	87	61
29일	44	26	64	86	74	56	88	62	82	68	83	12
30일	72	41	78	47	75	46	36	85	56	25	86	35

[7 6]

년운쾌　7 6　산수몽(山水蒙)

월별 일	정월	2월	3월	4월	5월	6월	7월	8월	9월	10월	11월	12월
월운/일운	7 6	3 2	7 8	3 8	7 5	3 5	3 6	7 6	5 6	1 6	8 6	4 6
1일	7 6	3 6	7 4	3 4	7 1	3 1	3 2	7 2	5 2	1 2	8 2	4 2
2일	7 4	3 4	7 6	3 6	7 7	3 7	3 8	7 8	5 8	1 8	8 8	4 8
3일	7 1	3 1	7 7	3 7	7 6	3 6	3 5	7 5	5 5	1 5	8 5	4 5
4일	3 2	7 2	3 8	7 8	3 5	7 5	7 6	3 6	1 6	5 6	4 6	8 6
5일	5 2	1 2	5 8	1 8	5 5	1 5	1 6	5 6	7 6	3 6	6 6	2 6
6일	8 2	4 2	8 8	4 8	8 5	4 5	4 6	8 6	6 6	2 6	7 6	3 6
7일	6 7	6 3	4 4	4 3	1 7	1 3	2 3	2 7	2 5	2 1	2 8	2 4
8일	4 7	4 3	6 7	6 3	7 7	7 3	8 3	8 7	8 5	8 1	8 8	8 4
9일	1 7	1 3	7 7	7 3	6 7	6 3	5 3	5 7	5 5	5 1	5 8	5 4
10일	7 6	7 2	7 4	7 8	7 1	7 5	3 2	3 6	5 2	5 6	8 2	8 6
11일	7 2	7 6	7 8	7 4	7 5	7 1	3 6	3 2	5 6	5 2	8 6	8 2
12일	7 8	7 4	7 2	7 6	7 3	7 7	3 4	3 8	5 4	5 8	8 4	8 8
13일	7 5	7 1	7 3	7 7	7 2	7 6	3 1	3 5	5 1	5 5	8 1	8 5
14일	3 6	3 2	3 4	3 8	3 1	3 5	7 2	7 6	1 2	1 6	4 2	4 6
15일	5 6	5 2	5 4	5 8	5 1	5 5	1 2	1 6	7 2	7 6	6 2	6 6
16일	8 6	8 2	8 4	8 8	8 1	8 5	4 2	4 6	6 2	6 6	7 2	7 6
17일	8 2	8 6	8 8	9 4	8 5	8 1	4 6	4 2	6 6	6 2	7 6	7 2
18일	7 6	7 2	7 4	7 8	7 1	7 5	3 2	3 6	5 2	5 6	8 2	8 6
19일	7 2	7 6	7 8	7 4	7 5	7 1	2 6	3 2	5 6	5 2	8 6	8 2
20일	7 4	1 2	7 6	1 8	7 7	1 5	3 8	5 6	5 8	3 6	8 8	2 6
21일	7 8	1 6	7 2	1 4	7 3	1 1	3 4	5 2	5 4	3 2	8 4	2 2
22일	7 2	1 4	7 8	1 6	7 5	1 3	3 6	5 8	5 6	3 8	8 6	2 8
23일	7 3	1 1	7 5	1 7	7 8	1 6	3 7	5 5	5 7	3 5	8 7	2 5
24일	3 4	5 2	3 6	5 8	3 7	5 5	7 8	1 6	1 8	7 6	4 8	6 6
25일	5 4	3 2	5 6	3 8	5 7	3 5	1 8	7 6	7 8	1 6	6 8	4 6
26일	8 4	2 2	8 6	2 8	8 7	2 5	4 8	6 6	6 8	4 6	7 8	1 6
27일	4 4	2 6	6 6	8 6	7 4	5 6	8 8	6 2	8 2	4 2	8 3	6 5
28일	3 8	1 2	5 8	7 2	8 8	6 2	7 4	5 6	7 6	3 6	7 7	5 1
29일	3 4	1 6	5 4	7 6	8 4	6 6	7 8	5 2	7 2	3 2	7 3	5 5
30일	7 1	4 2	7 7	8 4	7 6	4 5	3 5	8 6	5 5	2 6	8 5	3 6

[7 7]

년운괘　7 7　간위산(艮爲山)

일\월운\일운	정월	2월	3월	4월	5월	6월	7월	8월	9월	10월	11월	12월
	7 3	3 3	7 5	3 5	7 8	3 8	3 7	7 7	5 7	1 7	8 7	4 7
1일	7 7	3 7	7 1	3 1	7 4	3 4	3 3	7 3	5 3	1 3	8 3	4 3
2일	7 1	3 1	7 7	3 7	7 6	3 6	3 5	7 5	5 5	1 5	8 5	4 5
3일	7 4	3 4	7 6	3 6	7 7	4 7	3 8	7 8	5 8	1 8	8 8	4 8
4일	3 3	7 3	3 5	7 5	3 8	7 8	7 7	3 7	1 7	5 7	4 7	8 7
5일	5 3	1 3	5 5	1 5	5 8	1 8	1 7	5 7	7 7	3 7	6 7	2 7
6일	8 3	4 3	8 5	4 5	8 8	4 8	4 7	8 7	6 7	2 7	7 7	3 7
7일	7 7	7 3	1 7	1 3	4 7	4 3	3 3	3 7	3 5	3 1	3 8	3 4
8일	1 7	1 3	7 7	7 3	6 7	6 3	5 3	5 7	5 5	5 1	5 8	5 4
9일	4 7	4 3	6 7	6 2	7 7	7 3	8 3	8 7	8 5	8 1	8 8	8 4
10일	7 7	7 3	7 1	7 5	7 4	7 8	3 3	3 7	5 3	5 7	8 3	8 7
11일	7 3	7 7	7 5	7 1	7 8	7 4	3 7	3 3	5 7	5 3	8 7	8 3
12일	7 5	7 1	7 3	7 7	7 2	7 6	3 1	3 5	5 1	5 5	8 1	8 5
13일	7 8	7 4	7 2	7 6	7 3	7 7	3 4	3 8	5 4	5 8	8 4	8 8
14일	3 7	3 3	3 1	3 5	3 4	3 8	7 4	7 7	1 3	1 7	4 3	4 7
15일	5 7	5 3	5 1	5 5	5 4	5 8	1 3	1 7	7 3	7 7	6 3	6 7
16일	8 7	8 3	8 1	8 5	8 4	8 8	4 3	4 7	6 3	6 7	7 3	7 7
17일	8 3	8 7	8 5	8 1	8 8	8 4	4 7	4 3	6 7	6 3	7 7	7 3
18일	7 7	7 3	7 1	7 5	7 4	7 8	4 3	3 7	5 3	5 7	8 3	8 7
19일	7 3	7 7	7 5	7 1	7 8	7 4	3 7	3 3	5 7	5 3	8 7	8 3
20일	7 1	1 3	7 7	1 5	7 6	1 8	3 5	5 7	5 5	3 7	8 5	2 7
21일	7 5	1 7	7 3	1 1	7 2	1 4	3 1	5 3	5 1	3 3	8 1	2 3
22일	7 3	1 1	7 5	1 7	7 8	1 6	3 7	5 5	5 7	3 5	8 7	2 5
23일	7 2	1 4	7 8	1 6	7 5	1 7	3 6	5 8	5 6	3 8	8 6	2 8
24일	3 1	5 3	3 7	5 5	3 6	5 8	7 5	1 7	1 5	7 7	4 5	6 7
25일	5 1	3 3	5 7	3 5	5 6	3 8	1 5	7 7	7 5	1 7	6 5	4 7
26일	8 1	2 3	8 7	2 5	8 6	2 8	4 5	6 7	6 5	4 7	7 5	1 7
27일	1 4	3 6	7 4	5 4	6 4	8 6	5 8	7 2	5 2	7 8	5 3	7 5
28일	2 8	4 2	8 8	6 8	5 8	7 2	6 4	8 6	6 6	8 4	6 7	8 1
29일	2 4	4 6	8 4	6 4	5 4	7 6	6 8	8 2	6 2	8 8	6 3	8 5
30일	7 4	4 3	7 6	4 5	7 7	4 8	3 8	8 7	5 8	2 7	8 8	3 7

[78]

년운괘   7 8   산지박(山地剝)

일 \ 월별	정월	2월	3월	4월	5월	6월	7월	8월	9월	10월	11월	12월
월운/일운	74	34	76	36	77	37	38	78	58	18	88	48
1일	78	38	72	32	73	33	34	74	54	14	84	44
2일	72	32	78	38	75	35	36	76	56	16	86	46
3일	73	33	75	35	78	38	37	77	57	17	87	47
4일	34	74	36	76	37	77	78	38	18	58	48	88
5일	54	14	56	16	57	17	18	58	78	38	68	28
6일	84	44	86	46	87	47	48	88	68	28	78	38
7일	87	83	27	23	37	33	43	47	45	41	48	44
8일	27	23	87	83	57	53	63	67	65	61	68	64
9일	37	33	57	53	87	83	73	77	75	71	78	74
10일	78	74	72	76	73	77	34	38	54	58	84	88
11일	74	78	76	72	77	73	38	34	58	54	88	84
12일	76	82	74	78	71	75	32	36	52	56	82	86
13일	77	73	71	75	74	78	33	37	53	57	83	87
14일	38	34	32	36	33	37	74	78	14	18	44	48
15일	58	54	52	56	53	57	14	18	74	78	64	68
16일	88	84	82	86	83	87	44	48	64	68	74	78
17일	84	88	86	82	87	83	48	44	68	64	78	74
18일	78	74	72	76	73	77	34	38	54	58	84	88
19일	74	78	76	72	73	73	38	34	58	54	88	84
20일	72	14	78	16	75	17	36	58	56	38	86	28
21일	76	18	74	12	71	13	32	54	52	34	82	24
22일	74	12	76	18	77	15	38	56	58	36	88	26
23일	71	13	77	15	76	18	35	57	55	37	85	27
24일	32	54	38	56	35	57	76	18	16	78	46	58
25일	52	34	58	36	54	37	16	78	76	18	66	48
26일	82	24	88	26	85	27	46	68	66	48	76	18
27일	24	46	84	63	54	76	68	82	62	88	63	85
28일	18	32	78	57	68	82	54	76	56	74	57	71
29일	14	36	74	53	64	86	58	72	52	78	53	75
30일	73	41	75	46	78	47	37	88	57	28	87	38

[8 1]

년운괘 8 1 지천태(地天泰)

월별 일 월운 일운	정월	2월	3월	4월	5월	6월	7월	8월	9월	10월	11월	12월
	8 5	4 5	8 3	4 3	8 2	4 2	4 1	8 1	6 1	2 1	7 1	3 1
1일	8 1	4 1	8 7	4 7	8 6	4 6	4 5	8 5	6 5	2 5	7 5	3 5
2일	8 7	4 7	8 1	4 1	8 4	4 4	4 3	8 3	6 3	2 3	7 3	3 3
3일	8 6	4 6	8 4	4 4	8 1	4 1	4 2	8 2	6 2	2 2	7 2	3 2
4일	4 5	8 5	4 2	8 3	4 2	8 2	8 1	4 1	2 1	6 2	3 1	7 1
5일	6 5	2 5	6 3	2 3	6 2	2 2	2 1	6 1	8 1	4 1	5 1	1 1
6일	7 5	3 5	7 3	3 3	7 2	3 2	3 1	7 1	5 1	1 1	8 1	4 1
7일	1 8	1 4	7 8	7 4	6 8	6 4	5 4	5 8	5 6	5 2	5 7	5 3
8일	7 8	7 4	1 8	1 4	4 8	4 4	3 4	3 8	3 6	3 2	3 7	3 3
9일	6 8	6 4	4 8	4 4	1 8	1 4	2 4	2 8	2 6	2 2	2 7	2 3
10일	8 1	8 5	8 7	8 3	8 6	8 2	4 5	4 1	6 5	6 1	7 5	7 3
11일	8 5	8 1	8 3	8 7	8 2	8 6	4 1	4 5	6 1	6 5	7 1	7 5
12일	8 3	8 7	8 5	8 1	8 8	8 4	4 7	4 3	6 7	6 3	7 7	7 3
13일	8 2	8 6	8 8	8 4	8 5	8 1	4 6	4 2	6 6	6 2	7 6	7 2
14일	4 1	4 5	4 7	4 3	4 6	4 2	8 5	8 1	2 5	2 1	3 5	3 1
15일	6 1	6 5	6 7	6 4	6 6	6 2	2 5	2 1	8 5	8 1	5 5	5 1
16일	7 1	7 5	7 7	7 3	7 6	7 2	3 5	3 1	5 5	5 1	8 5	8 1
17일	7 5	7 1	7 3	7 7	7 2	7 6	3 1	3 5	5 1	5 5	8 1	8 5
18일	8 1	8 5	8 7	8 3	8 6	8 2	4 5	4 1	6 5	6 1	7 5	7 1
19일	8 5	8 1	8 3	8 7	8 2	8 6	4 1	4 5	6 1	6 5	7 1	7 5
20일	8 7	2 5	8 1	2 3	8 4	2 2	4 3	6 1	6 3	4 1	7 3	1 1
21일	8 3	2 1	8 5	2 7	8 8	2 6	4 7	6 5	6 7	4 5	7 7	1 5
22일	8 5	2 7	8 3	2 1	8 2	2 4	4 1	6 3	6 1	4 3	7 1	1 3
23일	8 8	2 6	8 2	2 4	8 3	2 1	4 4	6 2	6 4	4 2	7 4	1 2
24일	4 7	6 5	4 1	6 3	4 4	6 2	8 3	2 1	2 3	8 1	3 3	5 1
25일	6 7	4 5	6 1	4 3	6 4	4 2	2 3	8 1	8 3	2 1	5 3	3 1
26일	7 7	1 5	7 1	1 3	7 4	1 2	3 3	5 1	5 3	3 1	8 3	2 1
27일	7 3	5 5	1 3	3 5	4 3	2 5	3 7	1 1	3 1	1 7	3 4	1 6
28일	8 7	6 1	2 7	4 1	3 7	1 1	4 3	2 5	4 5	2 3	4 8	2 2
29일	8 3	6 5	2 3	3 5	3 3	1 5	4 7	2 1	4 1	2 7	4 4	2 6
30일	8 6	3 5	8 4	3 3	8 1	3 2	4 2	7 6	6 2	1 1	7 2	4 1

년운괘 8 2 지택림(地澤臨)

월별\일	월운/일운	정월	2월	3월	4월	5월	6월	7월	8월	9월	10월	11월	12월
		8 6	4 6	8 4	4 4	8 1	4 1	4 2	8 2	6 2	2 2	7 2	3 2
1일		8 2	4 2	8 8	4 8	8 5	4 5	4 6	8 6	6 6	2 6	7 6	3 6
2일		8 8	4 8	8 2	4 2	8 3	4 3	4 4	8 4	4 4	2 4	7 4	3 4
3일		8 5	4 5	8 3	4 3	8 2	4 2	4 1	8 1	6 1	2 1	7 1	3 1
4일		4 6	8 6	4 4	8 4	4 1	8 1	8 2	4 2	2 2	6 2	3 2	7 2
5일		6 6	2 6	6 4	2 4	6 1	2 1	2 2	6 2	8 2	4 2	5 2	1 2
6일		7 6	3 6	7 4	3 4	7 1	3 1	3 2	7 2	5 2	1 2	8 2	4 2
7일		2 8	2 4	8 8	8 4	5 8	5 4	6 4	6 8	6 6	6 2	6 7	6 3
8일		8 8	8 4	2 7	2 4	3 8	3 4	4 4	4 8	4 6	4 2	4 7	4 3
9일		5 8	5 4	3 8	3 4	2 8	2 4	1 4	1 8	1 6	1 2	1 7	1 3
10일		8 2	3 6	8 8	8 4	8 5	4 5	4 6	4 2	6 6	6 2	7 6	7 2
11일		8 6	8 2	8 4	8 8	8 1	4 1	4 2	4 6	6 2	6 6	7 2	7 6
12일		8 4	8 8	8 6	8 2	8 7	4 7	4 8	4 4	6 8	6 4	7 8	7 4
13일		8 1	8 5	8 7	8 3	8 6	4 6	4 5	4 1	6 5	6 1	7 5	7 1
14일		4 2	4 6	4 8	4 4	4 5	8 5	8 6	8 2	2 6	2 2	3 6	3 2
15일		6 2	6 6	6 8	6 4	6 5	2 5	2 6	2 2	8 6	8 2	5 6	5 2
16일		7 2	7 6	7 8	7 4	7 5	3 5	3 6	3 2	5 6	5 2	8 6	8 2
17일		7 6	7 2	7 4	7 8	7 1	3 1	3 2	3 6	5 2	5 6	8 2	8 6
18일		8 2	8 6	8 8	8 4	8 5	4 5	4 6	4 2	6 6	6 2	7 6	7 2
19일		8 6	8 2	8 4	8 8	8 1	4 1	4 2	4 6	6 2	6 6	7 2	7 6
20일		8 8	2 6	8 2	2 4	8 3	4 3	2 4	4 4	6 2	6 4	4 2	1 2
21일		8 4	2 2	8 6	2 8	8 7	4 7	4 8	6 6	6 8	4 6	7 8	1 6
22일		8 6	2 8	8 4	2 2	8 1	4 1	4 2	6 4	6 2	4 4	7 2	1 4
23일		8 7	2 5	8 1	2 3	8 4	4 4	4 3	6 1	6 3	4 1	7 3	1 1
24일		4 8	6 6	4 1	6 4	4 4	8 3	8 4	2 2	2 4	8 2	3 4	5 2
25일		6 8	4 6	6 2	4 4	6 3	2 3	2 4	8 2	8 4	2 2	5 4	3 2
26일		7 8	1 6	7 2	1 4	7 3	3 1	3 4	5 2	5 4	3 2	8 4	2 2
27일		8 3	6 5	2 3	4 5	3 3	1 7	4 7	2 1	4 1	2 7	4 4	2 6
28일		7 7	5 1	1 7	3 1	4 7	2 3	3 3	1 5	3 5	1 3	3 8	1 2
29일		7 3	5 5	1 3	3 5	4 3	2 7	3 7	1 1	3 1	1 7	3 4	1 6
30일		8 5	3 6	8 3	3 4	8 2	4 2	4 1	7 2	6 1	1 2	7 1	4 2

[83]

년운괘　8 3　지화명이(地火明夷)

월별 일 월운 일운	정월	2월	3월	4월	5월	6월	7월	8월	9월	10월	11월	12월
	8 7	4 7	8 1	4 1	8 4	4 4	4 3	8 3	6 3	2 3	7 3	3 3
1일	8 3	4 3	8 5	4 5	8 8	4 8	4 7	8 7	6 7	2 7	7 7	3 7
2일	8 5	4 5	8 3	4 3	8 2	4 2	4 1	8 1	6 1	2 1	7 1	3 1
3일	8 8	4 8	8 2	4 2	8 3	4 3	4 4	8 4	6 4	2 4	7 4	3 4
4일	4 7	8 7	4 1	8 1	4 4	8 4	8 3	4 3	2 3	6 3	3 3	7 3
5일	6 7	2 7	6 1	2 1	6 4	2 4	2 3	6 3	8 3	4 3	5 3	1 3
6일	7 7	3 7	7 1	3 1	7 4	3 4	3 4	7 3	5 3	1 3	8 3	4 3
7일	3 8	3 4	5 9	5 4	8 8	8 4	7 4	7 8	7 6	7 2	7 7	7 3
8일	5 8	5 4	3 8	3 4	2 8	2 4	1 4	1 8	1 6	1 2	1 7	1 3
9일	8 8	8 4	2 8	2 4	3 8	3 4	4 4	4 8	4 6	4 2	4 7	4 3
10일	8 3	8 7	8 5	8 1	8 8	8 4	4 7	4 3	6 7	6 3	7 7	7 3
11일	8 7	8 3	8 1	8 5	8 4	8 8	4 3	4 7	6 3	6 7	7 3	7 7
12일	8 1	8 5	8 7	8 3	8 6	8 2	4 5	4 1	6 5	6 1	7 5	7.1
13일	8 4	8 8	8 6	8 2	8 7	8 3	4 8	4 4	6 8	6 4	7 8	7 4
14일	4 3	4 7	4 5	4 1	4 8	4 4	8 7	8 3	2 7	2 3	3 7	3 3
15일	6 3	6 7	6 5	6 1	6 8	6 4	2 7	2 3	8 7	8 3	5 7	5 3
16일	7 3	7 7	7 5	7 1	7 8	7 4	3 7	3 3	5 7	5 3	8 7	8 3
17일	7 7	7 3	7 1	7 5	7 4	7 8	3 3	3 7	5 3	5 7	8 3	8 7
18일	3 3	8 7	8 5	8 1	8 8	8 4	4 7	4 3	6 7	6 3	7	7 3
19일	8 7	8 3	8 1	8 5	8 4	8 8	4 3	4 7	6 3	6 7	7 3	7 7
20일	8 5	2 7	8 3	2 1	8 2	2 4	4 1	6 3	6 1	4 3	7 1	1 3
21일	8 1	2 3	8 7	2 5	8 6	2 8	4 5	6 7	6 5	4 7	7 5	1 7
22일	8 7	2 5	8 1	2 3	8 4	2 2	4 3	6 1	6 3	4 1	7 3	1 1
23일	8 6	2 8	8 4	2 2	8 1	2 3	4 2	6 4	6 2	4 4	7 2	1 4
24일	4 5	6 7	4 3	6 1	4 2	6 4	8 1	2 3	2 1	8 3	3 1	5 3
25일	6 5	4 7	6 3	4 1	6 2	4 4	2 1	8 3	8 1	2 3	5 1	3 3
26일	7 5	1 7	7 3	1 1	7 2	1 4	3 1	5 3	5 1	3 3	8 1	2 3
27일	5 3	7 5	3 3	1 5	2 3	4 5	1 7	3 1	1 1	3 7	1 4	3 6
28일	6 7	8 1	4 7	2 1	1 7	3 1	2 3	4 5	1 5	4 3	2 8	4 2
29일	6 3	8 5	4 3	2 5	1 3	3 5	2 7	4 1	2 1	4 7	2 4	4 6
30일	8 8	3 7	8 2	3 1	8 3	3 4	4 4	7 3	6 4	1 3	7 4	4 3

[84]

년운괘　84　지뢰복(地雷復)

월별\일	정월	2월	3월	4월	5월	6월	7월	8월	9월	10월	11월	12월
월운/일운	88	48	82	42	83	43	44	84	64	24	74	34
1일	84	44	86	46	87	47	48	88	68	28	78	38
2일	86	46	84	44	81	41	42	82	62	22	72	32
3일	87	47	81	41	84	44	43	83	63	23	73	33
4일	48	88	41	82	43	83	84	44	24	64	34	74
5일	68	28	62	22	63	23	24	64	84	44	54	14
6일	78	38	72	32	73	33	34	74	54	14	84	44
7일	48	44	68	64	78	74	84	88	86	82	87	83
8일	68	64	48	44	18	14	24	28	26	22	27	23
9일	78	74	18	14	48	44	34	38	36	32	37	33
10일	84	88	86	82	87	83	48	44	68	64	78	74
11일	88	84	82	86	83	87	44	48	64	68	74	78
12일	82	86	88	84	85	81	46	42	66	62	76	72
13일	83	87	85	81	88	84	47	43	67	63	77	73
14일	44	48	46	42	47	43	88	84	28	24	38	34
15일	64	68	66	62	67	63	28	24	88	84	58	54
16일	74	78	76	72	77	73	38	34	58	56	88	84
17일	78	74	72	76	73	77	34	38	54	78	84	86
18일	84	88	86	82	87	83	48	44	68	84	78	74
19일	88	84	82	86	83	87	44	48	64	88	74	78
20일	86	28	84	22	81	23	42	64	62	42	72	14
21일	82	24	88	26	85	27	46	68	66	46	76	18
22일	88	26	82	24	83	21	44	62	64	44	74	12
23일	85	27	83	21	82	24	41	63	61	41	71	13
24일	46	68	44	62	41	63	82	24	22	84	32	54
25일	66	48	64	42	61	43	22	84	82	24	52	34
26일	76	18	74	12	71	13	32	54	52	34	82	24
27일	63	85	43	25	13	35	27	41	21	47	24	46
28일	57	71	37	11	27	41	13	35	15	33	18	32
29일	53	75	33	15	23	45	17	31	11	37	14	36
30일	87	38	81	32	84	33	43	74	63	14	73	44

109

[85]

년운괘 85 지풍승(地風升)

월별\일	정월	2월	3월	4월	5월	6월	7월	8월	9월	10월	11월	12월
월운/일운	81	41	87	47	86	46	45	85	65	25	75	35
1일	85	45	83	43	82	42	41	81	61	21	71	31
2일	83	43	85	45	88	48	47	87	67	27	77	37
3일	82	42	88	48	85	45	46	86	66	26	76	36
4일	41	81	47	87	46	86	85	45	25	65	35	75
5일	61	21	67	27	66	26	25	65	85	45	55	15
6일	71	31	77	37	76	36	35	75	55	15	85	45
7일	58	54	38	34	28	24	14	18	16	12	17	13
8일	38	34	58	54	88	84	78	76	72	87	77	73
9일	28	24	88	84	58	54	64	68	66	62	67	63
10일	85	81	83	87	82	86	41	45	61	65	71	75
11일	81	85	87	83	86	82	45	41	65	61	75	71
12일	87	83	81	85	84	88	43	47	63	67	73	77
13일	86	82	84	88	81	85	42	46	62	66	72	76
14일	45	41	43	47	42	46	81	85	21	25	31	35
15일	65	61	63	67	62	66	21	25	81	85	51	55
16일	75	71	73	77	72	76	31	35	51	55	81	85
17일	71	75	77	73	76	72	35	31	55	51	85	81
18일	85	81	83	87	82	86	41	45	61	65	71	75
19일	81	85	87	83	86	82	45	41	65	61	75	71
20일	83	21	85	27	88	26	47	65	67	45	77	15
21일	87	25	81	23	84	22	43	61	63	41	73	11
22일	81	23	87	25	86	28	45	67	65	47	75	17
23일	84	22	86	28	87	25	48	66	68	46	78	16
24일	43	61	45	67	48	66	87	25	27	85	37	55
25일	63	41	65	47	68	46	27	85	87	25	57	35
26일	73	11	75	17	78	16	37	55	57	35	87	25
27일	77	15	53	75	83	65	77	51	71	57	74	56
28일	83	21	67	81	77	51	83	65	85	63	88	62
29일	87	25	63	85	73	55	87	61	81	67	84	66
30일	82	31	88	37	85	36	46	75	66	15	76	45

[86]

년운괘   86   지수사(地水師)

월별	정월	2월	3월	4월	5월	6월	7월	8월	9월	10월	11월	12월
월운 일운	82	42	88	48	85	45	46	86	66	26	76	36
1일	86	46	84	44	81	41	42	82	62	22	72	32
2일	84	44	86	46	87	47	48	88	68	28	78	38
3일	81	41	87	47	86	46	45	85	65	25	75	35
4일	42	82	48	88	45	85	86	46	26	66	36	76
5일	62	22	68	28	65	25	26	66	86	46	56	16
6일	72	32	78	28	75	35	36	76	56	16	86	46
7일	68	64	48	44	18	14	24	28	26	22	27	23
8일	48	44	68	64	78	74	84	88	86	82	87	83
9일	18	14	78	74	68	64	54	58	56	52	57	53
10일	86	82	84	88	81	85	42	46	62	66	72	76
11일	82	86	88	84	85	81	46	42	66	62	76	72
12일	88	84	82	86	83	87	44	48	64	68	74	78
13일	85	81	83	87	82	86	41	45	61	65	71	75
14일	46	42	44	48	41	45	82	86	22	26	32	36
15일	66	62	64	68	61	65	22	26	82	86	52	56
16일	76	72	74	78	71	75	32	36	52	56	82	86
17일	72	76	78	74	75	71	36	32	56	52	86	82
18일	86	82	84	88	81	85	42	46	62	66	72	76
19일	82	86	88	84	85	81	46	42	66	62	76	72
20일	84	22	86	28	87	25	48	66	68	46	87	16
21일	88	26	82	24	83	21	44	62	64	42	74	12
22일	82	24	88	26	85	27	46	68	66	48	76	18
23일	83	21	85	27	88	26	47	65	67	45	77	15
24일	44	62	46	68	47	65	88	26	28	85	38	56
25일	64	42	66	48	67	45	28	86	88	26	58	36
26일	74	12	76	18	77	15	38	56	58	36	88	26
27일	43	25	63	85	73	55	87	61	81	67	84	66
28일	37	11	57	71	87	61	73	55	75	53	78	52
29일	33	15	53	75	83	65	77	51	71	57	74	56
30일	81	32	87	38	86	35	45	76	65	16	75	46

[8 7]

년운괘　8 7　지산겸(地山謙)

일\월별	월운 일운	정월	2월	3월	4월	5월	6월	7월	8월	9월	10월	11월	12월
		83	43	85	45	88	48	47	87	67	27	37	37
1일		87	47	81	41	84	44	43	83	63	23	73	33
2일		81	41	87	47	86	46	45	85	65	25	75	35
3일		84	44	86	46	87	47	48	88	68	28	78	38
4일		43	83	45	85	48	88	87	47	27	67	37	77
5일		63	23	65	25	68	28	27	67	87	47	57	17
6일		72	33	75	35	78	38	37	77	57	17	87	47
7일		78	74	18	14	48	44	34	38	33	32	37	33
8일		18	14	78	74	68	64	54	58	56	52	57	53
9일		48	44	68	64	78	74	84	88	86	82	87	83
10일		87	83	81	85	84	88	43	47	63	62	73	77
11일		83	87	85	81	88	84	47	43	67	63	77	73
12일		85	81	83	87	82	86	41	45	61	65	71	75
13일		88	84	82	86	83	87	44	48	64	68	74	78
14일		47	43	41	45	44	48	83	87	23	27	33	37
15일		67	63	61	65	64	68	23	27	83	87	53	57
16일		77	73	71	75	74	78	33	37	53	57	83	87
17일		73	77	75	71	78	74	37	33	57	53	87	83
18일		87	83	81	85	84	88	43	47	63	67	73	77
19일		83	87	85	81	88	84	47	43	67	63	77	73
20일		81	23	87	25	86	28	45	67	65	47	75	17
21일		85	27	83	21	82	24	41	63	61	43	71	13
22일		83	21	85	27	88	26	47	65	67	45	77	15
23일		82	24	88	26	85	27	46	68	66	48	76	18
24일		41	63	47	65	46	68	85	27	25	87	35	57
25일		61	43	67	45	66	48	25	87	85	27	55	37
26일		71	13	77	15	76	18	35	57	55	37	85	27
27일		13	35	73	55	63	85	57	71	51	77	81	76
28일		27	41	87	61	57	71	63	85	65	83	75	82
29일		23	45	83	65	53	75	67	81	61	87	71	86
30일		84	33	86	35	87	38	48	77	68	17	78	47

[88]

년운괘 88 곤위지(坤爲地)

월별\일운	정월	2월	3월	4월	5월	6월	7월	8월	9월	10월	11월	12월
월운	84	44	86	46	87	47	48	88	68	28	78	38
1일	88	48	82	42	83	43	44	84	64	24	74	34
2일	82	42	88	48	85	45	46	86	66	26	76	36
3일	83	43	85	45	88	48	47	87	67	27	77	37
4일	44	84	46	86	47	87	88	48	28	68	38	78
5일	64	24	66	26	67	27	28	68	88	48	58	18
6일	74	34	76	36	77	37	38	78	58	18	88	48
7일	88	84	28	24	38	34	44	48	46	42	47	43
8일	28	24	88	84	55	54	64	68	66	62	67	63
9일	38	34	58	54	88	84	74	78	76	72	77	73
10일	88	84	82	86	83	87	44	48	64	68	47	78
11일	84	88	86	82	87	83	48	44	68	64	78	74
12일	86	82	84	88	81	85	42	46	62	66	72	76
13일	87	83	81	85	84	88	43	47	63	67	73	77
14일	48	44	42	46	43	47	84	88	24	28	34	38
15일	68	64	62	66	63	67	24	28	84	88	54	58
16일	78	74	72	76	73	77	34	38	54	58	84	88
17일	74	78	76	72	77	73	38	34	58	54	88	84
18일	88	84	82	86	83	87	44	48	64	68	74	78
19일	84	88	86	82	87	83	48	44	68	64	78	74
20일	82	24	88	26	85	27	46	68	66	48	76	18
21일	86	28	84	22	81	23	42	64	62	44	72	14
22일	84	22	86	28	87	25	48	66	68	46	78	16
23일	81	23	87	25	86	28	45	67	65	47	75	17
24일	42	64	48	66	45	67	86	28	26	88	36	58
25일	62	44	68	46	65	47	26	88	86	28	56	38
26일	72	14	78	16	75	17	36	58	56	38	86	28
27일	23	45	83	65	53	75	67	81	61	87	64	86
28일	17	31	77	51	67	81	53	75	55	73	58	72
29일	13	35	73	55	63	85	57	71	51	77	54	76
30일	38	34	85	36	88	37	47	78	76	18	77	48

역점 6 4 패턴 색인

11	건위천	하늘을 날으는 용	21	택천쾌	단죄 받는 독재자
12	천택이	범을 길드리는 처녀	22	태위택	즐겁게 웃는 소녀
13	천화동인	횃불을 밝힌 동지들	23	택화혁	신구세대 교체기
14	천뢰무망	하늘의 내려준 시련	24	택뢰수	철지난 천둥우뢰
15	천풍구	여왕벌 같은 미녀	25	택풍대과	과중한 무거운 짐
16	천수송	괴로운 재판의 뜰	26	택수곤	물빠진 마른 저수지
17	천산돈	작전상 일단 후퇴	27	택산함	사랑을 고백한 청년
18	천지비	모래 위에 쌓은 성	28	택지췌	대제전 축제의 북소리
31	화천대유	하늘높이 빛나는 태양	41	뇌천대장	요란한 천둥우뢰소리
32	화택규	여인끼리의 다툼	42	뇌택귀매	사랑해선 않될 사랑
33	이위화	맹렬히 타오르는 불	43	뇌화풍	풍요로운 살림살이
34	화뢰서합	방해자는 제거하라	44	진위뢰	울려 퍼지는 천둥번개
35	화풍정	제향 삶는 세발 솥	45	뇌풍항	무덤덤한 부부생활
36	화수미제	멀리서 빛나는 태양	46	뇌수해	해동된 강물·해방
37	화산여	외로운 나그네길	47	뇌산소과	서로 등진 두사람
38	화지진	땅위로 솟은 태양	48	뇌지예	봄이 닥아오는 천둥
51	풍천소축	낮게 드리운 비구름	61	수천수	나룻배 기다리는 사람
52	풍택중부	알을 품은 어미새	62	수택절	물이 가득찬 연못
53	풍화가인	불씨 지키는 아낙네	63	수화기제	이미 공명을 이룬 사람
54	풍뢰익	공익 우선의 투자	64	수뢰준	눈덥힌 땅밑 새싹
55	손위풍	바람에 운반되는 씨앗	65	수풍정	맑은 물이 솟는 우물
56	풍수환	바람에 날리는 물보라	66	감위수	한고비 너머에 또 난관
57	풍산점	날아 오르는 물새	67	수산건	산악등반에 진눈개비
58	풍지관	땅위로 몰아치는 바람	68	수지비	메아리치는 모내기 농요
71	산천대축	곡식이 가득찬 창고	81	지천태	순풍에 돛단 범선
72	산택손	호수에 비친 산	82	지택림	변천해가는 사계절
73	산화비	호수에 비친 당풍산	83	지화명이	땅속으로 들어간 태양
74	산뢰이	위턱과 아래턱	84	지뢰복	다시 돌아온 봄기운
75	산풍고	흰개미로 황폐한 저택	85	지풍승	쑥쑥 잘자라는 새싹
76	산수몽	어두운 집에 사는 어린이	86	지수사	싸움터로 나가는 장군
77	간위산	연이은 산너머 또산	87	지산겸	고개숙인 벼이삭
78	산지박	부서져 무너져가는 산	88	곤위지	온유 순종하는 암말

생활 역점 64패턴 〔본문〕

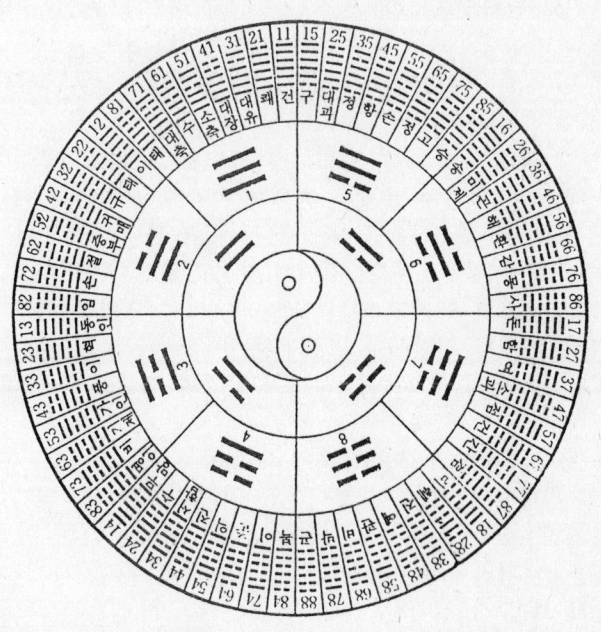

위 괘 / 아래 괘	천 1	택 2	화 3	뇌 4	풍 5	수 6	산 7	지 8
1 천	11(116)	12(118)	13(120)	14(122)	15(124)	16(126)	17(128)	18(130)
2 택	21(132)	22(134)	23(136)	24(138)	25(140)	26(142)	27(144)	28(146)
3 화	31(148)	32(150)	33(152)	34(154)	35(156)	36(158)	37(160)	38(162)
4 뇌	41(164)	42(166)	43(168)	44(170)	45(172)	46(174)	47(176)	48(178)
5 풍	51(180)	52(182)	53(184)	54(186)	55(188)	56(190)	57(192)	58(194)
6 수	61(196)	62(198)	63(200)	64(202)	65(204)	66(206)	67(208)	68(210)
7 산	71(212)	72(214)	73(216)	74(218)	75(220)	76(222)	77(224)	78(226)
8 지	81(228)	82(230)	83(232)	84(234)	85(236)	86(238)	87(240)	88(242)

11 하늘을 날으는 용 　　　　건위천(乾爲天)

☰☰☰ 　□「건」은 굳세고 강건하다는 것이다. 하늘이 넓고 무한이 큰 것처럼 올바른 사람은 앞이 막히는 일 없이 정정당당히 나아갈 수 있는 것이다.

　사람은 항상 원만함을 몸에 지니고 건실하게 정도를 밟아가지 않으면 안된다.

괘상＝자연에 비하면 하늘의 움직임이다. 따라서 모든 창조력이 이에서 비롯함을 의미한다.

　사람에 비하면 남성적이고 또 장년기를 상징하며 용이 하늘로 치솟아 오르는 형상이다.

　그래서 이 괘는 가장 좋은 괘다. 너무나 좋기 때문에 모든 것은 차면 기운다는 것으로 도리어 불길한 것으로 역전할 우려가 있다.

운세＝건은 무한히 큰 하늘을 의미한다. 또한 위대한 부친을 의미한다.

　이 괘는 전부가 양효로 되어 있어서 역경에서는 여섯마리의 용이 하늘을 나는 모습으로 비유하고 있다. 또한 「군자는 노력을 쉬지 않는다」는 대상의 말은 언제나 건강하고 일상생활에서는 게으르지 않고 꾸준히 행동함으로서 현실을 뚫고 나아가 무사히 지날 수 있다는 것을 의미하는 것이다.

　운기는 향상되어 오르지만 실질이 따르지 못하는 때이다. 관념만이 공전하는 일이 많고 발이 땅에 붙어 있지 않는 들뜬 상태이다.

사업＝물질적으로는 속이 비어 아무 보답이 없다는 뜻을 갖기 때문에, 사업, 상담, 재정면에서, 실제적인 성적은 그리 쉽게 나타나지 않는 때이다. 특히 사업면에선 너무 인재가 많다든가 그렇지 아니하면 행동이 수반되지 않는 우유부단한 의견만이 많아, 실행이 안되는 때이다.

교섭・거래＝서서히 부드럽게 앞으로 나아가는 것이 좋다. 맹목적으로 목적 없이 나간다면, 실패한다든가 혹은 시비에 말려 들어간다. 그러니 꾸준히 쉬지 않고, 인내성 있게 나간다면 당장 눈앞에서 성사되기 힘들듯한 일이라도 서서히 언젠가는 결실을 볼 때가 반드시 있을 것이니 참아야 한다.

재수＝지금 당장 돈이 내손에 들어 올 것인지, 점치기에는 좀 무리한 일이다. 서서히 상대방에게 이야기해 보는 게 좋다고 본다.

　장사꾼은 돈의 융통이 잘 안되어 앞이 막히고 있는 때이다.

연애＝이 괘의 경우, 연애는 찬성할 수 없다. 서로가 성격이 비슷비슷하고, 너무 기질이 강한 편인데다가, 성질이 급해서, 연애의 분위기도 없으며 아늑하고 상냥한 기분을 맛보지도 못한다.

결혼＝일이 성사 안되는 수가 많은 편이다. 남자는, 결혼보다 생활안정이 앞선다고 본다.

◇ 너무 높이 오르면 위험!   건위천(乾) 11

그러나, 여성이 상대의 남성을 점쳐 볼 때에 어떠냐 하면, 이외로 믿음직한 활동가의 괘가 나온다.
출산=편안치 못하다. 임신의 유무는 임태로 본다. 생남운.
건강=전염성, 유행성의 병에 걸린다.
  신경통, 류마치스, 식욕부진, 변비, 부종, 신경과민, 수면부족 등의 의미도 있다. 중병에 걸린 사람이나 오랫동안 병상에 누워 있는 사람에겐 위험한 때이다.
분실물=찾기 어려운 때이며, 결국 찾기가 불가능하다고 생각해 두는 편이 좋을 것이다.
여행·이사=단체 여행 또는 무리를 지어 비교적 번창한 곳으로 여행한다.
  이사할 필요성에 처해 있는 사람이라도 두달후나, 5개월 뒤에 가서 이사할 곳을 물색해 봐야 한다. 사무소 이전 관계라면 빨리 물색될 때이다.
소망=무리를 하지 않고, 꾹 참아 인내성 있게 때를 기다리고 있으면 기회가 온다.
취직=견실한 근무, 예를 들면, 시청, 구청, 학교 등과 같은 공무원 관계라면 비교적 잘될 때이다.
입학=일류학교를 지망해도 좋을 때라고 본다. 좋은 운세를 타고 있다.
  그렇지만 방심해서 마음을 놓고 있어선 안된다. 왜냐하면 경쟁 상대자가 많은 때이기 때문이다.
소송·분쟁=사이에 사람을 내세우는 편이 좋다. 중재자에게 일임하는 게 득책.
대인·음신=늦어도 온다.
가출인=동행이 있어서 나갔다. 서북간방. 큰 도시로 갔다.
증권·상품시세=현재는 오른다, 곧 정상에 닿았다가 도로 떨어진다.
날씨=푸른 하늘의 좋은 날씨다. 여름철이면 가물은 날씨고, 가을이면 맑게 갠 아주 청명한 하늘이다. 겨울이라면 대단히 추운 날씨이다. 곳에 따라선 큰 눈이 온다.

당일 시간의 운세	
시 각	운세괘
자·오시	15
축·미시	13
인·신시	12
묘·유시	51
진·술시	31
사·해시	21

〈변효일 때〉
초효…실력을 쌓으면서 때를 기다릴 것.
2효…벗을 얻어서 실력을 연마하라.
3효…기세에 편승해서 행동하지 말 것.
4효…이윽고 활약할 때가 다가왔다.
5효…바야흐로 대활약, 전력투구의 시기다.
상효…몰락 가능성이 크다. 겸허하라.

1 2 범을 길들이는 처녀   천택이(天澤履)

　　□ 호랑이의 꼬리를 밟는 것과 같은 위험상태에 있어서도, 유순하게, 나이가 먹은 사람의 의견에 복종하여 순순히 따라간다면, 이 위험은 피할 수 있을 것이다. 그렇게 되기 위해서는 예절을 옳게 지키고, 사람이 걸어 가는데 있어서 밟아야 할 올바른 길을 택하는 편이 좋다고 본다.

괘상=「이」는 밟는다는 뜻이다. 이 괘는 범의 꼬리를 밟는 것 같은 위험의 속에 있는 상태다. 그러나 양순하게 연장자, 손윗사람, 선배의 의견에 쫓아 행동하면 그 위험에서 벗어날 수 있다. 선인들의 성공한 일, 실패한 일들을 잘 살펴서 그것을 거울삼아 행동하라.

　그러므로 남을 앞서서 일을 일으키면 실패하리라.

운세=이란 것은 길을 밟는다는 것이기 때문에, 앞서 가는 자의 행동을 보고, 자기에게 실패가 없도록 깊이 살피어 조심성 있게 그 뒤를 따라가는 것을 의미한다.

　이력서란 말이 있는 것처럼, 모든 일에 대하여 순서를 밟아가는 것이 무엇보다도 중요한 때다. 처음에 적당한 기분으로 출발하였기 때문에 중도에 가서 몹시 불안한 마음이 생기는 것과 함께 위험상태에 빠져, 일시적으로는 앞날이 어떻게 돌아가는지 모르겠다는 생각까지 생기는 때다.

　이 괘가 나올 대는, 자기의 일에 대하여 무슨 실수나 있지 않은가 생각해서 빨리 결점을 찾아야 한다. 또 대단히 위험한 입장, 불안속에 처해 있어도, 그 일이 성공하면, 이외도 큰 결과가 얻어진다.

　새로운 목적에 대해선, 식견이 높은 사람의 의견을 참고로 삼고, 선배와 힘을 합함으로서 위험으로부터 빠져 나올 수 있다.

사업=상당한 위험상태에 놓여 있을 때다. 그 원인은 아래, 위의 질서, 자기의 입장을 분명하게 하지 않고 착수했던 결과에 의하는 경우가 많다. 상대와 시비를 했자 이겨낼 수 없기 때문에, 상대로부터 화해를 구하게끔 이쪽에서 유도해 나가는 것이 좋다.

　단, 일은 지금부터 서서히 바빠져 가는 때다.

교섭·거래=처음 계약이 중요하다. 상대편이 천군만마의 실력자로서 신중한 태도와 방침아래 교섭에 임한다면, 이쪽이 다소 약하게 보일지라도, 앞으로 가면 갈수록 유리해지고 성공하는 때다.

재수=부자유한 일은 없다. 수입은 당신의 노력 여하에 따라 불어나게 된다.

연애=젊은 여성이 처자가 있는 남성과 사랑을 하고 있을 때에, 잘 나오는 괘다. 남자도 바람을 피우는 경우가 많을 때다.

　또 정식 결혼이 아니고 비공식적으로 동거하고 있는 경우도 있다.

◇ 발밑을 조심해서 전진!　　　천택리(履)　12

결혼=그다지 좋은 괘는 아니다. 그러나 여성이 때에 따라 상속자인 경우에 이 괘가 나왔다고 한다면, 혼인으로선 나쁘지는 않을 것이다.
출산=중간에 놀라는 일이 있겠다. 출산은 순산, 안태롭다.
건강=호흡기의 장해로 열이 높을 것이다. 대수롭지 않은 감기라면, 열이 높아도 빨리 낫는다. 또 심한 두통 등이 있다. 성교에 의하여 발생하는 병은, 항생제와 같은 주사를 필요로 하는 것이 많을 때다.
분실물=물건 사이에 끼어 있든가 아니면 선반 위에 놓여 있는 수가 많은 때다. 잘 돌아보면 찾아 낼 수 있다.
여행·이사=여행간 곳에서 곤란한 사태에 처하게 되는 때다. 돈을 잃는 수도 있다.
　이사는 시기를 기다리고 동쪽으로 움직여야 한다.
소망=처음 어렵게 보이는 것일수록 결과는 좋을 때다. 그러나 도중에 몇번이고 불안감에 휩쓸려, 좌절되기 쉬운 곳이 있기 때문에, 최후까지 희망을 꾸준히 가져야 한다.
취직=지금 당장은 불가능하다. 옳은 순서를 밟아서, 나이 많은 사람에게 이야기를 해보거나 때를 기다려야 한다.
입학=위험한 때이다. 낮은 학교를 찾아 응시할 것.
소송·분쟁=예의를 지키는 것이 필요하다. 소송은 뒷일을 생각해서 의논하여 해결하는 것이 좋다.
대인·음신=가까운 시일 내에 기별이 온다.
가출인=동행이 있다. 서북간방 여인집을 찾아보라.
증권·상품시세=당장 한참 뛰면 역전한다. 중지함이 좋다.
날씨=하늘은 흐리지만 비는 내리지 않는다. 가을이라면 대단히 맑은 날씨다. 여름이라면 몹시 무덥다. 겨울이라면 이외로 포근한 날씨다.

당일 시간의 운세	
시 각	운세괘
자·오시	1 6
축·미시	1 4
인·신시	1 1
묘·유시	5 2
진·술시	3 2
사·해시	2 2

〈변효일 때〉
초효…솔직한 심정으로 나아갈 것.
2효…두둑한 배포로 담담하게 나가라.
3효…폭주하면 범의 꼬리를 밟는다. 위험.
4효…범의 꼬리를 밟다. 신중하게 행동하시길.
5효…재능만 믿고서 독주하면 위험.
상효…마지막에 웃는 자가 행복한 사람이다.

1 3 횃불 치켜들고 뭉친 동지 천화동인(天火同人)

☰☲ □「동인」은 남과 함께 한다고 하는 의미다. 태양이 밝고 무한히 넓은 지상을 비치는 것과 같이, 서로 공명정대한 행동을 함께 한다면, 어떤 대사업이라도 성공으로 이끌어 갈 수 있다. 그리고 서로가 군자와 같이 행동을 조심하여, 성의를 다하여야만, 원만하게 된다고 하는 뜻이다.

괘상=하늘은 높이 있다. 불은 높은 곳을 향하여 타오른다. 하늘과 불은 둘 다 높은 것을 좋아하는 성질을 지니고 있다. 하늘과 불은 동지인 것이다. 이 괘는 동지의 협력을 얻어 큰일을 성취하는 길운의 괘다.

어두운 밤길에서 헤매고 있을 때 뜻밖에 앞을 비춰주는 등불을 얻어 든든한 마음으로 걷고 있는 그러한 희망의 상징이다.

운세=동인은, 그것이 공명정대하고 대의명분을 세워 성공한다고 하는 것을 의미한다. 집안에 있는 것보다도, 외부에 나가는 것이 발전할 때다.

물론, 서로가 아무런 비밀도 없이 마음속으로 성심껏 협력하는 것이, 이 때에는 가장 좋다. 남과의 공동사업에는 좋은 시기다. 또, 자기집에서의 작은 장사보다도 밖으로 나가서 근무하는 것이 좋은 때다.

동인, 동지, 동료란 의미가 있기 때문에 하나의 일, 목표에 대해서도 경쟁이 심하고, 회사내에서의 세력 다툼도 있고, 당신의 운이 강한 것을 시기하는 사람도 있을 것이다. 그러나, 서로가 마음속을 터놓고 협력하는 사람들의 경우는, 매우 크게 성공한다. 또 이 때는 웃사람의 후원도 있고, 좋은 부하도 얻어지는 때가 된다.

사업=운수가 강한 시기이기 때문에 물론 사업운도 강한 때다. 내부의 분쟁만 없으면, 사업 그 자체가 호조로 뻗어가는 때다. 계약서 등은 실책이 없도록 해야 한다.

또다른 회사와의 경쟁은 심한 때다. 특히 입찰 관계에서의 경쟁이 심할 것이다.

교섭·거래=이쪽에 주도권이 많을 때다. 상대편이 먼저 방문해 올 것이다. 싸움을 해도 상대편에서 화해를 구하고자 한다. 2, 3인이 함께 오는 수도 있다.

재수=금전운이 강한 때다. 현재 부자유는 없다. 당신이 일한 만큼의 효과가 눈에 뜨이게 올라가는 때다. 그러나 금전관계의 일로 분쟁이 일어나서, 그것이 다른 것에 영향을 미치는 수가 있기 때문에 조심해야 한다.

연애=경쟁자가 많은 때다. 또 직장내에서 연애가 많을 때다.

아름다운 여성을 중심으로 남성들이 난립하는 때다. 그러나 맞벌이나, 정신면에서 결합한 사람들은, 도중의 장해나 곤란이 있어도 마지막에 가선 굳게 결부될 것이다.

◇ 합심, 협력해서 나가라! 　　천화동인(同人) 1 3

결혼=여성이 특수기능을 가진 사람, 또는 사업관계를 담당하고 있는 사람의 경우라면 비교적 행복한 결혼생활을 보낼 수 있을 것이다.
출산=대체로 무사히 순산. 초기에는 약간 놀란 것이 원인으로 애로가 있다.
건강=전염병, 유행성 감기, 노인은 노쇠, 고열의 증세, 안질과 같은 병이 갑자기 오는 수가 많은 때다.
분실물=발견하기 쉬운 때다. 경찰관계의 손을 거쳐서 되돌아 오는 경우가 있다.
　또 여성이 발견하든가, 여성의 손으로부터 그것이 되돌아 온다.
여행·이사=그룹의 하이킹, 상용의 출장, 드라이브, 조합·단체로 나가는 일이 많은 시기다. 혼자하는 여행은 좋지 못한 때다. 단 동료들끼리 다투지 않도록 주의하라.
　이사는 아파트에서 아파트로 자리를 옮기는 것이 좋다. 또 공동으로 아파트를 사용하는 것도 좋을 것이다.
소망=당신이 생각하고 있는 것은, 현재의 시운(時運)에도 알맞고, 착안점도 좋다. 그러나 경쟁자가 많고, 목적을 달성하는 데에는 고생해야 하는데, 중도에서 좌절되지 않게끔 주의하도록.
취직=당신 자신의 실력, 특기, 학식의 정도를 잘 생각해서, 적절한 곳을 선택하는 일이 중요하다. 물론 경쟁자는 많은 때이다.
입학=당신의 실력에 알맞는 학교에 합격한다. 경쟁자는 있어도, 냉정, 침착하면 이겨낼 것이다.
소송·분쟁=잘하면 해결됨. 분쟁사건이면 신분이 높은 사람의 도움을 빌어 화해함이 상책이다.
대인·음신=온다. 여럿이 함께 서둘러 오기도 한다.
가출인=남의 꼬임에 넘어가서 멀리 갔다. 남쪽, 또는 서북간방.
증권·상품시세=점차로 상승세로 돌아선다.
날씨=하늘이 개이고 맑다. 여름은 가문 날씨고, 물이 마른다.

당일 시간의 운세	
시　각	운세괘
자·오시	1 7
축·미시	1 1
인·신시	1 4
묘·유시	5 3
진·술시	3 3
사·해시	2 3

〈변효일 때〉
초효…동지를 구하고자 들판을 헤매다.
2효…동지와 활약 개시. 공정함을 취지삼음.
3효…분수를 알고 참고 견뎌 나갈 것.
4효…싸우고 다쳐서, 집으로 돌아옴.
5효…마지막에 웃는 자가 승리자이다. 길.
상효…고립무원으로 헤매지만 승리를 얻는다.

14 하늘이 내려준 시련   천뢰무망(天雷无妄)

☰
☳
　　□ 무망은「허망하고 없다」즉 허무하다고 하는 것이다. 욕망도 작위도 없는 자연 그대로의 모습을 의미한다. 하늘의 뜻대로 순종해 나간다면 좋으나, 만일 그것에 거역하는 행위가 있으면, 그것은 자기 스스로 재난을 초래하는 것과 같은 것이다.

괘상=봄하늘에 우뢰가 울면 비가 와서 만물을 생동하게 한다. 이제 모든 것이 형통하는 그리고 앞으로 발전하고 번영하는 행운을 보여주는 괘다. 일면 동요하고 안정하지 못하는 마음의 상태이기도 하다. 진실하고 성의 있는 마음으로 시운에 순응하면서 바른길을 나아가면 길하리라.

운세=무망(无妄)은「하늘의 운행」, 즉 하늘이 하는 뜻대로 하는 것이기 때문에, 모두가 당신 뜻에 맡겨져 있는 것이다. 되어 가는 대로 맡긴다고 하는 것이다.

그러나 이 때는, 인간의 힘도, 의지력도, 어쩔 수가 없는 때다. 몸부림치면 칠수록 그 결과는 나빠지기 때문에, 쓸데없는 노력을 기울이지 말고, 상대편의 태도를 보고, 그때 그때 적절한 수단, 행동을 생각해야 한다.

망은 함부로라고도 읽는다. 이것은「이유도 없이 일을 야기해선 안된다」고 하는 것이다. 그러나 아무것도 하지 않고 소일하라고 하는 것은 아니다. 이런 때에는, 정신적인 충실함과 마음의 안정만 있으면, 자기가 미처 생각못했던 행운이 돌연 다가오는 것이다.

이와같이 무망이란 괘에서는 대단히 좋은 것과, 대단히 나쁜 것의 양면이, 예기하지도 못하는 사이에 돌발적으로 일어나는 일이 있다.

신에 대한 진심과 정선된 마음으로 있으면, 아무탈 없이 지낼 수 있다고 하는 것이다.

사업=현재의 입장과 상태에 진지한 태도로서 임하지 않으면 안될 때다. 이 때의 태도는, 자연의 움직임과 가는 뜻에 몸을 맡겨, 적극적으로 행동하는 것이 아니고, 도피하는 것도 아니고, 오직 피동적인 태도를 취하는 것이 가장 좋은 방법이다.

교섭·거래=전진하면 파탄을 가져오는 때다. 그런데 어떻게 해서든지 배짱을 부려 보더라도 해보고 싶은 때다. 상대편의 태도에 따라 잘 생각해서 진행하여야 한다.

재수=금전면에 너무 구애되면 안 되는 때다. 그리 큰 불편은 없을 것이다.

연애=자연 그대로, 정신적인 면, 연구, 학문, 종교적인 면에서 일치하고 있는 사람은, 생각 이상으로 사이좋게 되어 갈 것이다. 일반적으로 봐서 같은 성격의 사람들의 연애가 많을 때다.

결혼=되어가는 대로 맡겨도 좋은 연분이다. 양자, 또는 여자의 집에 남

◇ 되어가는 대로 맡겨두라! 　　천뢰무망(无妄) **14**

성이 동거하면, 잘되어 가는 때다. 특히 부부 사이가 잘 되지 않기 때문에 별거생활을 하고 있었던 사람들은, 다시 원만한 가정을 꾸미는 때다.
출산＝보통 순산운이다. 지나치게 신경을 쓰면 도리어 해가 된다.
건강＝자연발생의 병이 많고, 또 약을 필요로 하지 않고, 그대로 두어도 자연히 완치된다. 여러가지 인위적인 치료를 하여, 오히려 악화시키는 수가 있다. ──조심하도록.
분실물＝찾으려고 애를 쓸 때에는 찾지 못하나, 그대로 내버려 두면 우연한 기회에 찾아 낼 수 있다.
여행·이사＝여행은 될 수 있는 한 하지 않는 편이 좋지만, 돌발적으로 여행하게 되는 일이 있을 수 있다.
　이사는 중지하는 편이 좋을 것이다. 아직 움직이지 못할 처지에 있다.
소망＝달성될 가망이 없는 때다. 무사무욕의 상태로서, 조용히 관망해야 할 때다.
취직＝무리하게 설치지 말고, 하늘의 때가 당신에게 돌아올 때까지 기다리고 있는 편이 좋은 때다. 그러나 기대하고 있지 않는데 뜻밖에 즐거운 소식이 전해오는 일도 있다.
입학＝사람에 따라, 그때의 조건에 의해 사정이 다르다. 대개는 무난하다.
소송·분쟁＝적극적으로 나감이 길. 정당한 것이 아닐 때는 도리어 난경에 빠져든다.
대인·음신＝오긴 오겠으나 재촉 말고 내버려 둠이 좋을 것이다.
가출인＝벌써 멀리 떠났다. 서북간방으로 간다.
증권·상품시세＝올라갔다가 떨어진다.
날씨＝보통은 개이는 날씨다. 여름은 개인 날씨인데 우뢰가 있다. 가을은, 곳에 따라 소량의 비가 내릴 것이다. 겨울은 추위가 대단한 날이다.
　이 괘는 생각지도 않은 천재를 받는 의미가 있기 때문에, 화재, 풍수해에는 일단 주의하도록.

당일 시간의 운세	
시 각	운세괘
자·오시	1 8
축·미시	1 2
인·신시	1 3
묘·유시	5 4
진·술시	3 4
사·해시	2 4

〈변효일 때〉
초효…무심으로 나가면 길. 그렇지 않을 때는 흉.
2효…이해관계에 얽히면 실패한다.
3효…뜻밖의 재난을 만난다. 벗을 얻는다.
4효…하늘의 명에 따라서 이익이 있다.
5효…질병이 있어도 저절로 낫는다.
상효…자연이 되가는 대로 맡겨두라.

15 여왕벌 같은 미녀 천풍구(天風姤)

□「구」란 만난다는 것이다. 예를 갖추지 않고 우연히 만난다는 뜻을 지니고 있다. 해후(解逅)의 「후」와 같은 것이다. 한 여자가 많은 남성에게(다섯명) 맞서고 있다는 것은 여자의 세력이 강력한 것을 의미하고 있다. 이와 같은 여성은 가정적이라 할 수 없다. 상당한 활동력을 가진 여자로서 돈을 모으는 형이다.

괘상=「구」는 우연히 만난다는 뜻이다. 뜻밖에 재난을 당한 일이 있을 것이다. 교통사고, 사기사건 따위에 조심하라. 직업여성이라면 웃사람의 특별한 호의가 있어서 딱하다. 그러나 상대방은 불순한 마음으로 있다. 결혼은 바라지 않는 것이 좋다.

모든 일을 신뢰할 만한 사람과 의논함이 좋다. 내 고집만으로 나가다간 실패한다.

모든 일에 장애가 있어서 될 듯한 일도 어렵게 되는 경우가 많다. 방심하지 말고 노력을 계속하라.

만사를 항상 자신의 분수와 위치를 생각하면서 지나치거나 날뛰는 일이 없게 하라. 그것이 행운을 가져오리라.

운세=운세는 그리 좋은 편이 못된다. 나쁜 면에서는 사기를 당하거나 재난을 맞는다. 큰 바람에 지붕이 날아가는 등 불상사를 당한다.

목적이 너무 많아서 마음이 바람처럼 불어닥쳐서 주체지 못할 때다. 목표를 분명히 세우지 못하고 우왕좌왕하다가 사기를 당하거나 손실을 입을 뿐만 아니라 특히 여자때문에 실패가 많을 때다. 상대의 여자가 나쁜 것이 아니라 이쪽편에서 미혹되기 때문에 몸을 망치는 것이다. 또 한 가지는 비천한 여자가 귀인을 만난다는 뜻이 된다.

사업=무턱대고 나아갈 것이 아니다. 현재의 상태를 어떻게 굳게 지켜갈 것인가를 곰곰히 생각할 때이다. 자기 본직 이외의 다른 일에 권유를 받기도 한다. 그러나 함부로 덤볐다가는 지금의 자리도 잃고 큰 궁지에 몰리게 될 것이다.

교섭·거래=진행중에 뜻하지 않은 일이 생기곤 해서 골치를 앓는다. 일이 잘 풀리지 않는다. 교제비로 돈을 많이 쓰게 된다.

그러나 뜻하지 않은 유력자의 도움으로 기회가 생기는 수가 있다. 뜻밖의 일이라는 점에서 심사숙고하고 찬스를 붙잡아라.

재수=돈이 들어와도 소비를 당하지 못한다. 돈을 사기당하기 쉬울 때이니 조심하도록.

연애=아기자기한 연애는 되지 못한다. 서로가 순수한 마음으로 대하지 못하고 자기 이익과 향락위주로만 생각한다. 여자는 너무 인기가 높아서 남성들간에 참된 애정을 얻지 못한다.

◇ 우연한 사고·재난을 조심! 　　　천풍구(姤) **15**

결혼=물론 좋지 않다. 결혼을 한다 해도 오래 계속되지 못한다. 서로간에 마음의 안식처를 얻지 못하고 있기 때문이다.
출산=조산 등 불의의 재난을 조심할 것. 산후에도 조리를 잘하라.
건강=전염병 질환, 성병, 섹스의 과중으로 몸이 피로해 있을 때다. 혹은 두통, 뇌일혈, 식욕부진, 치질, 항문병에 주의해야 한다.
분실물=집안에서 잃은 물건이 많다. 찾아보면 발견된다. 밖에서 잃은 물건은, 잃은 곳을 알면 즉시 그 장소를 찾아가라. 그대로 있을 것이다. 혹은 사람이 주었을지라도 분실물센타 같은 곳에 가서 찾으면 물건이 보관되어 있을 것이다.
여행·이사=여행은 좋지 않다. 그러나 동행하는 여자가 있는 가벼운 여행 정도는 탈이 없다. 이전이나 이사는 생각이 있어도 때가 나쁘니 중지하라.
소망=우연히 이루어지는 수가 있다. 특히 여성의 협력으로 희망이 성취되는 수가 있다. 그러나 큰 사건이나 큰 문제에는 통하지 않는다.
취직=특수한 업종, 예를 들면 수산물 판매, 또는 특수기술을 지닌 자는 좋은 자리를 얻는다.
입학=미용학교나 호텔학교 같은 곳이 알맞는다.
소송·분쟁=불리하다. 중간에 사람을 넣어 화해함이 좋다.
대인·음신=이쪽에서 먼저 부르면 온다.
가출인=먼 곳으로 가버렸다.
증권·상품시세=진폭이 매우 큰 강보합세.
날씨=흐리고 바람이 불지만 비가 내릴 정도는 아니다.

당일 시간의 운세	
시 각	운세괘
자·오시	1 1
축·미시	1 7
인·신시	1 6
묘·유시	5 5
진·술시	3 5
사·해시	2 5

〈변효일 때〉
초효…여성과 만난다. 꽉 눌러서 길.
2효…여성을 눌러라. 불연이면 도망가라.
3효…여성이 왕성하다. 안만남이 행운.
4효…미녀가 없어진다. 자신이 위태롭다.
5효…미녀를 잘 길들여서 좋다.
상효…미녀가 콧대가 세다. 서로 부딪쳐서 짐이 무겁다.

16 괴롭고 고달픈 재판정 　　　천수송(天水訟)

☰
☵
　　□「송」은 호소한다는 뜻이다. 소송이란 것은 진술해서 옳고 그름을 다투는 것을 말한다. 자기 편이 아무리 옳다고 생각되는 이유가 있어도, 끝까지 자기 주장만 관철하려고 하면 반대로 상대를 성내게 하고, 결과적으로 자기를 불리하게 하는 수가 있다.

괘상=송괘는 다툼·소송·재판을 의미하는 괘다. 남과는 의견이 맞지 않고 마음이 통하지 않는다. 특히 웃사람, 아랫 사람 사이가 서로 화합하지 않고 대립 항쟁하는 상태이다. 서로 자기의 의견만 고집하기 때문에 트러블이 생기고 싸움이 벌어지고 소송이 일어나게 된다. 만사는 뜻대로 되지 않는다.

운세=송은, 상대와 자기의 의견이 완전히 다르며, 화해를 구하지 못할 때이다. 아무리 이쪽에서 호소해도, 상대편에서 받아 주지 않는 때이다. 이 괘의 경우는 자기의 기분, 태도를 돌연 바꾸어, 상대편에 동조하든지, 주위의 분위기에 융합하는 화기에 찬 기분을 갖는 것이, 현재의 불리한 상태로부터 빠져나가는 것이 된다. 그러나 보통 이 괘가 나올 경우, 서로가 싸움을 하고 있든가, 내부의 대립이 심한 때다. 혹은, 소송이나 재판문제가 진행되고 있는 때이다. 아무튼 금전문제로부터 분쟁이 일어나기 쉽기 대문에, 어지간히, 모든 일에, 주의 깊이 해 나가지 않으면 안 될 대이다. 꼭 자기 자신의 의견을 상대에게 이해시키려면 냉정하게, 질서정연하게, 이론적으로 진술하면 들어준다.

사업=실력에 부합한 일이라면 아무 탈이 없겠지만, 자기 분수에 맞지 않는 일에 착수한다면, 실패하기 쉽다. 빨리 그 일에서 손을 떼는 편이 좋을 때다. 견적서, 계약서, 그밖의 문제로 당신에게 불리한 문제가 있을 때다. 한번 조사해 보는 것이 좋을 것이다.

교섭·거래=자기 혼자서 고립된 입장을 취해선 불리할 때다. 남들이 하고 있는 것을 보고, 일을 무리하게 진행시키지 말고 적절하게 매듭을 짓는 요령이 중요하다. 이런 때, 어떤 일이 있어도 해야 한다는 마음 가짐은 결과를 좋지 못한 방향으로 이끌 것이다. 또 실력자로 하여금 타협을 짓도록 해주는 것도 하나의 수단이다.

재수=지금 당장 원하고 있는 것이 들어오지 않을 때다. 반대로 착오가 많이 생기는 때다.

연애=애인들 사이에 하찮은 의견의 대립이 일어나는 때다. 그러나 서로 다툰다 하더라도 상처만 받기 때문에 당신 자신이 태도를 명랑하게 하고 상대에게 동조한다면, 그 고민도 해소될 것이다.

　또, 이 괘가 나올 때는 자기와 환경이 달라 결혼하지 못할 상대와 연애하는 때다.

◇ 다투는 일에는 불리! 　　　　　천수송(訟) **16**

결혼=두말할 것 없이 좋지 않다. 분쟁을 내포하는 괘이기 때문에 가정의 심한 불화를 의미하고 있다.
출산=난산 우려가 있다. 섭생에 주의.
건강=발이 차고, 머리에 열이 있을 때가 많아 가슴이 꽉 막힌다. 또 소화불량, 치질, 성병, 여성은 월경과다증이 있을 때다. 그러나, 의사의 진단에 착오가 흔히 있을 때이기 때문에, 전문의나 큰 병원에 가서 한번 더 진찰받아 보는 것이 좋다.
분실물=도둑을 만나서 없어지는 경우가 많을 때다. 남의 손을 거쳐 찾게 된다. 경찰에 빨리 신고하는 일이 중요하다.
　집안에서 없어진 물건은 자기의 틀린 생각이 많을 때다. 큰 물건 밑에 깔려 있는 경우도 있다.
여행·이사=여행은 가도 즐겁지 않고, 또 비를 만나서 꼼짝달싹 못하는 일이 있을 것이다. 이사는 전연 가망이 없고, 해선 안된다.
소망=지금은 달성되지 않는다. 시기를 기다릴 수밖에 없다. 또, 당신의 희망, 목적에 관하여 재검토해 볼 필요가 있을 때다.
취직=자기의 성질에 남들과 동화 못하는 점이 있는 탓으로, 때를 놓치는 경우가 많다.
　직업으로선, 변호사, 외과의사 등 특수한 기능을 갖추고 있는 사람은 좋다.
입학=가망성이 없다. 당신 자신이 지망한 학교를 재검토해 보도록. 실력이 따를 수 있는지, 어떤지를 잘 생각해야 한다. 이류학교라면 확실하다.
소송·분쟁=불리하니 사람을 넣어 화해함이 상책.
대인·음신=이쪽에서 먼저 부르면 온다.
가출인=멀리 갔다. 쉬 발견되지 않는다.
증권·상품시세=진폭이 큰 강세 보합.
날씨=맑으나 곳에 따라 비가 내림.

당일 시간의 운세	
시 각	운세괘
자·오시	1 2
축·미시	1 8
인·신시	1 5
묘·유시	5 6
진·술시	3 6
사·해시	2 6

〈변효일 때〉
초효…싸움을 피하지 않으면 재해를 당함.
2효…싸우면 큰 타격을 받는다.
3효…싸움질할 때는 모르는 척 하라.
4효…인심이 떠났다. 재출발이 좋다.
5효…싸움에 이긴다. 감정엔 앙금이 남는다.
상효…소송에 이겼어도 고통은 남는다.

17 일단은 작전상 후퇴 천산돈(天山遯)

□「돈」이란 피해서 물러난다는 괘다. 시기적으로 나쁘고 운이 막혔을 때는 일시 물러나서 다음 기회를 노리고 은신해 있는 편이 낫다는 것이다.

괘상=「돈」은 피해서 숨는 것, 나아가면 불리하고 물러가면 길한 괘다.

쇄운에 기울어져 있으니 한걸음 물러서 전선을 축소하고 수비의 태세로 모든 것을 신중히 생각하여 처리하라.

하여간 지금은 노심하는 일이 많다. 남에게 시기받고 헐뜯기고 모든 일에 실수가 많고 사면초가인 상태에 있다. 그렇다고 무심히 있다간 의외의 위험에 부딪칠 우려가 있다. 이러한 경우에는 아무리 바르고 옳은 일을 해 보아도 나의 의지가 남에게 통하지 않는다. 고요히 때를 기다리는 것이 무난하다.

운세=돈이란, 피해서 물러난다는 뜻이기 때문에 시기적으로 완전히 후퇴할 때이다. 마음이 들떠 있어서 함부로 나아가려는 성급함이 생기기 쉬운데, 운세가 쇠하여 있어서 이로움이 하나도 없다. 모든 일에서 일시적으로 손을 떼는 편이 좋다. 아무리 미련이 있는 문제라도 용단을 내려 손을 뗄 것. 그편이 손해가 덜하다. 뜬 소문에 귀를 기울이지 말 것. 되도록이면 일을 수습해서 현상을 유지하도록 애써야 한다. 믿고 의지하던 사람과 헤어져서 큰 손해를 볼 때이다.

옛 사람들은, 우물을 파도 물이 없을 때라고 말했다. 재산을 물려받아 여유가 생기는 상속인들은 그 재산으로 세상을 피해 은둔생활의 즐거움을 맛볼 때이다.

사업=안이 비어 있을 때이다. 욕심을 내서 큰 점포같은 것을 내지 말고 적은 점포에서 알차게 움직여야 한다. 그러나 이 괘는 사람의 낭비를 부채질하기 때문에 영화관이나 연극, 쇼, 빠, 카바레, 요정같은 업종은 큰 성황을 이룬다.

교섭·거래=잘 진전되지 않는다. 무슨 일이나 불리한 입장에 놓인다. 자기편에서 스스로 나아가지 않아야 한다.

재수=주위와 환경이 쓸쓸한 때이다. 필요에 쫓겨 돈을 쓸데가 많지만 수입은 없고 돈을 빌리기도 힘들 때이다.

연애=일시적으로 놀기 위한 상대로는 좋으나 그 이상의 관계는 좋지 않다. 데이트 같은 일에 공연한 돈의 낭비가 많을 때이다.

결혼=성사되지 않는다. 이쪽에서 꿀리는 형편이다. 만일 결혼을 한다해도 남자측이 손해보는 괘다.

◇ 재기의 기회를 기다리라!   천산돈(遯) 17

출산=유산에 조심. 모체쇠약하니 섭생에 유념. 생남운.
건강=체력이 소모될 때임으로 오랜 만성병을 갖고 있는 사람, 또는 현재 중병을 앓고 있는 사람은 주의해야 한다. 특히 냉병같은 증세, 치질, 성병에 주의해야 한다.
분실물=잃어버린 장소에서 멀리 사라졌기 때문에 손에 돌아오지는 않는다. 또한 집에서 없어진 물건은 집안 사람이 들고 나간 것이다.
여행·이사=그룹을 지어서 등산을 하거나 골프 여행 같은 것은 좋을 때이다. 사냥에도 좋을 때다. 그러나 돌풍같은 것에 주의하라.
소망=지금은 이루어지지 않을 때이다. 오히려 욕심을 내다가는 큰 재난이나 큰 손해를 입을 때이다.
취직=유흥업이나 음식업, 여행관계의 직장을 구해 볼 것.
입학=호텔 양성학교, 예능계통의 학교, 배우학원 같은 곳에 입학하면 좋을 것이다.
소송·분쟁=저쪽에 유리하며 방해하는 자가 많다.
대인·음신=장애가 있어서 당분간 오지 않는다.
가출인=멀리갈 염려가 있다. 동북간 산간을 찾아보라.
증권·상품시세=높은 값에 보합상태.
날씨=잔뜩 흐려서 맑지가 않다. 봄 가을은 바람이 셀 것이다.

당일 시간의 운세	
시 각	운세괘
자·오시	1 3
축·미시	1 5
인·신시	1 8
묘·유시	5 7
진·술시	3 7
사·해시	2 7

〈변효일 때〉
초효…도망갈 때를 놓치다. 동지들과 때를 기다린다.
2효…도망간다. 재기해서 임금을 만난다.
3효…사사로운 정때문에 도망갈 시기를 놓침. 흉.
4효…도주해서 안태. 차츰 회복한다. 길.
5효…잘 도망쳤으나 나그네길에서 고생함.
상효…유유히 도망쳤다. 재기 가능하니 길.

18 모래 위에 쌓은 성   천지비(天地否)

☰
☷
　　□ 「비」는 막히다, 거부하다는 의미를 가진다. 비는 또 사람이 설 터전을 마련하고 있지 않는 상태를 말한다. 예컨대 서민의 의견이 웃사람에 통하지 않고, 또 고관도 서민의 의견을 듣지 않고, 서로간의 마음이 동떨어져 이반하고 있는 상태를 말하고 있다.

괘상=「비」는 막혀서 통하지 않는다는 뜻이다. 이 괘를 얻은 때는 웃사람에게 오해를 산다든가, 남에게서 의심을 받는다든가, 친한 친구와 절교한다든가, 가정불화 혹은 이혼문제가 생긴다든가 또는 그러한 것이 사업면에도 영향하여 쇠운을 가져오고 있는 때다. 회사 같은 데서도 당신의 정당한 의견이 통하지 아니하며 노력도 인정을 받지 못한다는 상태, 어쩐지 모든 것이 재미 없는 때다.

운세=비는 목전의 곤난을 면하기가 어렵더라도 서서히 일이 풀려가는 상태다. 이것은 또 하늘의 운행과 4계절의 순환을 생각하면 그 이치를 알게 될 것이다.

　　대개의 경우는 이미 어쩔 수 없는 최악의 상태에 빠져 실직, 실패, 실망과 같은 일이 거듭되는 형편이기 때문에, 자포자기하는 마음이 일어나기 쉬운 때다.

　　또 당신이 이치상으로는 당연히 이긴다고 생각하고 있는 일이라도, 현실에선 패배하고 마는 시기다.

　　가장 슬프고, 마음을 어둡게 하는 것은 믿었던 협력자로부터 배신당하는 일이다.

사업=전진해야 할 상태는 아니다. 큰 투자나 계약이 이루어지더라도, 곧 현금이 들어오지 않는 때다. 상대는 때가 오지 않으면 내놓지 않기 때문에, 조용하게 시기를 기다릴 수밖에 도리가 없다. 회사의 내부에 유능한 사원이 적은 것도 원인의 일부다.

교섭・거래=상대가 강하고 이쪽이 약하고 상대가 유리하고 이쪽이 불리하다는 입장에 놓여 있다. 상대가 돈을 가졌다 하더라도 곧 내놓지 않기 때문에, 거래할 경우 당장은 이쪽이 손해보는 것이다.

　　장기간의 거래라면 시기를 기다려야 한다는 것이다.

재수=물론 현재는 옹색하다. 또 금전상의 분쟁이 일어나기 쉬운 때다.

　　일시적으로 동결된 것이라면, 겨울부터 봄에 걸쳐서 그 고민이 해소돼 간다.

연애=그다지 순조롭게 되어 가지 않을 때다. 지금 애를 쓰고 있는 사람들은, 서로 헤어지는 때다.

결혼=시간이 오래 걸린다면 결실을 맺는다. 그렇지만 한쪽이 그다지 결혼에 흥미를 안느끼는 경우가 있다. 이미 육체관계를 맺고 있는 사람들

◇ 기초를 굳게 다질 것! 　　　　　천지비(否) 18

이 결혼으로 돌입하기까지엔 아직도 이야기가 얽히고 풀리지 않는 상태이기도 하다.
출산＝모체 불절제로 난산 우려가 있으니 의사지시를 따르라.
건강＝식욕부진과 혈행불순, 정력감퇴, 두통, 정사에 기인하는 것, 암계통, 성병, 어느것도 병상은 그다지 좋지 않은 상태다. 시간이 오래 걸리는 병은 완쾌하기 어려운 때다.
분실물＝집안에서 잃었던 작은 물건이라면, 늦어도 발견된다. 집안의 동쪽이나 북쪽을 찾아 보도록. 밖에서 잃어버린 것은 나오기가 힘들며, 또 내부에 마음이 좋지 않은 사람이 있어, 물건을 밖으로 내가는 일도 있는 때다.
여행·이사＝여행이라야 사사롭고 대수롭지 않는 정도이다. 웬만하면 가지 않는 편이 좋을 때다.
　이사는 현재론 전혀 불가능하다. 어차피 때가 돌아오는 것을 기다릴 수밖에 도리가 없다. 사방이 막혀 있다.
소망＝지금은 달성할 가망이 없다. 그러나 사태에 따라 사개월, 반년 후에 기회가 온다. 일상의 사소한 일이라면, 관련이 있는 상대의 의향을 들어 보는 것이 좋다.
취직＝현재는 고되지만, 좀더 기다린다면, 자기가 참으로 일하게 되는 직장이 발견되는 때다. 그러나 그 고됨에 못이겨서, 임시적으로 부업을 하고 있으면 참으로 좋은 일의 기회를 잡을 시기를 놓치기 쉽다.
입학＝이 괘에선 합격이 나오지 않는다.
소송·분쟁＝순조롭지 않다. 성급히 서두르면 실패한다.
대인·음신＝지금 장애가 있어서 못온다.
가출인＝멀리 갔다. 빨리 찾지는 못한다.
증권·상품시세＝보합. 한동안 움직이지 않는다.
날씨＝처음은 날씨가 흐리고 있어도 차차 개어간다. 독감에 조심.

당일 시간의 운세	
시 각	운세괘
자·오시	1 4
축·미시	1 6
인·신시	1 7
묘·유시	5 8
진·술시	3 8
사·해시	2 8

〈변효일 때〉
초효…앞이 막힘. 동지와 결속한다. 길.
2효…소인이 위에 있어서 군자가 물러섬.
3효…폐색의 세상에 출세해서 부끄럽지 않다.
4효…앞이 막힘. 동지와 함께 행동한다.
5효…죽을지도 모른다고 생각하면서 전진.
상효…타개된다. 마지막은 길하다.

2 1 단죄되는 독재자 택천쾌(澤天夬)

☰☱ □「쾌」는 결의, 결단, 결정의 決에 해당된다. 중대한 일을 결정함을 의미한다. 「왕의 조정에 올린다」라는 말은 법정에서 올바른 의견을 주장한다는 뜻이다. 아무리 부정한 것에 대해서도 무력을 사용해서는 안된다. 공명정대하게 이론으로 설득해서 만사를 순조롭게 이끌어 가야 한다.

괘상=쾌괘는 웃사람을 밀치고 전진하는 상태를 보이는 강운의 괘다. 그러나 지나치게 아집이 세기 때문에 차질을 가져오는 경우가 많고, 앞뒤를 생각지 않고 무모하게 나아가다가 회복할 수 없는 실패를 가져오는 일을 저지르기 일쑤다.

당신이 높은 지위에 있다면 부하들에 하극상의 공기가 감돌고 있어 고립될 우려가 있다. 그러나 당신은 항상 한걸음 사양하고 유화한 마음을 지니도록 함이 좋다.

순탄한 때에 뜻밖의 재난이 일어날 염려가 있다. 조그마한 일로 언쟁이 벌어지고 말썽이 생긴다. 증서 따위나 주거에 관하여 걱정이 있을 징조가 있다.

운세=쾌는 중대한 일을 결의, 결단한다는 것이다. 너무 세력이 강하고 밀고 나가는 힘이 넘쳐 있어서 도리어 겸손한 행위로 인해 실패를 초래하기 쉽다. 다시 말하면 여러가지 사업에 손을 대고 분수에 넘친 일에 마음을 두게 되고 성급하게 일을 처리하려고 하는 폐단이 생긴다. 균형이 잘 않맞고 한쪽으로 기울기 쉽다. 스스로 자제하는 힘도 길러야 한다.

사업=사업방침도 운세에 맡겨 밀고 나아가면 실패가 따르기 때문에 일단 목적과 계획만을 세우고 한걸음 물러나는 편이 좋다. 운세를 가름하고 때를 기다리는 것이다.

교섭·거래=너무 강제로 밀고 나가면 상대편에서 주춤하고 물러난다. 상대가 응해 올 때까지 조용히 기다리는 편이 좋다. 가만히 있어도 상대는 이쪽의 운세에 끌려오기 마련이다.

재수=지금 돈의 운세는 좋을 때다. 어느 정도까지 돈을 모았으니 너무 욕심을 부리지 말 것.

지금 운세의 정점에 달했기 때문에 그이상 구한다는 것은 나쁜 결과를 초래케 한다. 주위 사람으로부터 미움을 받지 않도록 주의해서 처신해야 한다. 자기의 이익만을 생각지 말고 상대의 입장을 돌봐주는 것도 자기 이익 추구의 한 방편임을 알아야 한다.

연애=연애에도 여러가지 특수한 형이 있을 때이다. 일방적으로 열을 올리는 결정적인 형, 유부녀를 사랑하는 사련, 이런 연애는 경우에 따라 몸을 망치기 쉽다. 조심해야 할 때다.

◇ 고립에서 탈출하라! 　　　　　　　택천쾌(夬)　21

결혼=물론 좋은 연분이 되지 못한다. 결혼한 부부는 금실이 좋지 않아 이혼을 논의할 때다. 혼약을 맺은 사이에는 파탄이 일어난다.
출산=임산에는 순산. 단, 4, 5개월째라면 유산 우려 있다.
건강=호흡기 계통의 질환, 구토, 변비, 부종, 머리의 외상에 주의해야 한다. 이 괘에는 병세가 강할 때이다.
분실물=대개는 망가져 있는 경우가 많다. 실내에서 없어진 물건은 높은 장소를 찾아 보라.
여행·이사=이 괘의 경우 모두 중단하는 것이 좋다.
소망=약간 무리다. 한번 기회를 놓쳤으니 다시 때를 기다려야 한다. 무리해서 나아가면 스스로 상처를 입을 것이다.
취직=지금까지 닦은 실력을 발휘할 때다. 경쟁율이 아주 심하지만 그대신 가능성도 큰 경우가 있다. 자신을 잃지 말아야 한다.
입학=희망한 학교에 합격할 수 있다. 투지와 정열로서 밀고 나가라.
소송·분쟁=적극적으로 추진함이 길하다. 정직으로 일관하라.
대인·음신=여성이면 온다. 그러나 지금 생각 중이다.
가출인=서쪽으로 멀리 갔다. 위태롭다. 소식을 듣겠다.
증권·상품시세=자꾸 부풀어 오르다가 갑자기 하락할 조짐이 있다.
날씨=당장이라도 비가 내릴듯한 흐린 날씨다. 호우가 쏟아질 때는 방파제나 제방이 무너질 염려가 있다. 또한 집중호우도 있을 것이다.

당일 시간의 운세	
시 각	운세괘
자·오시	2 5
축·미시	2 3
인·신시	2 2
묘·유시	6 1
진·술시	4 1
사·해시	1 1

〈변효일 때〉
초효…결행하면 실력부족으로 실패한다.
2효…결행한다. 동지들과 연대해서 나감.
3효…결행의 기색이 얼굴에 나타남. 위태롭다.
4효…결행하려거든 우물대거나 기다리지 말라.
5효…큰 마음먹고 단행한다. 조심성이 필요.
상효…독재자 드디어 망하다. 새로운 시대로.

22 즐겁게 웃어대는 소녀 태위택(兌爲澤)

☱
☱

□ 태는 기뻐한다는 뜻으로서 온화한 분위기를 말한다. 사람을 대할 때는 성실하게 자기를 올바로 지키지 않으면 안된다는 것이다.

태는 입이 두개 겹쳐 있는 형상이다. 입은 진실을 토론하는 반면 욕과 싸움을 유발시키는 근원이 되기도 한다. 또한 사람을 설득하는 것이 입이다. 그러나 달콤한 말이 인간을 설득시키는 것은 아니다.

괘상=태는 즐거움을 의미한다. 현재는 실리가 없으나 뒤에 즐거움이 있다는 뜻이다. 희망에 빛나는 즐거움을 표시하고 있으나 일에 매듭이 밑도 끝도 없어서 겉보기에는 좋지만 내면으로는 괴로움이 있다는 형상이다.

지금 당신은 무익한 일로 괴롭혀지고 있어서 마음이 초조하기도 하고 때로는 칭찬하는 이가 있는가 하면 헐뜯는 이도 있어서 약간 노이로제의 상태에 있다. 거기다가 색정의 욕구 때문에 번민이 겹쳐져서 스스로 자신을 해치고 있다. 그러나 진실을 토로하여 좋은 선배, 우인에게 마음의 괴로움을 의논하는 것이 좋다. 그러나 남의 험구나 고자질 같은 일은 자신에게 손상이 돌아 온다. 조심하라.

운세=태는 기쁘다는 반면 온전치 못하다는 양면의 뜻을 가지고 있다. 그래서 적은 일은 생각대로 이뤄지지만 큰일은 중도에 좌절되기 쉬울 때이다. 표면으로는 그럴듯하게 보이지만 내면에는 진실함이 없는 상태에 처해 있는 것이다. 그리고 현재는 무슨 일이나 분명치 않아서 단정을 내릴 수 없는 때이다. 게다가 중상과 비방불신 행위가 일어나기 쉽다. 일상의 일, 부분, 아이들에게 관해서 평온하다.

회사안에서는 파벌적인 대립과 쟁론이 일어나는데 너무 깊이 관여하지 않는 것이 좋다.

사업=자기의 본업을 지키는 것이 좋다. 그러나 적극적으로 나갈 때가 아니다. 내용을 충실히 다듬는 것이 중요하다.

교섭・거래=온화책을 쓰는 것이 효과적이다. 상대가 이쪽을 약간 의심하는 태도이기 때문에 친절하게 호감이 가도록 이해시키는 것이 중요하다.

금전=물질적으로 풍족하다. 약속된 것이 들어온다.

연애=일시적인 기쁨만을 구하는 연애가 생기는 때다.

결혼=진실이 결여되어 있는 것이다. 상대편에 또다른 이성관계가 있을 때다. 그러나 상대의 남성이 재혼인 경우는 원만하게 진행된다.

◇ 입조심, 말조심!　　　　　태위택(兌)　2 2

출산=순산　딸, 발육이 좀 늦다.
건강=입안의 질환, 호흡기 병에 주의하도록. 여인들은 빈혈증에 조심하는게 좋다.
분실물=곧 발견되기 어렵다. 또한 파손되어 있기도 하다. 혹은 발견한 사람으로부터 가리킴을 받는 수가 있다.
여행・이사=여행보다는 회사나 단체의 집회, 회합이 많을 때이다. 이사하지 않고 그 자리에 계속 머물고 있는 것이 좋다.
소망=잘 될듯하면서도 되지 않는다. 상대가 도와주어도 너무 큰 기대를 걸었다가는 나중에 실망할 것이다.
취직=특히 세일즈맨, 외교원, 아나운서, 예능계는 순조로울 것이다.
입학=하급 학교를 택하는 것이 무난하다. 그러나 곧 자기자리(다른 학교로 전학)로 옮겨진다.
소송・분쟁=성의를 보이면 조성된다.
대인・음신=서쪽에서의 연락이 빠르다. 근간에 곧 온다.
가출인=여자집에 머물고 있다. 서쪽 혹은 동쪽을 탐색해 보라.
증권・상품시세=상승이 억제당하고 있다. 여건의 성숙을 기다리는 상태
날씨=비가 올듯한 날씨가 계속된다. 어느 땐가 큰 비가 내린다. 그러나 가을이라면 하늘이 맑고 바람이 분다.

당일 시간의 운세	
시 각	운세괘
자・오시	2 6
축・미시	2 4
인・신시	2 1
묘・유시	6 2
진・술시	4 2
사・해시	1 2

〈변효일때〉
초효=기뻐하다. 안심하면 재난이 닥친다.
2효=기뻐하다. 서로 믿고 의지하고 있다.
3효=기뻐하다. 연합할 사람을 모은다. 흉하다.
4효=정신적인 기쁨인가 물질적인 기쁨인가. 선택을 망설인다.
5효=삿된 마음을 갖인 사람에게 홀려 위태롭다.
상효=아첨꾼에 둘러싸여 기뻐하다. 위험.

23 신구세대 교체 시기   택화혁(澤火革)

☱☲ □ 혁은 새롭게 한다는 뜻이다. 낡은 것이 새로운 것으로 옮아 가는 과정이다. 그 과정이 정도를 밟아가는 하나의 전기로서의 변화가 되지 않으면 안된다. 그러므로 지금까지의 불비한 점을 개선하는데서 큰 성과를 올릴 수 있을 것이다.

괘상=「혁」은 개혁, 혁명의 뜻이다. 개혁함이 길하다는 것을 보이는 쾌다. 만사를 묵은 것은 버리고 새 것을 취한다. 거기에 개혁의 기쁨이 있다.

지금은 유쾌하지 못한 일들이 많다. 하지만 쉬지 않고 노력하면 천운이 돌아와 많은 사람들에게 신임과 사랑을 받게 되고 점차로 호의를 얻어 입신출세할 찬스가 올 것이다. 다만 조급히 굴지 말아야 한다.

사물의 개혁, 가옥의 개축, 이전, 직업의 전환등 모두 길하다. 이미 그러한 경향으로 진행되고 있는 것으로 본인다. 잘 사세와 조리를 살펴 개악이 되지 않게 하라.

운세=운세는 인간관계에서 교체가 많을 때이다. 신입사원의 채용이라든가 나이 많은 중견사원을 신인으로 대치한다든가 하는 인사 교류가 심하다. 그리고 현재 하고 있는 사업에도 변경이 많을 때이다. 작은 기업은 큰 업체에 병합되는 일이 있다. 인사관계에서는 이 괘가 나오면 선배나 연장자가 하는 일이 결코 나쁘다고는 할 수 없지만, 때의 흐름과 시세에 거역할 수 없는 것처럼 젊은 시대의 새로운 의견도 받아들여 새로운 국면을 개척해가야 하는 것이다.

사업=사업면에서는 전반적으로 기획, 방침의 변경이 있을 때이다. 개인적으로 전업, 전직 등이 있다. 또한 변화를 시도해 봐도 좋은 때이다. 건설업이라면 큰회사에 못지않게 성적을 올릴 것이다.

교섭·거래=좋은 기회를 얻는다. 그러나 서둘러서는 안된다. 시기가 무르익은 다음에 상대가 저절로 따라오게 되는 것이다. 거래에 있어서도 큰 건수가 생긴다. 그러므로 이쪽의 조건을 강력히 내세워도 좋을 때이다.

재수=금전 운이 강할 때이기 때문에 투자하면 큰 이익을 얻을 때이다.
연애=직장 때문에 또는 가정사정 때문에 혼기를 놓친 사람들에게 좋은 상대가 나타난다. 그러나 남자는 연애보다 사업에 열중하는 형태이다.
결혼=초혼에는 좋지않다. 재혼이라면 막혔던 운세가 트인다. 아무래도 이 괘는 신진대사가 심한 의미를 가지고 있다.

◇ 옛것을 버리고 새것이 유리! 　　　　택화혁(革) 2 3

출산=산후에 특히 조심하라.
건강=병세가 악화될 때이다. 심장의 쇠약, 그리고 감기에 조심해야 한다.
분실물=잃은 것은 다시 눈에 띄지 않는다. 잊는 것이 좋다. 아무리 소중한 것이라고 생각되어도 실은 그리 필요한 것이 아니다.
여행·이사=여행은 여정이 변경되거나 기일이 변경된 다음에 떠나게 될 것이다. 주거는 좋은 집이 발견될 때까지 기다려야 한다.
소망=자기가 바라고 있던 상태와는 다른 것으로 이루어지는 수가 있다. 또한 예정이나 약속대로 들어맞진 않는다. 그러나 장기적인 것은 태도를 변하지 않고 열심히 나아가면 순조롭게 성취되는 괘다.
취직=신설회사나 신규 모집에 응하면 채용될 것이다.
입학=자기가 목적한 학교에 들어갈 수 있다.
소송·분쟁=조금 시간이 지연되나 유리하게 진행된다.
대인·음신=심경에 변화가 생겨 오지 않는다. 상대가 여인이면 올 희망이 있다.
가출인=여자집에 가 있다. 밝혀지고 알게된다.
증권·상품시세=발전장세. 상세면 하락하고 하락은 곧 오른다.
날씨=흐려 있어도 비는 오지 않는다. 비가 오게되면 다음날은 맑아진다. 맑음이 계속된 다음 비가 오듯이.

당일 시간의 운세	
시 각	운세괘
자·오시	2 7
축·미시	2 1
인·신시	2 4
묘·유시	6 3
진·술시	4 3
사·해시	1 3

〈변효일때〉
초효=감정에 치우쳐 경거망동은 금물.
2효=시기를 얻어서 혁명을 행한다.
3효=혁명은 민중의 의향에 따라서 행한다.
4효=혁명은 달성되고 뜻이 이루어짐. 대길.
5효=대인호변함. 새로운 체제 발전하다. 길.
상효=군자표변함. 동지와 연대해서 길.

24 철지난 천둥 우뢰   택뢰수(澤雷隨)

　　□「수」는 따른다는 뜻이다. 옳은 것을 인식하고, 그때 그때에 적절하게 따라가는 편이 오히려 일을 원만하게 해 나갈 수 있게 된다.
　　괘상=「수」는 즐거이 따라 움직이는 상태로서 종속적인 조금 약한 운이나 결코 악운은 아니다.
　　좋은 의논상대가 생겨서 뜻밖의 활동이 가능한 때다. 그러나 한편 감언이설로 속이려는 자도 있으니 무슨 일에나 주의와 판단이 필요하다. 특히 젊은이는 색정에서 걱정이 생겨 손윗 사람의 의견에 상반되는 행동을 하여 실패할 우려가 있다. 만사에 상대의 선악을 잘 파악하도록 하고, 모든 일에 남의 앞장을 서지 말고 뒤쫓아 감이 좋다.
　　운세=수에는 가을에 소리를 내는 우뢰라 하는 의미가 있다. 우뢰는 여름에 그 힘이 대단한 것이지만, 가을에 들어서면 그 소리도 약해지며, 자연히 지하로 숨어 들어가 없어져 버리는 상태를 뜻하는 것이 이 수다. 그러므로 자기에게 실력이 있어도, 시기적으로나, 환경상으로도, 사람을 따라, 그 일을 처리해 가지 않으면 안되는 사정에 놓여 있다.
　　그리고 그때 그때의 변화에 따라서 좋은 결과가 얻어진다. 또 이 괘가 나올 때에는, 자기의 주변에 변화가 일어나기 시작하고 있을 때다. 예컨대 근무처가 바뀌어졌다든가, 이사했다든가, 또 자기의 목적이 변화했다든가, 그런 경우와 같은 것이다.
　　고요하고 좋은 운이지만, 적극적인 운수는 못 되고, 소극적으로, 내부관계를 서서히 고쳐가는 방침이 좋은 때다. 지금까지 맹렬하게 활동하고 있었던 사람은, 일시 휴양을 취하든지, 또는 고향에 잠시 가 있는 것도 좋은 일일 것이다.
　　사업=그때의 유행이나, 모드나 시운에 추이, 적절히 임기응변의 조처를 취한다면 결과가 좋은 때다. 주위에 대한 관찰을 소홀하게 하지 말고, 또 자기가 앞장서서 나가도 안된다.
　　교섭・거래=상대는 핑계를 만들어 이렇다 저렇다고 구실을 붙여, 당장에는 승낙하지 않지만, 끝까지 인내성 있게, 달라 붙으면 일은 해결된다. 상대는 꽤 말을 잘 하고 장사에 능한 사람이다.
　　재수=비교적 돈에는 운이 있고, 수입도 많아져 가는 때다.
　　연애=나이의 차가 있는 연애가 많은 때다. 나이 먹은 남성이 젊은 여성에 정신이 팔린다든지, 여성도 나이가 젊은 남성을 사랑하게끔 되는 때다. 또 삼각관계와 같은 이성문제도 생긴다.
　　결혼=나쁜 괘는 아니다. 또 재혼에도 좋을 것이다. 단 결혼 후에 서로가 정신적인 융화에 마음을 쓰고, 다른 정사관계로 상호간에 다툼이 생기지 않도록 주의하지 않으면 안된다.

◇ 시세에 따르고, 수하인을 따르라!   택뢰수(隨)   2 4

출산=순산. 단, 초기에는 모체가 허약하므로 영양보충에 신경쓸 것.
건강=호흡기의 쇠약, 구토, 변비, 정력감퇴, 월경불순 등이다. 노인은 계절이 바뀔 무렵 조심해야 한다.
분실물=즉시 발견하기 어렵다. 거의 잊어 먹은 무렵에 뜻밖에 발견될 수도 있다. 집안에선 남쪽과 서북쪽을 찾아보도록.
여행·이사=회사의 위로여행이 있고 여행처에서 연회가 벌어지는 경우가 있는 때다. 또한 사랑하는 남녀가 사랑의 도피여행을 하는 때다.
  이사는, 좀 조용한 곳이 발견될 것으로 생각한다.
소망=새로운 방향, 희망, 목적으로 나가는 것이 좋다. 어려운 문제가 생길지라도, 실력자를 앞장세우고 자기는 뒤에 숨어서 일을 하면 그런 문제는 해결이 나는 때다.
취직=자기를 도와주는 사람도 있고 해서 취직은 된다. 그러나, 되었다고 할 때 힘을 써준 분에게 깊은 감사의 사례를 하는 것을 잊어선 안된다. 잊으면 뒤가 없다는 것을 알아야 한다.
입학=입학은 된다. 당신의 실력보다도 좀 낮은 학교에 입학이 된다. 씁쓸하게 생각치 않도록. 분수를 지켜야 할 패이니까.
소송·분쟁=씨름에 이겼으나, 승부엔 졌다는 식으로 결과는 마이너스다.
대인·음신=두사람이 동행으로 온다.
가출인=멀리 간 후 소식이 있겠다. 물가나 여인집을 찾아보라.
증권·상품시세=팔면 하락, 사면 상승. 이익이 있겠다. 상하진폭이 크다.
날씨=때아닌 우뢰가 있을 때다. 또 처음은 개인, 좋은 날씨지만, 머지않아 비가 오지 않으면 흐린 날씨로 변할 것이다.

당일 시간의 운세	
시 각	운세괘
자·오시	2 8
축·미시	2 2
인·신시	2 3
묘·유시	6 4
진·술시	4 4
사·해시	1 4

〈변효일 때〉
초효…일자리가 바뀔 우려가 있다. 순응해서 길.
2효…아가씨에 반해서, 마나님을 잃는다. 흉.
3효…큰일에 따르도록, 작은 일을 희생하라.
4효…권력자를 따라가서, 가다가 막힘. 흉.
5효…올바른 일을 따라가서 영화가 있다. 길.
상효…하늘의 뜻에 따라서 난을 피하라.

25 과중한 무거운 짐   택풍대과(澤風大過)

☱☴ □ 대과는 큰 것이 지나친다고 하는 뜻이다. 지붕의 중심인 대들보가 너무 크면, 네 기둥이 약해서 떠받치지 못한다고 하는 상태가 바로 대과다. 그러나 대들보가 넘어지는 것을 그대로 보고만 있지 못하는 셈이니까, 이 위기를 면하기 위해서는 일찍이 만반의 준비를 갖추고 있지 않으면 안된다.

괘상=현재 당신의 운수는 겉보기에는 매우 화려하나 내면에 위험과 고난이 있는 상태에 있다.

모든 일이 정도를 지나치고 있다. 부풀어 오른 풍선처럼 겉보기는 아름답지만 너무 팽팽하면 터지거나 멀지 않아 원래대로 위축되고 말 위험성이 있다.

자신의 힘으로는 수습할 수 없는 일에 말려 드는 상태. 사업은 설비나 투자를 지나치게 확대했기 때문에 지금은 자금난에 봉착하고 있다.

운세=이 괘는 대단히 책임이 과중해서, 묵은 일이 한번에 밀어 닥쳐 그 해결을 요구하는 것과 같은 것이다. 또 자기의 실력에 비하여 짐이 과중해서 꼼짝달싹도 못할 때다. 이런 때에는 가능한 한 중요문제에만 초점을 두고 다른 문제는 보류하여, 조금이라도 짐을 덜게 하는 것이 선결 문제다.

그리고 기회를 놓친 것에 대해선, 손을 대지 않는 것이 좋으며, 사적인 면은 잠시동안 무시하고, 공적인 문제는 서슴치 않고 맡아서 처리하지 않으면 안된다. 위기의 시점에서 볼 때, 당신이 맡고 있는 모든 일은, 전부 파멸의 위기에 당면하고 있는 때라고 하겠다.

사업=사사에는 나쁘다. 표면은 잘 보이고 탈이 없지만, 기초에 약한 곳이 있기 때문에 오래 가지 못한다. 또 실력 이상으로 너무 일을 해서, 숨이 차고 있는 상태다. 그러나 지금까지 많은 곤난을 겪은 사람이 힘차게 나가는 경우는, 멀지 않아 이 난관을 이겨낼 수 있을 것이다.

교섭·거래=대체로 무리하다.

그러나 묵은 거래관계, 옛날의 안면 있는 사람이 뜻밖에 힘을 보태어 주는 수도 있다.

재수=위기에 처해 있다.

연애=복잡하고 미묘한 연애가 많은 때다. 이 괘에서 볼 때 정사관계가 대단히 심한 때다. 또 연령의 차이가 있는 남녀의 관계가 생겨서 오래가는 때다.

결혼=서로 성격면에서 차이가 많고, 정식 결혼에는 적당치 않으나, 후처, 후부에는 좋을 것이다.

◇ 무거운 압력을 견디어 나가라!   택풍대과(大過)   2 5

출산=난산. 산모 뱃속의 아기가 발육이 지나친 상태. 제왕절개 가능성이 크다.
건강=고통을 수반하는 것이 많다. 토사, 설사, 부종, 암, 복막염 등이다.
　또 복막, 복식, 정욕과잉 등이 원인이 되어 발병하는 것이다.
　여성은 이 경우 좀 늦은 감이 있다. 또 오래 신병으로 고생해 온 사람은 일시적인 위험상태다. 유전체질때문에, 고통을 받는 수가 있다.
분실물=찾아내기가 어려운 때다.
여행·이사=물론, 나쁜 때다. 모든 행동에 무리가 오니 주의하라.
소망=보통으로서는 불가능하다. 그러나 하늘이 감동할만한 사람이라면, 또 옳은 일이라면, 아마 하늘이 감동하여 힘을 보태어 주니, 그 사람의 소원은 달성될 것이다. 이런 일은 지극히 어렵다!
취직=희망한 곳은 안된다. 현재의 상태를 유지하고 가는 것이 힘에 겨웁다. 고로 다른 일을 돌볼 여유가 없다.
　그중에는 옛날의 안면관계로 인하여 취직이 되는 사람도 있다. 또 당신이 과거에 경험이 있는 일이라면, 취직은 된다.
입학=당신은 너무 목적이 많은 것이다. 실력보다도 좀 쉬운 곳을 목표삼아 해보도록.
소송·분쟁=의견일치가 어렵다. 내 주장만 내세우면 불리하다.
대인·음신=서로 어긋난다.
가출인=오지 않는다. 먼곳으로 떠났다.
증권·상품시세=현재가 최고가로 곧 폭락한다.
날씨=큰 비가 내리는 날씨다. 수해지구에선, 물이 집 처마밑까지 올라갈 만큼의 큰 물난리가 있을 때다.

당일 시간의 운세	
시 각	운세괘
자·오시	2 1
축·미시	2 7
인·신시	2 6
묘·유시	6 5
진·술시	4 5
사·해시	1 5

〈변효일 때〉
초효…동지를 구하고자 들판을 헤매다.
2효…대들보가 휘었다. 불균형이 도리어 낫다.
3효…대들보가 휘었다. 받쳐주는 사람이 없다. 흉.
4효…받쳐주는 사람이 견디어내어 곤란 극복. 길.
5효…마른 나뭇가지에 꽃이 핀다. 오래가지 않는다.
상효…일신의 위험을 돌보지 않고 지나쳐서 흉.

2 6 물빠진 마른 저수지　　택수곤(澤水困)

☷☱ □ 곤은 곤란하다. 괴롭다. 고민한다는 뜻을 가지고 있다. 군자라면 그런 곤란중에서도 자기의 절도를 지키고 어디까지나 올바른 행동을 할 것이다. 그러나 이와같이 불우한 때를 당해서는 정당한 사실을 주장해도 좀체로 믿어주지 않는 상태에 놓이게 된다.

괘상=「곤」은 곤란, 곤궁, 곤고의 뜻. 4대난괘 중의 하나이다. 지금 당신은 모든 것이 뜻대로 되지 않고 마음과 몸이 번민과 피로로 지쳐 있다. 지금은 불운의 심연에 빠져 있다. 고요한 마음으로 은인자중하여 때를 기다리라. 마음을 바르게 가지고, 전도의 희망을 믿으며 부단한 자신의 수양과 실력양성에 노력하다. 멀지 않아 호운으로 전환할 것이다. 뒤에는 귀인에게 도움을 받아 출세할 기회가 올 것이다. 항상 말을 조심하고 자신을 반성하라.

운세=곤은 글자를 보면 울타리 안에 나무가 있는 꼴로서 자라는데 방해를 받고 있는 모습을 하고 있다. 뜻하지 않은 일에 방해를 받아 막히는 일이 많다. 사면이 꽉 막힌 상태인 것이다. 좌천을 당하거나 실직을 당하는 수가 있다.
　이런 시기에는 시간을 낭비하지 말고 연구를 쌓아서 장기전의 각오를 가지게 되면 가까운 장래에 성공의 희망을 보일 것이다. 때가 해결을 가져 올 것이다.

사업=남의 감언에 귀를 기울이지 말것. 자본과 힘의 결핍은 인적자원, 물적 자금의 양쪽을 생각해야 한다. 유망한 계획이나 사업이라도 실천에 옮기기가 힘들 때이다.

교섭·거래=서둘러서 일을 성취하려고 하면 곤란을 더 증가시킬 뿐이다. 상대의 형편을 참작해서 이쪽에서 다소 양보하는 태도를 취하라.

재수=쓸 곳이 많을 때다. 또한 사기를 당하는 수가 있다. 감언이설에 조심할 것. 상대편의 조건을 재삼 고려해 볼 것.

연애=결혼하지 못하는 연애가 성행한다. 즉 상대가 남편이 있는 여자, 상대가 아내를 가진 남자, 이들이 불의의 사랑을 맺고 고민하다. 또한 순진한 처녀는 농락을 당하기 쉬운 때다. 중년층의 사람들을 조심할 것. 순진한 청년은 인기인(여배우나 가수)을 짝사랑해서 열을 올릴 때이다.

결혼=생각대로 잘 되지 않는다. 윗 사람들이 서둘러 혼사를 맺어주려 하나 본시 인연이 없는 사이이기 때문에 뜻을 이루지 못한다.

◇ 사면초가, 만사가 막혔다! 　　　　　　택수곤(困) 26

출산=유산, 조산이 우려가 있으니 조심.
건강=기력과 체력이 소모되어 있을 때이다. 오랫동안 병고에 시달린 자는 기운이 다해서 반년을 못넘기고 숨을 거둘 것이다. 항생제를 쓸 병이 생긴다.

분실물=어딘가에 숨겨져 있다. 그러나 소모품이라면 이미 다 써버린 뒤다.
여행·이사=여행은 오히려 부자유를 느끼게 되고 불유쾌한 일을 당하고 돌아오게 된다. 현재 사는 곳이 좋지 않다고 해서 이사를 해 봐도 역시 마찬가지다.
소망=이루어지지 않는다. 말해도 소용없는 일이다. 때를 기다리는 수밖에 없다. 반년쯤 지나면 다소 호전될 것이다.
취직=역시 되지 않는다. 자기의 힘이 불충분하다는 것을 스스로 인정해야 한다. 어느 곳이나 손을 쓰기 힘들 때다.
입학=전혀 합격할 가망이 없다. 차라리 기술공의 견습으로 들어가는 편이 좋을 것이다.
소송·분쟁=시일을 오래 끌어 고통 받는다.
대인·음신=이쪽에서 생각하는 것처럼 저쪽에서는 생각지 않고 있다.
가출인=소식이 온다. 고통받고 있다. 서쪽 탐색.
증권·상품시세=싼값 보합에서 급락.
날씨=가뭄으로 고생한다. 논밭도 말라서 갈라진다.
　가을과 겨울은 추위가 상당히 심하다. 가뭄이 오래 계속된 후에 큰비가 내린다.

당일 시간의 운세	
시 각	운세괘
자·오시	22
축·미시	28
인·신시	25
묘·유시	66
진·술시	46
사·해시	16

〈변효일때〉
초효=고생이 사라지고 기쁨이 온다.
2효=생활난으로 고생하나 원조를 받음.
3효=고생은 차례로 닥친다.
4효=구원군은 않온다. 버틸지 의문.
5효=비참한 상태로 고통 받으나 호전된다.
상효=곤곤한 중에 투쟁하면 더욱 곤곤.

27 사랑을 고백하는 청년   택산함(澤山咸)

☷☶ □「함」은 사물을 민감하게 느끼는 것을 의미한다. 그것은 어디까지나 옳은 것을 받아들이고 행위해도 좋다고 하는 것이다. 젊은 남녀가 옳은 결혼을 하여, 자손을 낳아서 번영해 가는 것처럼, 또 젊은 여성이 자기의 남편만을 의지하여, 조금도 다른 남자에게 마음을 쓰지 않는다. 진실로 서로가 생각해 주고, 사랑스럽게 느끼는 것이 「함」이다.

괘상=「함」은 느낌감과 같다. 무엇을 하여도 민감하고 육감이 잘 움직이고 남의공감을 얻어 순조롭게 수행되는 상태, 대통한 운수를 보인다.

무슨 일이나 바라는 일이 뜻대로 이루어지는 때, 뜻밖에 좋은 일이 멀지 않아 있을 것이다.

모든 하는 일에 친구와 선배의 원조를·얻어 성공한다.

전보, 전화를 이용하는 것이 더욱 효과적일 것이다. 그리고 미술, 음악, 영화, 연예, 기타 예술에 관계되는 일이면 크게 성공할 수 있다.

운세=「함」은 마음에 느끼는 것 뿐만 아니라, 관능이라든지 관각이라든가 하는, 모든 감각을 말한다. 운수는 좋은 때니까, 이유나 이론을 집어 치우고, 직감에 호소하여, 민감하게 행동하면 효과는 올라간다. 첫 인상에서, 좋다고 느낀 일에는 반드시 성공할 것이다. 이 괘는, 인간의 감정이라든지 감각이란 의미가 있기 때문에, 이 괘가 나올 경우에는, 우선 연애문제가 일어나기 쉬운 때이다.

대인관계에선 물질면에 너무 중점을 두지 말고, 정신면에서의 교분을 중요시 해 간다면, 당신을 보다 행운으로 이끌 것이다.

사업=회사의 내부가 협력 일치하여, 발전 향상의 기회가 가까와져 있는 때다. 상대를 신용하여, 속히 방침과 계획을 세워 착수할 때다. 헤맨다든지, 주저하고 있으면, 모처럼의 기회를 놓치고 만다. 대단히 만사에 세심한 활동가가 입사하는 수가 있다. 또, 훌륭한 아이디어맨을 만나는 때다.

교섭·거래=상대와 일의 성질에 따라 다소는 다르지만, 뜻밖에 빨리 결말이 나고, 또 유리한 조건으로 해결하는 수가 많은 때다. 먼 곳 상대와의 교섭 거래는 좋은 결말을 본다. 빨리 서둘러야 한다.

재수=일상의 일에는 부자유를 느끼지 않는다. 그러나 당신의 노력 여하에 따라, 수입은 급격히 커진다.

연애=이것은 연애의 괘다. 특히 젊은 사람들끼리의 연애에 이 괘가 나올 때는 최상이다. 이러한 때는, 한시 바삐 결혼을 하여 새 가정을 만들어야 한다.

결혼=좋은 점이다. 남성이, 양자든가 아내의 가정에서 동거하는 것은

◇ 애정문제는 대길!   택산함(咸) 27

특히 좋은 의미가 있다. 이 괘가 나올 경우는, 거의 당사자끼리 연애관계에 빠져 있을 때다.
출산＝순산. 산중에는 충격받지 않도록 정양이 필요하다.
건강＝전염병이 많은 때다. 정사에 원인을 가진 병, 성병, 그밖에 감기, 마진, 호흡기질환, 티푸스, 임신때문에 일어나는 병 등이다.
분실물＝물건 속에 있다. 가정 내에선 다락안이나, 옷 속이나 이불 속에서 찾아낼 수 있다. 또 큰 물건이라면, 어딘가에 숨겨져 있는 때다. 찾아낼 수 있다.
여행·이사＝즐거운 기분을 맛보는 좋은 여행이다.
　이사는 적당한 곳이 곧 발견됨으로 좋을 때다. 또 집을 새로 짓는 데에도 좋은 시기다.
소망＝태만하게 기다리지 말고, 빨리 실행해야 할 때다. 속도가 중요하다.
취직＝빠르면 결정이 된다. 늦어서 남이 앞지르기 전에 남이 손을 쓰지 못하도록 해야 한다.
입학＝문과계통이 좋은 때다. 당사자의 실력에 인하여 지망학교도 다르다. 당신이 생각하고 있는 방향으로 가시오.
소송·분쟁＝쉽게 결말이 난다. 저쪽에서 화해하려 하니 이쪽에서 유도하면 곧 접근할 수 있다.
대인·음신＝편지나 전화를 하면 곧 온다.
가출인＝서쪽 여자집에 가 있다.
증권·상품시세＝거래해 봄직하다.
날씨＝계속되는 개인 날씨에, 때에 따라 약간 비가 내리는 정도다. 비가 내리다가 곧 개는 날씨다. 여름은 소나기가 많이 온다.

당일 시간의 운세	
시 각	운세패
자·오시	2 3
축·미시	2 5
인·신시	2 8
묘·유시	6 7
진·술시	4 7
사·해시	1 7

〈변효일 때〉
초효…연애는 서로 등을 질 우려가 있음. 조심.
2효…연애는 부담이 너무 크다. 위태롭다.
3효…연애에 끌려다니다가 사건을 만난다.
4효…연애는 잘 진척되지 않음. 바르게 나아가라.
5효…연애는 쇠퇴기. 사이가 벌어지는 시기에 접어듬.
상효…감이 와서 너무 지껄이다 미움사지 말라.

28　대제전 축제의 큰북소리　　택지췌(澤地萃)

☷☱　□ 췌의 뜻은 모인다는 것이다. 풀이 무성한 곳으로 사람이나 물건이 모이는 것을 말하고 있다.

제왕이 종묘에 참배하고 성대한 제사를 지내고 또한 많은 제물을 받쳐 마음으로 조상에게 감사하고 자기의 행동에 의해 백성의 마음을 모으는 일이 제정일치의 효과를 올리게 되는 것이다. 이것이 정치의 요점이라고 하는 것이다.

괘상=이 괘는 그 형태를 보면 아래로 세 개의 음효가 연속하여 있고 맨 위에도 음효가 있는 사이에 두 개의 양효가 있어서 마치 잉어가 폭포를 치달려 올라가서 이제 마지막 코오스의 문턱에 도달한 상태 같다. 그래서 이 괘를 잉어가 용문에 오르는 기상이라고 말한다. 승진, 승급, 입학 시험, 선거 등에 대길한 괘이다.

　이 괘는 매우 운세가 강력하고, 또 모인다는 뜻이므로 동지를 얻어 협력자를 얻을 수 있으며 장사는 번창하고 돈과 물건은 축적된다. 영화, 연극, 연예 등 사람의 많은 동원을 기대하는 기획은 성공할 것이다.

운세=췌는 모인다는 뜻이기 때문에 무슨 일에도 물건이 모이고 이익이 찾아오는 것이다. 따라서 사람들도 즐거이 모여든다. 이럴 때는 지위의 승진이 많은 때여서 풍족하게 뻗어 나갈 때이다.

　그러나 사람이 모일 때는 좋은 일이 있는 반면에 경쟁도 심하고 분쟁도 일어나기 쉽다는 것을 명심해야 한다. 그러므로 싸우지 말고 이를 얻을 수 있도록 사람들과의 화목과 정치력이 필요한 것이다.

사업=운세가 강할 때이기 때문에, 성공할 것이다. 그런데 목표가 두가지 있어서 어느쪽을 선택할 것인가 망서리지만, 그때 그때의 당면한 사정을 따라 적당히 처리해 가는 것이 좋다. 너무 외고집으로 나가지 말것.

교섭·거래=너무 물질적인 이익만을 생각지 말고 성의를 가지고 교섭에 응해야 한다. 대량 생산의 상품은 값을 좀 내리는 것이 좋다.

재수=재운이 풍족할 때다. 그러나 한곳에 동결되어 있어서 잘 풀리지 않을 때이다.

연애=원활하게 진행될 때이다. 단지 「두 마리 토끼를 쫓다가 한마리도 못잡는 격」으로 분명한 태도를 취하지 못할 때 중요한 것을 잃게 된다.

결혼=아주 길하다. 좋은 인연이 맺어질 때다. 많은 축하객의 선물도 받을 것이다.

◇ 입시·취직에는 대길! 　　　　　　　택지췌(萃) 　28

출산=순산.
건강=호흡기의 질환이 많을 때이다. 감기에 주의하도록.
분실물=밖에서 잃은 물건은 사람이 찾아 준다. 가령 증명서 같은 것은 곧 되돌아 온다. 집안에서 잃은 물건은 부엌이나 마루를 찾아보라.
여행·이사=여행에는 좋은 때이다. 단체 여행이 많을 때다. 집이 좀 비싸지만 좋은 주택이 나선다. 꼭 이사를 할 사정이라면 비싸더라도 사는 편이 좋다.
소망=경쟁자자 많기 때문에 강한 신념을 가지고 버티고 나가야 한다.
취직=큰 회사에 취직하는 것이라면 좋은 결과를 얻는다. 그러나 제2의 목표도 시험을 보도록 하라.
입학=공립이나 국립계통의 학교를 지원하라. 역시 제2지망교에도 시험을 보도록 대비할 것.
소송·분쟁=조금 불리하다. 속히 해결되도록 노력하라. 새로운 말썽의 징조가 있다.
대인·음신=늦어도 온다.
가출인=서남방 여인집 또는 사람이 많이 모이는 곳을 찾아보라.
증권·상품시세=상승 무드.
날씨=흐린 날씨가 계속되다가 비가 내릴 것이다. 그러나 일단 내리면 긴 장마가 질 것이다.

당일 시간의 운세	
시 각	운세괘
자·오시	2 4
축·미시	2 6
인·신시	2 7
묘·유시	6 8
진·술시	4 8
사·해시	1 8

〈변효일때〉
초효=오합지졸도 유사시엔 정연해짐.
2효=모여들어서 순조로우나 돌발사태 있다.
3효=모여들어도 해결됨이 없다.
4효=실력에는 걸맞지 않으나 잘 되어간다.
5효=인심을 모은다. 신뢰를 얻자.
상효=집단 가운데서 고립한다. 고생한다.

3 1 하늘 높이 빛나는 태양   화천대유(火天大有)

☰☰☰   □ 대유는, 크게 보전한다고 하는 것을 의미한다. 중천에 찬란하게 비치는 태양처럼 만물이 왕성하게 성장할 때는, 모든 것이 뜻대로 이룩된다. 각자가 자기에 알맞는 때와 곳을 얻어, 최선을 보전하는 상태를 말하는 것이다.

괘상=대유괘는 관대하고 공명정대한 덕을 가지고 세상을 다스리는 군자의 모습이다. 태양이 높은 하늘에서 빛나고 있는 형상으로 성운을 보여준다.

　물질면보다 정신적인 면에서 더욱 길운이다.

운세=고인의 말에「금, 옥 당에 가득 차다」란 것이 있다. 대유는「하늘의 때」라 일컬어져 있다. 현재 당신은 하늘의 때를 맞고 있다고 하는 의미다. 이 괘가 나올 때는, 운수가 대단히 왕성하고, 물질면도 풍부하고, 정신면도 힘에 넘쳐 있으며, 당신은 가만히 있어도 혜택을 입고 있는 때다.

　그러나 태양은 언제까지나 중천에 찬란하게 떠 있는 것은 아니다. 멀지 않아 해가 서산에 기우는 때가 온다. 대유가 크게 보전한다고 하는 의미는, 바꾸어 말하면 당신의 현재의 행운을 언제까지나 오래도록 적절하게 보전해 가게끔, 미리 미리 정신차리라고 하는 것이다.

　팔자 좋은 부자도 고민이 있다. 사람의 반감, 질시를 사기 쉬운 때다. 깊은 산골에 산나리가 피어 있다. 주위의 녹색이 그꽃을 돋보이게끔 하고 있다. 그와같이 당신의 옷이나 행동은, 자기도 모르는 사이에 사람들의 눈에 띠우기 쉬운 때이기 때문에, 될 수 있는한 주위의 상태에 관찰을 소홀히 하지 말고, 자아를 적게 하는 방향으로 나가도록 정신차리고, 시대의 추세에 따라 가도록 명심해야 하는 것이다.

사업=현재는 대단히 호조를 나타낼 때다. 지금까지의 강행책이나 확장해 왔던 것은, 이 시점에서 압축하는 기분으로 나가는 편이 좋다고 본다. 대개 대자본을 필요로 하는 사업이 많을 때다.

교섭·거래=시기가 빠를수록 유리하다. 앞으로 나가서 효과가 오르는 때다. 한사람만 가서 교섭하는 것이 아니라, 두사람, 세사람이 가든지, 또는 단체교섭이 있을 때다. 대체로 원만히 해결된다.

재수=대단히 풍부하다. 준비금도, 사업자금도 충분한 때다. 그러나 친척이나 우인관계로, 싫어도 낭비하지 않을 수 없는 때다. 그렇지만 그때는 좋은 기분으로 봉사하도록.

연애=남녀 서로가 이지적인 판단들이나, 자존심을 내세우는 연애가 많은 때다. 이 때는, 여성이 머리가 영리하고 또한 미인이 많기 때문에, 몇사람의 남성이 접근해 있다.

◇ 휘황찬란히 빛나는 권세!　　　　　화천대유(大有)　3 1

결혼=물질면에서 부자유가 없는 결혼이다. 늦어도 성사된다. 결혼 후, 여성이 가정에서 여왕격인 입장에 서게 되는 수가 많다. 그러나 책임도 무겁게 된다.
출산=속히 앞당겨 의사와 상의하라. 임산에는 건강아를 출산함.
건강=열이 높은 병, 전염성병이 많은 때다. 티프스, 성홍열, 결핵성의 열, 또 고열때문에 딴 병을 돌발하는 것도 있다. 식욕부진, 시력장해가 생겨 약이 좀처럼 효력을 내지 못하는 때다. 의사를 바꾸어 보는 것도 좋은 일이다. 한약이 효과가 있는 수도 있다.
분실물=늦어지지만, 발견된다. 기다리는 사람은 늦어도 찾는 괘다.
여행·이사=수학여행, 견학여행, 회사관계의 여행, 춘추의 위안여행에 좋은 때다.
　현재 그대로 살면서 이사를 하지 않는 편이 좋은 때다. 그러나 아파트 생활을 하는 사람이라면, 값이 좀 비싸나 고급아파트가 발견되는 때다.
소망=오랫동안의 희망이 달성되는 때다. 또 뜻대로 되지 않았던 일이 원만하게 해결보는 때이다. 그러나 이제부터 시작하는 새로운 소원에는, 좀 시기가 늦은 감이 있다.
취직=운동비를 쓴 비율로는, 효과가 적은 때다. 그러나 늦어도 해결되는 전망은 있다. 전업은 절대로 해선 안된다.
입학=큰 학교, 입학자가 많은 학교는 문제없이 된다. 마음 놓고 지망하라.
소송·분쟁=적극적으로 추진해도 좋다.
대인·음신=올 의사가 있다. 이쪽에서 어서 오라고 말을 붙여 보라.
가출인=시일이 경과하면 돌아온다. 서북간방, 남방. 또는 여인이 행방을 알고 있다.
증권·상품시세=당장은 조금 눌려지지만 곧 오른다.
날씨=맑게 개이고 좋은 날씨. 여름은 비가 오지 않아 몹시 가문다. 겨울은 춥지만 하늘은 맑게 개어 햇빛이 따뜻할 것이다.

당일 시간의 운세	
시 각	운세괘
자·오시	3 5
축·미시	3 3
인·신시	3 2
묘·유시	7 1
진·술시	1 1
사·해시	4 1

〈변효일 때〉
초효…성운에 오만치 말고 스스로 삼가할 일.
2효…적극적으로 나가서 일처리한다. 재능발휘할 때.
3효…성운. 지위가 향상됨. 반목 발생한다.
4효…실력이 있어도 억제하라. 길.
5효…정정당당히 행동해서 발전성 크다. 길.
상효…만사순조, 다만 헛돌지 말 것.

3 2 여성끼리의 다툼   화택규(火澤睽)

□ 복숭아 나무와 오얏나무(李)는 서로 경쟁하면서 꽃을 피운다는 말이 있다. 이것은 같은 계절에 피는 아름다운 꽃이다. 서로의 특징은 달라도 복숭아와 오얏나무는 같은 종류인 것이다.
규는 다르다, 서로가 반목한다는 뜻이다.

괘상=「규」는 서로 괴리한다, 반목한다는 뜻이다. 다투는 일이 많을 징조. 말과 행동에 조심하라. 그렇지 않으면 사고를 일으킬 것이다.

서로의 의사가 도무지 맞지 않는 상태, 그러니 협력이 있을 수 없다. 새로운 사업기획이나 결혼 등에도 희망이 없다. 남을 믿을 수 없고 또 상사나 동료가 나를 미워하지나 않는가 하고 쓸데없는 걱정에 고민을 하기도 한다.

지금까지 잘못도 많고 고생도 많고 또 쓸데없는 낭비를 하기도 하였다. 때로는 남과 싸움 끝에 상해사건 같은 것을 저지를지도 모른다.

운세=규란 자기의 생각과 상대방의 생각이 상당히 차이가 있는 것을 의미한다. 가령 같은 목적을 추구해도 그 방법과 태도 의견 등이 다른 때인 것이다. 대체로 내부의 일이 잘 조화되지 않는다. 예를 들자면 회사나 단체가 표면은 평온해 보여도 내부에는 대립과 갈등이 많고 가정 안에서도 여자들이(고부간, 시누이 등) 화목을 이루지 못하는 것이다. 자기 자신도 마음에는 두개의 목적이 있어서 어느 것을 선택할 것인가에 고심하고 있을 때다. 자기의 입장이나 처지가 생각대로 잘 움직여지지 않아서 망설이는 상태인 것이다. 자기의 의견이나 계획을 상대에게 말해도 잘 들어주지 않는다.

사업=적극적으로 나아갈 때가 아닌 것이다. 길을 잘못 들기 쉽다. 자중해서 반년 동안은 기다림이 좋을 것이다.

그러나 표면에 나타나지 않는 작은 일이라면 손쉽게 처리된다. 특히 불유쾌한 일이 생기기 쉬운 때이므로 분쟁을 일으키지 않도록 주의해야 한다.

교섭·거래=자기 내부에 괴로운 사정이 있어서 상대와의 교섭은 잘 되지 않는다. 불필요한 거래는 삼가고 수습할 때다.

재수=현재 돈에는 그리 궁색을 느끼지 않는다.

연애=상당히 복잡할 때이다. 성격적으로 상반되어 있으면서도 서로 매력을 느껴서 떨어지지 못하는 연애관계가 많을 때이다. 또한 정사관계에는 최고로 즐거움이 있을 때이다.

결혼=새로운 혼담이 잘 되어가지 않는다. 설사 혼담이 이루어져도 화근이 터진다. 결혼한 사람이라면 부부가 서로 미워하고 싸움을 자주 한다. 냉정을 찾기 위해 잠시 별거하는 것이 좋다.

◇ 작은 일은 길, 큰 일에는 흉!   화택규(睽) 3 2

출산=순산이나 예정과 맞지 않아 당황하는 일이 있다.
건강=진찰을 받아도 오진이 많을 때다. 병원이나 의사를 바꾸는 것이 좋다. 대체로 혈액순환이 좋지 않아서 고혈압, 정신불안, 그리고 호흡기가 약한 사람은 주의해야 한다. 약이 체질에 맞지 않을 때다.
분실물=잃은 물건을 다시 찾을 수 없다. 찾기를 단념하는 것이 좋다. 작은 물건같은 것은 집안에 둔 장소가 바뀌는 일이 많다.
여행·이사=손쉬운 여행이나 자주 가는 곳은 괜찮다. 먼 여행은 몸에 해롭다.
  이사나 점포의 이전은 현 위치에서 가까운 곳을 택하는 것이 좋다.
소망=무리하고 막연한 희망은 갖지 말 것. 그러나 멀리 떨어져 있는 사람이나 생각지도 않은 사람이 찾아와서 돕는 일이 있을 것이다.
취직=큰 회사는 바라지 않는게 좋다. 어떤 연줄이 닿아서 작은 상점 같은 곳에 취직될 것이다.
입학=특수 기술을 배우는 학교를 선택하는 것이 좋다. 예술이나 예능방면 같은 것이다.
소송·분쟁=불리하다.
대인·음신=당신의 의심때문에 모처럼 올려고 하는 상대자를 고민하게 한다.
가출인=동행과 멀리 떠났다. 후일 소식이 온다.
증권·상품시세=먼저는 하향세나 곧 상승으로 돌아선다.
날씨=맑았다, 흐렸다 한다. 비가 한차례 올 것이다. 기분이 우울한 날씨다.

당일 시간의 운세	
시 각	운세괘
자·오시	3 6
축·미시	3 4
인·신시	3 1
묘·유시	3 2
진·술시	1 2
사·해시	4 2

〈변효일 때〉
초효…반목일 때 내버려 두면 화해됨.
2효…반목일 때 궁할 때는 통한다. 길.
3효…처음에는 거북하지만 끝에 가서는 길.
4효…반목때문에 고독하다. 화해하도록.
5효…친구들의 일이다. 함께 전진하자.
상효…의심이 심해 없는 허깨비까지 보임. 의심을 풀어서 길.

33 맹렬히 불타오르는 열화   이위화(離爲火)

□ 이는 물건에 붙는다고 하는 뜻을 가진다. 자기의 활동을 표현해 가는 데에는, 당신이 소속하고 있는, 또는 의존하고 있는 입장을 잘 살피어, 자기를 앞세우는 일 없이, 마치 사람에게 온순히 따라가는 암소와 같은 기분을 가지고 가야만 모든 것을 원만하게 할 수 있다고 본다.

괘상=「이」괘는 불과 같은 광명, 정열, 약동을 상징하는 것으로 성운을 보이는 괘다. 5월의 밝은 태양 광선을 받으며 신록의 잎들이 싱싱한 젊음을 반짝이고 있는 기상이다.

태양은 하늘에 달려 있어야 천하에 광명을 보낼 수 있듯이 당신도 당신 자신이 종속하고 있는 자신의 위치를 지킴으로써 자신의 능력을 충분히 발휘할 수 있다. 항상 자신의 위치를 바로 지키라.

불은 필요한 것이나 사용방법을 그르치면 도리어 위험이 있다. 항상 바른 마음과 바른 방법을 지키지 않으면 위험이 일어날 우려가 있다.

운세=「이」에는, 또 밝은 태양, 아름답다는 의미가 있다. 불과 같은 격렬성도 있다. 그 때문에 불의 취급이 어려운 것처럼, 앞날의 전망은 밝을지라도, 언제나 마음의 안정이 없고, 눈이 쏠리고, 자기의 본래 일에 대하여 기분적으로 집중이 되지 않는다.

강한 운수지만 취급하기 어려운 괘다. 좋은 의미를 많이 가지고는 있으나, 어떤 의미로는 격렬성이 있는 괘이기 때문에, 이런 때에는, 사물을 면밀히, 신중하게 진행시키지 않으면 위험이 생기는 때다. 마치 자동차로 화약을 운반하고 있는 것 같은 위험천만한 경우도 있다.

사업=모든 점에서 화려해지게 되기 쉬운 때라 잘 조절해야 한다. 새로운 일, 단기적인 일, 부분적인 일이라면 이익이 생기는 때다. 이 경우 영구적인 일을 착수하는 것은 당분간 중지하는 편이 좋다.

교섭·거래=부분적으로는 결말이 난다. 계약서, 수표, 인감 등의 착오가 일어나지 않게 주의하도록. 또 서류에는 복사가 필요한 때다. 그러나 문화적, 정신적인 면에 관한 교섭은, 이익은 적더라도 대단히 사회적으로 봐서 성공의 기회를 잡을 수 있다.

재수=보통 부자유스러운 점은 없으나, 주위가 화려해서, 교제비 등으로 헛된 지출이 많은 때다.

연애=서로가 상당히 열도가 높은 때다. 열띤 사랑이지만, 서로 같은 성질의 소유자이기 때문에, 결혼할 용기가 없는 때다. 서로 장단점을 너무나 잘 알고 있기 때문이다. 또 이런 때에는, 사랑의 위험한 장난도 상당히 많은 때다.

결혼=안면이 많은 사람들의 결혼 씨즌이다. 서로가 허세를 너무 부려,

◇ 재능을 발휘하는데 좋은 기회!   이위화(離)   3 3

결합이 잘 안된다는지, 또 두곳에서 나온 이야기 사이에 끼어서, 어느쪽에도 결정을 짓지 못하고 있는 일이 많을 때다. 이 괘가 나올 때에는 서서히 하는 것이 좋은 때다. 또한 재혼에는 대단히 좋은 괘다.

출산=순산. 딸 쌍둥이일 수도 있다. 산후조리에 유념하라.
건강=고열의 것이 많다. 심장과 눈에 주의하도록.
  오래 병상에 있는 사람은 좀 위험상태다.
분실물=대체로 빠르면 발견되어 되돌아온다. 도난을 당한 물건은, 경찰을 거쳐서 돌아온다. 밖에서 잃었던 물건은 남의 손에 이미 가 있다.
여행·이사=여행은, 학교의 소풍, 또는 사적인 견학에는 좋을 것이다.
  집은 너무 움직이지 않는 편이 좋을 것이다. 그러나 학생이나 아파트 생활의 사람에게는, 좋은 아파트가 발견된다.
소망=원하는 목적이 어느 것을 택하면 좋을지 이리저리 생각을 하며 마음을 정하지 못하고 있는 때다. 목전의 사소한 것은 달성된다. 대강 마음이 일정치 않아 여러 것에 눈이 쏠리고 있다.
취직=학교, 문화방면, 예술면에는 가장 알맞는다.
입학=합격된다. 단 재시험을 받는 수도 있다. 이 때에는, 학력보다도 건강에 주의하도록.
소송·분쟁=분쟁은 해결이 나지 않고 더욱 격해질 조짐이 있다. 친구를 사이에 넣어 보도록.
대인·음신=온다. 서신, 편지가 오는 경우도 있다.
가출인=남쪽을 찾아보라. 멀리 가려 한다.
증권·상품시세=오르는 시세. 2단으로 뛴다.
날씨=가문 날씨다. 계속 하늘이 개인다. 비가 내리고 있을 때 이 괘가 나온다면, 곧 비는 수그리고 개인 날씨가 된다.

당일 시간의 운세	
시 각	운세괘
자·오시	2 2
축·미시	2 8
인·신시	2 5
묘·유시	6 6
진·술시	4 6
사·해시	1 6

〈변효일 때〉
초효…자신의 입장을 고려해서 스타트.
2효…행동이 적절. 재수 있다. 대길.
3효…너무 기승을 타면 위태롭다.
4효…해가 서산으로 기울었다. 철수가 중요.
5효…지성이 높고 도량도 크다. 길.
상효…운수대통. 겸허하면 더욱 대길.

3 4 방해자는 제거하라   화뢰서합(火雷噬嗑)

☲
☳
　　□ 서합은 꽉 문다는 것이다. 위턱과 아래턱으로 씹어서 잘게 으깨어야, 비로소 음식은 목구멍을 통과하는 것이다. 형벌, 형법 등을 집행하는데 즈음하여, 어떤 것도 겁내지 않고, 과단성 있는 행동과 명찰을 가지고 형을 집행하면, 과오도 없고, 공명정대성을 기할 수 있다고 하는 것이다.

괘상=입안에 있는 굳고 딱딱한 말린 고기를 물어 끊어서 완전 섭취가 가능하게 되면 만사가 형통하는 형상이다.

　무엇이 이 사이에 끼어 있는 것처럼 방해가 있어서 불유쾌한 기분이다. 그러나 처음은 여러가지 장애가 있으나 단호한 태도로 대처하면 점차 호조로 전환할 것이다. 조급히 굴지 말고 신경질적인 행동을 조심하여 온화하게 나가면 생각밖에 행복이 가까이 있음을 알리라.

운세=서합은 맞물려서 통과한다고 하는 의미이기 때문에, 예컨대 한 나라, 한 사회, 한 개인에게 귀찮게 하는 자, 나쁜 사람이 있었다면, 아무 것도 겁내지 않고, 합법적인 수단을 써서 제거하여, 자기의 목적을 달성하라고 하는 것이다. 또 먹는 데에는 그다지 걱정이 안된다. 현재의 당신은 생활을 위하여 노력하고 있고, 모든 점에서 상당히 의욕적인 괘가 나오고 있다. 그러나 현재는 모든 일이 원활하게 잘 되지 않고 곤란에 직면하고 있다. 그런 일에 좌절하지 말고 최후까지 노력을 계속하는 것이 당신으로 하여금 성공으로 이끌어 가는 것이다. 또 뒤로 가면 갈수록 앞날의 전망이 서며, 좋은 결과가 기대된다. 또 서로가 흉금을 털어 놓고 이야기를 나눈다면, 뜻밖에 좋은 결과가 이루어지게 된다.

사업=큰 일을 해도 좋을 때다. 단 수표, 계약과 같이 금전면에서 법에 걸리는 일에는 조심해야 한다. 시작해서 처음에는 곤난하게 보일지라도 4, 5개월이 지나게 되면 성적이 올라가는 때다.

교섭·거래=강하게 나가면 좋은 결과를 얻게 된다. 단, 이유가 분명하지 않는 무리한 상담은 안된다. 우선 장해물을 속히 제거할 일이다.

재수=부자유는 없다. 열심히 노력한 사람에게는 상당히 눈에 띄게 이익이 생기는 때다.

연애=이성관계가 좀 복잡하다. 또 연애, 정사로 인하여 주위에 소동이 일어나는 일도 있다. 두 사람은 사이가 좋지만, 서로의 성격이 똑같은 양성과 양성이기 때문에, 싸움도 잘 하는 편이지만, 화해도 빠른 때다. 이것은 다른 이성이 개재하는데 원인이 있든가, 그렇지 않으면 생활문제로 인하여 싸움이 일어난다.

결혼=정식혼인 이야기라면 좋지 않다. 예컨대, 당신 이외에 다른 목표가 있는 때다. 또 이야기가 원만하게 안되는 경우가 많다. 부부간의 싸움

◇ 뜻밖의 저항으로 고생! 　　　　화뢰서합(噬嗑) 　**34**

은 심해도 이 때문에 이별하지는 않는다.
출산=입덧이 심하거나 놀라는 일이 있다. 음식 섭취 조심.
건강=음식관계에 의한 것, 불섭생이 원인, 폭음폭식의 결과, 소화기의 장해가 생기는 때다. 그밖에, 암, 위암, 유암 등 절개 수술을 요하는 병이 생긴다. 이런 때에는 새로운 치료법을 사용한다든지, 큰 병원에 가는 것이 좋다.
분실물=가정내의 것은 물건 사이에 끼워 있어서 찾기 어렵지만 나중에 절로 찾아낼 수 있다. 밤에 잃어버린 것은, 빨리 경찰에 신고하면 찾을 수 있다.
여행・이사=상용의 여행이라면 적극적으로 권장해도 좋을 것이다.
　이사는 갑자기 서둘지 않는 편이 좋고, 또 일을 위해 일시적인 장소라면, 좀 값은 비싸더라도 적당한 곳이 발견된다.
소망=당장은 불가능하지만 강제라도, 끈기있게 견디어 가면 성취함을 얻는다.
취직=생활때문에 취직의 필요성을 느끼고 있는 경우가 많다. 덤비지 말고 열심히 노력하여, 비로소 달성된다.
입학=경쟁이 심한 때니까, 우선 기력을 양성하는 것이 중요하다. 시험장에서 당황하여 실수하지 않도록 조심해야 한다.
소송・분쟁=단단해서 어림없겠다. 중간 사람이 도리어 방해가 된다.
대인・음신=방해가 있어서 곧 오지 않음. 이쪽에서 연락하면 가능성 있다.
가출인=동행인이 있어 멀리로 떠남. 또는 갇혀 있는 경우가 있다. 신고할 것.
증권・상품시세=현재는 억제되고 있으나, 점차 상승세.
날씨=지금 흐려도 곧 개인다. 우뢰나 번개가 치기도 한다.

당일 시간의 운세	
시 각	운세괘
자・오시	3 8
축・미시	3 2
인・신시	3 3
묘・유시	7 4
진・술시	1 4
사・해시	4 4

〈변효일 때〉
초효…장해를 배제하고 나가라. 길.
2효…방해꾼과 싸워 다친다. 허물이 없다.
3효…장해가 강해서 고생. 배제하여 호전.
4효…방해꾼을 배제해서 결과가 좋다.
5효…장해와 싸워서 예기치 않던 이득을 얻음.
상효…어려운 사건때문에 애먹고, 실패한다.

3 5 제향물 삶는 세발 솥   화풍정(火風鼎)

☰☴ □ 정이란 발이 셋 달린 무쇄솥을 의미한다. 물건을 받치고 있다는 뜻이다. 세개의 발은 협력과 안정을 가르키고 있다. 왕과 제후와 어진 신하가 잔치를 베풀고 즐겁게 담소하고 서로 의견을 나누는 모습이다. 정담, 정립이라는 말은 여기에서 나왔다.

괘상=이 괘는 남의 두목이 되는 운세를 보이는 괘다. 이 괘를 얻는 때는 묵은 것을 버리고 새것을 받아들여 사물을 고쳐 새롭게 하는 데 길하다. 신중하게 일을 처리하면 노력한 만큼 성과를 얻는다.

새로운 계획으로 재출발하면 성공한다. 웃사람에게 기용되어 입신출세할 징조가 있다.

모든 일을 협력하여 수행하면 크게 발전하고 안정된다. 3의 숫자에 인연이 있다. 결혼에도 시어머니가 있는 것이 좋다. 단 두사람만이 생활을 희망하면 뜻밖에 또는 사람이 끼어 들게된다. 그러나 빨리 아기를 낳은 때는 그렇지 않다.

운세=이 괘는 안정감과 충실감이 있는 상태를 나타내고 있다. 재력, 지력, 기반의 세 조건이 잘 조화되어서 무슨 일이나 행동의 자유를 가질 때이다.

무슨 일이나 혼자 해서는 안된다. 남의 힘을 빌려서 서로 이익을 나누는 아량을 지녀야 한다. 결코 자기 혼자서 하려는 독단주의나 이기주의는 실패하고 만다.

사업=사업의 근본이 변하지는 않는다. 내용을 새롭게 하고 외견을 미화하는 것만이 중요하다. 또한 취급 품목을 변경해 보거나 새로운 거래를 터보는 것이 좋다. 특히 자금관계는 협력자가 나타나야 좋아진다. 월급장이는 지위가 승진할 때이다.

교섭·거래=상대의 입장을 생각하고 성실하게 융화책을 쓰는 것이 성공의 기회를 만들어 준다. 그리고 자기의 입장이 약하다는 것을 항상 염두에 둘것.

재수=넉넉할 때다. 자금을 원활히 융통시켜야 한다. 금전을 쓰지 않고 사장시켜 놓는 일은 금물이다.

연애=서로가 좋은 상대를 얻을 수 있다. 대개 남성은 수려하고 여성은 이지적일 때가 많다. 성격상으로는 잘 융화된다. 적극적으로 밀고 나갈 것.

결혼=아주 길하다. 혼담도 원만하게 진행된다. 그러나 결혼후 제2의 이성이 나타나기 쉬우니 주의해야 한다.

◇ 셋이 협력하면 성공!   화풍정(鼎) 3 5

출산=순산, 적출자로서 후계자인 경우가 많다.
건강=병은 전염성과 유행성이 많을 때다. 몸이 약한 사람은 호흡기 질환이나 장 질환에 주의하도록.
분실물=작은 물건을 잃었을 경우 찾기가 힘들다. 그러나 금속성의 물건이나 부피가 큰 것은 곧 찾아내게 된다.
여행·이사=돈에 부자유를 느끼지 않는 즐거운 여행을 한다. 여러사람이 그룹을 지어가는 단체여행을 하기도 좋은 때이다.
  이사를 해도 좋은 집을 얻게된다. 비싸게 산 집이라도 고가로 다시 팔리게 된다.
소망=자기만이 행복해지는 것이 아니고 상대를 행복하게 해줌으로서 자기도 행복하게 되는 것이다. 그런후 실력자를 구해서 그 사람의 의견을 따라 실행하면 자기의 목적을 달성하게 된다.
취직=결정이 날 때다. 그러나 자기가 마음에 들지 않는다고 포기하지 말아라. 곧 인정을 받아 승진을 얻을 것이다.
입학=국공립학교 보다는 사립의 명문학교를 선택하도록. 경제나 상과를 전공하는 것이 좋다.
소송·분쟁=사람을 사이에 넣는 것이 원만하다.
대인·음신=소식이나 기별이 온다.
가출인=여럿이 배나 차를 타고 떠났다. 남쪽을 찾아보라.
증권·상품시세=보합 안정세.
날씨=맑다. 바람이 약간 있다. 비가 올 때 이 괘가 나오면 바람이 불면서 개인다.

당일 시간의 운세	
시 각	운세괘
자·오시	3 1
축·미시	3 7
인·신시	3 6
묘·유시	7 5
진·술시	1 5
사·해시	4 5

〈변효일때〉
초효=솥안의 찌꺼기를 씻어내어 길하다.
2효=신중하게 나가돼 고립하지 말라.
3효=솥이 깨져서 식사를 못함. 어긋난다.
4효=상다리가 부러져 음식이 쏟아졌다. 재액을 만남.
5효=훌륭한 솥이다. 어진이를 얻는다. 대길.
상효=훌륭한 솥이다. 만사가 순조롭다.

3 6 저멀리에 빛나는 태양 화수미제(火水未濟)

□ 미제란 번영한다는 것이다. 형통한다는 것은 분발. 노력하는 데 의해서 일이 성사된다는 것이다. 새끼 여우가 처음에는 의기양양해서 건너가다가도 실력부족이기 때문에 마지막 한걸음 앞에서 꼬리를 적시고 만다. 그러기 때문에 끝에 가서 좌절되지 않도록 주의해야 할 것이다.

괘상=이 괘는 지금부터 희망을 가지고 소원을 성취하는 괘다. 지금은 아직 이루어 지지 못하였으나 시기가 와서 성취하는 것을 의미한다. 천천히 할수록 좋은 괘이니 조급히 굴지 말고 조금씩 점차로 전진하라. 차츰 길운에 향하고 있다.

마음 먹은 일은 말할까 하지 말까 망서리고 있는 상태.

여성에게는 기쁜일이 있는 괘이다.

이 괘는 모든 것에 젊음을 표시하고 있다. 초로의 남자가 젊은 처녀에게 마음을 빼앗기고 있는 모습, 그러나 무리한 노릇, 더구나 상대자가 좋지 못한 것 같다.

운세=이 괘는 기제와는 반대로 균형이 잡히고는 있으나 위치가 반대이기 때문에 입장을 얻지 못하고 있다. 그러나 노력에 따라서 앞길은 차츰 열려진다. 특히 자기 내부의 약점에 주의해야 한다.

사업=새로운 사업은 금시 성공할 수 없다. 먼저 기반을 굳혀야 한다. 자본관계에서 돈은 있어도 자본으로서의 활용되지 못하고 사장되 있는 상태이다. 내부에 주의할 것.

교섭·거래=대인 관계에서는 끝질긴 절충에 의해서 곤란을 타개할 수 있다. 상대는 속으로 타협을 피하고 있기 때문에 결코 도중에 중단해서는 안된다.

재수=큰 돈은 아니지만 궁색을 느끼지 않을 정도의 돈은 돌고 있을 때이다. 튼튼한 자본이 되도록 유리한 저축방법을 찾아라.

연애=사이는 무척 가까우나 결혼에까지 이르기는 힘들다.

결혼=처음에는 성사되기 힘들어 보이지만 계속 교섭하는 중에 성공하게 된다. 이 경우 남성은 양자로 되는 입장에 여성은 가정의 책임자가 되기 쉬운 결혼이 많다.

◇ 길은 먼곳에…, 젊은이에겐 밝은 미래가! 화수미제(未濟) 3 6

출산=순산. 산후 조리에 명실할 것.
건강=전염성의 병, 유전적인 질환, 방광 항문 등의 병에 주의할 것. 아이들은 고열에 조심할 것.
분실물=높은 곳을 찾아 보라. 잘못 생각하거나 잘못 놓은 수가 있다.
여행・이사=서두르는 일이 생각대로 잘 되지 않는다. 시기를 기다리면 다시 기회가 찾아온다.
소망=덤비지 말고 꾸준히 노력하면 반드시 달성된다. 대기만성형이다.
취직=먼저 자기 주변의 교제를 원만히 해가면 서서히 호전되어 간다.
입학=다음 기회를 기다리는 것이 좋다. 역시 실력이 부족하기 때문이다.
소송・분쟁=불리하다. 분쟁사건이면 이편이 수그리지 않으면 안된다.
대인・음신=그럴 이유가 있어서 오지 않는다.
가출인=배나 차를 타고 멀리 가려고 한다.
증권・상품시세=약간 오르락 내리락 유동상태를 보이다가 상향한다.
날씨=흐렸다, 맑았다, 일정치가 않다. 시기에 어울리지 않은 양기의 때도 있다. 믿을 수 없는 날씨다.

당일 시간의 운세	
시 각	운세괘
자・오시	3 2
축・미시	3 8
인・신시	3 5
묘・유시	7 6
진・술시	1 6
사・해시	4 6

〈변효일때〉
초효=유동상태 마지막에 가서 재앙이 있다.
2효=성취되지 않는다. 자중해서 기다리라.
3효=뜻을 못얻음. 벗과 함께 준비를 함이 좋다.
4효=뜻을 크게 세워 노력하면 성사된다. 길.
5효=믿는 도끼에 발등찍힐 우려가 있다. 조심.
상효=성취됨이 없다. 술에 빠져서는 아니됨.

3 7   외로운 길손, 나그네길   화산여(火山旅)

☲☶ □ 산 기슭으로 해가 지면, 나그네는 숙소를 구해야 한다. 그곳에서 피로한 몸을 하루밤의 휴식으로 풀고 다시 내일의 길을 떠나게 된다.
　　여는 문자 그대로의 여행을 의미한다. 옛사람들은 여행을 큰 고통으로 생각했다. 교통의 불편과 속소의 불편 때문이었다. 또한 여행은 불안정한 상태, 고독을 의미한다. 이러한 때는 조급하게 굴지 말고 목적지를 향해 차근차근 나아가는 것이 중요하다.
괘상=「여」는 나그네다. 심신에 안정이 없고, 날 저문 때 피곤한 다리를 끌고 잘 곳을 찾는 모습이다. 지금까지의 운은 끝이 나고 현재는 불안한 운에 놓여 있다.
　애교가 없고, 남과의 조화가 나쁘고 고독하다. 그러나 연구적인 것과 문화적인 방면에는 길하다.
　또 주거에 대하여 노고가 많다. 화재 조심. 늘 외출이 많다.
　외국유학 같은 일에는 좋은 괘다. 모든 경우에 수동적인 자세로 있는 것이 좋다. 자신이 적극적으로 나가면 실패를 부르기 쉽다.
운세=지금 당신은 불안에 넘쳐 있는 나그네의 모습이다. 어떤 희망을 구하고는 있으나 기초적인 운이 약한 때임으로 만사가 생각대로 되지 않는다. 먼저 기초를 다지고 침착하게 장래의 계획을 마음속에 세워 두는 것이 좋다.
사업=나아가기 보다는 한걸음 물러나는 마음가짐이 중요하다. 신규사업이나 확장은 좋지 않다. 그러나 판매를 주로하는 보험, 화장품, 영화 계통의 선전업에는 성공할 수 있다.
교섭·거래=상대가 상당히 강경하게 나올 때다. 자기 편이 약하고 협력자가 없기 때문에 생각대로 진전되기를 기약할 수 없다. 오히려 상대의 의견에 따라가면서 자기의 이익을 쫓는 것이 좋을 것이다.
금전=경비가 많이 지출되고 자금에 부자유를 느낄 때이다.
연애=연상의 상대와 일시적인 관계에 빠질 때이다. 그러나 학문에 종사하는 사람들의 정신적인 연애는 정신적으로 깊이 결합되는 수가 있다.
결혼=혼담이 있으나 주거지와 직업이 안정되어 있지 않아 정식으로 결합하는 데까지는 이르지 못한다. 이런 때는 서로가 자기 생활의 안정을 기하는데 힘써야 한다.

◇ 위험을 무릅쓰고 나아가라!　　　　화산려(旅) 3 7

출산=기혈불순, 산후조리에 조심할 것.
건강=고열을 내는것. 혹은 전염병, 심장병에 주의해야 할 때다. 현재 병상에 있는 사람은 별 차도가 없지만 더 악화되는 것을 방지하는데 유의해야 한다.
분실물=잃은 즉시 찾으면 발견된다. 시일이 지나면 여러사람 손에 넘어가서 찾지 못하게 된다.
여행·이사=괘가 나타내는 것처럼 자기가 좋아하건 싫어하건 간에 여행이 많을 때이다. 그렇게 되도록 여러가지 일이 생긴다.
소망=생각하는대로 되어가지 않는다. 이러한 때는 차라리 모든 생각을 중단하고 있는 편이 낫다.
취직=학교관계, 문화 방면이라면 노력해 보라. 자기의 희망과 급료가 맞지 않을 때가 많다.
입학=자기가 희망한 학교에 합격될 것이다. 그러기 위해서는 전심전력으로 꾸준히 노력하여야 할 것이다.
소송·분쟁=앞으로 연기하는 것이 유리하게 된다.
대인·음신=늦어지긴 하지만 온다.
가출인=자주 이동하므로 찾기 어렵다.
증권·상품시세=상향하지만 후반에 반락한다. 갔다. 온다는 모습.
날씨=맑았다, 흐렸다 하는 날씨다. 아침에 흐렸으면 저녁때 맑아진다.

당일 시간의 운세	
시 각	운세괘
자·오시	3 3
축·미시	3 5
인·신시	3 8
묘·유시	1 7
진·술시	7 7
사·해시	4 7

〈변효일때〉
초효=여행길에서는 너무 작은 일에 구애받지 말라.
2효=여행가서 객사도 얻었고 돈도 두둑하다.
3효=여행처에서 객사도 심복도 잃었다. 재출발.
4효=여행간 곳에서 친절히 대해 주지만 잔금심이 많다.
5효=꿩을 쏘아 맞쳤다. 화살은 잃었으나 명예는 얻었다.
상효=여행길에 오기 부렸다가 실의의 밑바닥으로 빠져듦.

3 8   땅위로 솟아난 아침태양   화지진(火地晋)

☲☷ □「진」은 나아간다는 뜻이다. 제후는 명령을 받아 행동하고 충성을 바쳐 크게 상을 받는 때다.

괘상=이 괘는 지평선 위에 나타난 아침의 태양이 하늘로 오르고 있는 상태다. 높이 오르면 오를수록 광명은 더욱 커지고 어둠은 사라지는 형상. 운수는 점차 강성하여져서 만사가 발전하고 번영한다.

「진」은 나아갈 진과 같은 뜻, 전진을 의미한다. 만사에 전진함이 좋다. 다만 운기가 너무 강하다고 자만하여 겸손하지 못한 행동이나 나태한 마음을 가지면 모처럼의 행운도 놓치고 말게 될 것이니 명심하라.

운세=진은 나아갈 진하고 음과 뜻이 같다. 이제부터 활동을 시작할 때다. 이 괘는 지평선상에 아침해가 떠오른 모습이다. 태양이 이윽고 중천에 빛나는 것처럼 운세도 서서히 향상되고 진전해 가는 때다.

나아가는 방향은 밝은 쪽을 향해서 강하게 뻗는 것이다. 그것은 마치 아침 햇빛이 약하지만 오를수록 빛도 강하고 열도 강해지는 것과 같다. 머지않아 큰 성과를 이룩할 것이다.

오랜 밤의 시간이 끝나 아침이 오고 하루의 일과가 시작될 때이며 몹시 바빠질 때이다. 지금까지 고생해 온 사람은 마침내 그 고생을 벗어나 자기의 의견과 희망을 분명히 가질 수 있을 때다. 즉 기회가 온 것이다. 그렇다고 단번에 처리하려고 하지 말고 3단계의 순서를 밟아 기초를 튼튼히 해서 성공으로 이끌어 가야 할 것이다. 가령 곤란이나 중간에 방해가 있더라도 타개할 수 있기 때문에 항상 마음을 굳게 가지고 명랑하게 지내도록 하여야 한다.

사업=새로운 계획, 새로운 사업에 착수할 기회가 생길 것이다. 그러나 경쟁과 마찰이 있을 것을 염두에 두라.

근면한 자는 승진되고 진급의 기회가 올 것이다. 마음 놓지말고 더욱 분발해서 나아갈 것. 먼곳으로 전근되거나 출장가게 될 것이다.

교섭・거래=우유부단해서는 안된다. 저쪽에서 오기 전에 이쪽에서 먼저 적극적인 공세를 취해야 한다. 그러나 모든 절차와 순서를 밟고 해야 한다.

재수=지금 가진 돈은 적으나 이제부터 활동하는데 따라서 수입이 많아질 것이다.

연애=명랑하고 즐거운 연애를 한다. 빨리 결혼에 이르도록 서두르게 된다. 지금 결혼하기로 결정한 사람은 크게 즐거움이 있을 때다.

결혼=꾸물대지 말고 적극적으로 혼사를 밀고 나가라. 좋은 인연이다.

◇ 순조로운 상승 기운! 　　　　　　　화지진(晋) 38

출산=대체로 순산.
건강=전염병 계통이 많다. 열이 많이 날 때다. 특히 심장질환에 주의하지 않으면 급사를 일으키기 쉽다. 일사병, 각기병에 주의하라.
분실물=서둘러서 찾으면 발견된다. 집을 나간 계집아이들이 경찰에 의해 행방을 알게 됨으로 통지를 받은 즉시 찾으러 가야 한다. 늦으면 다시 만나기 힘들 것이다.
여행·이사=그룹을 지어가거나 좋은 안내자를 따라가면 즐거운 여행을 할 것이다. 그러나 그날로 돌아오도록 해야 한다.
　집을 얻기에 고통을 당하지만 적극적으로 찾아다니면 의외로 좋은 집을 마련한다. 다소 떨어진 교외가 좋을 것이다.
소망=희망은 이루어질 것이다. 목적을 향해 끊임없이 노력하도록.
취직=전망이 밝다. 이왕이면 큰 회사를 선택해라. 특히 새로 설립된 회사가 좋다.
입학=진학할 때다. 목적하던 학교에 입학한다. 그러나 너무 마음을 놓아서는 뜻하지 않은 실수를 하기 쉽다.
소송·분쟁=이쪽에서 추진하면 해결이 속하리라.
대인·음신=희소식을 가져 오겠다.
가출인=멀리 가버려서 곧 알 수 없지만 편지가 온다.
증권·상품시세=상승세. 시세의 전환기이므로 잘 살펴 처리하면 이익을 얻는다.
날씨=맑음. 여름엔 비.

당일 시간의 운세	
시 각	운세괘
자·오시	34
축·미시	36
인·신시	37
묘·유시	78
진·술시	18
사·해시	48

〈변효일 때〉
초효…방해꾼을 배제해서 나아간다. 길.
2효…장해가 있어서 전진하기 어렵다. 배제하라.
3효…나간다. 사람들의 신뢰·명성을 얻는다.
4효…능력이상으로 나간다. 위험하다.
5효…나아가서 성공, 물러서면 실패다.
상효…더 나아갈 데가 없다. 조심할 것.

41 요란한 천둥 우뢰소리   뇌천대장(雷天大壯)

□ 대장이란 크게 왕성하다는 것이다. 모든 상태가 시세를 타고 왕성해 갈 때다. 그러나 지나치게 나아갈 경향이 있어서 조용히 자기 입장을 지키는 쪽이 튼튼하고 실패가 없다.

괘상=「대장」은 성대하다는 뜻이다. 우뢰가 하늘에서 명동하는 형상, 얼핏 보아 좋은 것같이 보이면서 실질이 수반하지 않는 괘다.

오랜 가뭄이 계속되는 여름날 지상의 모든 생물이 지쳐 있을 때 우뢰가 소리치면 통쾌하다. 금방 비가 쏟아질 것 같아서 기다린다. 그러나 우뢰는 소리뿐 좀처럼 비는 오지 않는다. 이러한 상태의 괘다. 당신의 세력이 너무 강성하기 때문에 주위가 압도되는 상태, 자기 의사만 너무 내세우면 파탄이 생긴다. 급진하는 것을 경계하라.

운세=운이 굉장히 왕성할 때이다. 대장이란 세력이 마구 뻗어나가는 상태를 의미한다. 마치 달리던 차에 부레이크가 걸리지 않는 상태와 비슷하기 때문에 미리 정지할 수 있는 마음의 여유를 가지는 것이 중요하다. 옛 사람은 사나운 호랑이에 뿔이 난 모습이라고 말했다. 몹시 강한 인상이지만 어딘가 두려운 데가 있는 것이다. 또한 이것은 여름 하늘에 천둥이 치는 것과 같아서 주위가 몹시 시끄러울 때이다.

너무 지나치게 밀고 나가지 않는 융화책이 필요한 것이다. 또한 굴러가는 바퀴는 멎지 않는다는 의미가 있어서 교통사고나 충돌, 전복 같은 사고를 생각할 수 있다. 그리고 모든 사람은 자기가 갖고 있는 힘을 믿고 가령 부자는 돈으로, 재사(才士)는 재능을, 젊은 사람은 혈기를 가지고 남의 의견이나 권고를 듣지 않고 밀고 나갈 때 오는 실패가 많은 때인 것이다.

사업=사업을 확장하고 싶을 때이다. 대체로 운이 강하게 밀어닥칠 때이기 때문에 다소라도 앞길을 내다보는 견식(見識)을 지니고 있다면 나쁠 때는 아니다. 빌딩 건축업이 많을 때이다.

교섭·거래=이쪽도 강경하고 저쪽도 강경한 태도이기 때문에 이쪽에서 온건한 방법을 취하면 성사가 이루어질 것이다. 그러나 이쪽에서 강경하게 나오면 상대는 놀라서 경계를 할 것이다.

재수=여유가 많을 때이다. 그렇다고 장래의 수입을 생각지 않고 낭비해선 안될 것이다. 약간의 저축이라도 후에 큰 도움이 된다.

연애=두 사람 다 기분이 들뜬 연애를 하고 있을 때다. 외출을 많이 하고 놀러다니기 좋아한다. 침착하고 정숙한 연애가 못된다.

결혼=성사되지만 오래 계속되지 못하거나 부부간의 체력이 균형되지 못한다. 대개 남성이 강해서 여성의 건강을 해치게 되는 일이 있기 때문에 지나친 행위는 삼가야 한다.

◇ 알맹이가 충실함이 필요! 뇌천대장(大壯) 41

출산=대체로 순산. 놀라는 일이 생길 우려 있다. 모체쇠약 산후조리 요함.
건강=현재 병이 있는 사람은 병세가 악화될 때이다. 보통 비장, 위장병, 간장경화, 신경과민, 여자는 히스테리, 월경불순이 있을 때이다. 또한 부종이나 각기병에 주의하도록.
분실물=외출할 때 떨어뜨리는 물건이 많다. 다시 찾을 수 없는 것이 많다.
여행・이사=여행은 단체나 혹은 누구의 권유에 의해 떠나게 된다. 현재 정착해 있는 사람은 그대로가 좋다. 신축했을 때나 이전을 하고 또는 새로 집을 지을 때 옮기는 것은 무방하다.
소망=너무 지나친 희망을 가져서는 안된다. 80퍼센트는 성취되는 때이기 때문에 소극적으로 생각하고 있으면 오히려 소원이 이루어지기 쉬운 것이다.
취직=사람에 따라 다르지만 철도관계의 일이나 건축 관계의 일은 좋은 것이다. 또한 대중의 오락에 관계해도 이로운 일이 생긴다.
입학=대체로 합격율이 많은 때이다. 그러나 이류나 삼류에 가는 편이 틀림이 없다. 그 정도의 실력밖에 없는 것이다.
소송・분쟁=상대편이 쉽게 빠져나갈 것이다. 어거지나 고집은 불리함.
대인・음신=동행자가 있으면 함께 온다. 그러나 시간이 걸린다.
가출인=조속히 탐색치 않으면 먼 곳으로 가버린다.
날씨=대체로 맑은 날씨다. 여름에는 천둥이 요란스러우나 비는 오지 않는다.

당일 시간의 운세	
시 각	운세괘
자・오시	4 5
축・미시	4 3
인・신시	4 2
묘・유시	8 1
진・술시	2 1
사・해시	3 1

〈변효일 때〉
초효…분수를 모르고 지나치게 나간다.
2효…나아가서 좋다. 발전성이 크다.
3효…지나치게 나아가서 고통받음. 위태롭다.
4효…왕성하게 나아가서 안태롭다. 길.
5효…무리를 하면 사고발생. 흉.
상효…발밑을 보고 노력하면 길하다.

4 2 사랑해선 않될 사랑　　뇌택귀매(雷澤歸妹)

□ 귀매는 젊은 여자가 시집가는 것을 말한다. 귀매의 원뜻은 정부인 밑에서 남편을 섬기는 첩을 말한다. 그러나 남녀가 접촉해서 같이 즐거움을 나누는 것은 천지자연의 이치기 때문에, 깊이 삼가해서 자기가 놓여 있는 입장을 지켜나가면 무사함을 얻을 것이다. 이 괘는 원래 여자가 적극자진해서 가려는 뜻이 있기 때문에 자칫하면 불행한 결과를 스스로 초래하게 되는 것이다.

괘상=이 괘는 여자가 남자를 움직이는 형태로서 즐거운 듯이 보이나 출발이 잘못됐기 때문에 예상과는 달리 폐해가 일어나는 일이 많다. 마음이 초조해지고 실망하는 일이 많은 상태. 무슨 일에나 충분한 주의가 필요하다.

남성이 이 괘를 얻으면 색정에 잘못이 있다. 여자에 의해서 장애가 생긴다. 당분간 여자를 멀리 하라. 또 부부 불화의 징조가 보인다.

이 괘는 출발의 중대성을 가르친 것이므로 만사를 조심하여 나아감이 좋다. 사업에도, 남과의 교섭에도 같다. 적극적으로 진출하지 말고 수동적으로 조심성 깊게 행동해야 할 때다.

운세=이 괘는 사람에게 앞서서 나가지 말고 자기입장을 뒤에서 지켜나가는 것이 좋다는 것을 가르키고 있다. 너무 덤벼서 나가면 계약 위반을 하는 일이 있게 되고 뒷감당을 못하게 되는 처지에 빠진다. 그러나 지금까지 빛을 보지 못했던 사람들에게 기회가 다가 오게 된다. 항상 여유 있는 마음으로 때를 기다려야 한다.

사업=순조롭지 못하다. 약간 시기를 잃었기 때문에 효과를 올리지 못하는 상태다. 지나치게 나아가면 중도에 좌절의 위험이 발생한다. 이런 때는 환경에 순응하는 태도를 가지고 현상을 지켜 나가는 것이 좋다.

교섭·거래=이쪽의 조건을 상대가 수락하지 않는다. 그렇다고 무리하게 교섭해서는 안된다. 금전관계에서 사고가 나기 쉬우니 부정한 일은 삼가할 것.

금전=지금 수중에 있는 돈을 봄까지 잘 보전하고 있는 것이 좋다. 새로 투자하는 일을 해서는 안된다.

연애=깊은 관계가 이루어질 때다. 특히 중년 남자들이 가정을 돌보지 않고 탈선하기 쉬운 때다. 이 괘가 나오면 정사를 오래 계속하는 일을 경계해야 한다.

결혼=정식 결혼이라도 흉점이다. 그러나 첩으로 간다면 원만히 이루어진다.

◇ 본업보다 부업이 발전한다! 뇌택귀매(歸妹) 4 2

출산=임산에는 순산. 몸이 무겁고 예정보다 늦어짐을 미리 조심할 것.
건강=성병, 각기병, 신경과민 같은 병이 일어나기 쉽다. 약을 써도 낫지 않는다.
분실물=밖에서 잃은 물건은 이미 형태가 변해서 찾을 수 없다.
여행·이사=밖에 나가고 싶어도 외출은 않는 것이 좋다. 후에 반드시 나가지 않았던 것이 다행이었다는 생각이 들게 된다. 주거지도 변경해서 재미 못보는 경우가 허다하다.
소망=자기가 생각하던 일이 일부분이라도 성취되면 큰 다행이다. 원래가 앞길이 막혀서 현재의 입장만을 지켜 갈 때인 것이다.
취직=일시적인 것, 가령, 여자라면 써비스업에 종사하고 남자라면 임시 고용하는 외판업이 좋다. 어디까지나 일시적인 방편이라고 생각해야 한다.
입학=이류학교나 지망해야 한다. 그것도 보결로 들어가거나 해야 할 정도 힘들 것이다.
소송·분쟁=계약위반 위약관계로 사건이 일어난다.
대인·음신=급속히 오지 않으나 이쪽에서 연락하면 응답이 있다.
가출인=이성관계가 원인. 현재 곤경에 빠져있다. 동쪽이나 서쪽.
증권·상품시세=악재료가 나와서 등세가 약세 보합으로 변한다.
날씨=기후는 흐렸다. 맑았다 하면서 고르지 못한 날씨가 계속된다. 한때 적은 비가 내릴 것이다.

당일 시간의 운세	
시 각	운세괘
자·오시	4 6
축·미시	4 4
인·신시	4 1
묘·유시	8 2
진·술시	2 2
사·해시	3 2

〈변효일때〉
초효=결혼은 정부인이 아니다. 소극적으로.
2효=결혼은 주인이 어리석다. 고생이 많다.
3효=소실로서 그늘에 사는 지위. 헛돌아 간다.
4효=혼기를 놓쳐 늦어지나 준비하면 보람이 있다.
5효=내조의 공의 아름다움이 빛난다.
상효=약혼은 하여도 결혼은 못함. 흉하다.

4 3   풍요로운 살림살이   뇌화풍(雷火豊)

□ 중천에 떠올라 비치고 있는 태양도 마침내는 기울어지고, 달도 차면 이즈러진다. 이것이 천지 자연의 현상이다.
　　풍이란 풍부한 것을 가르킨다. 또한 크게 성하고 있는 것을 말한다. 그러나 풍요하고 성운 속에 있는 자도 달이 차면 이즈러지듯 곧 쇠운이 닥칠 것을 경고하고 있다.

괘상=「풍」은 성대의 뜻이다. 이 괘는 우뢰와 번개처럼 강성한 괘다. 그러나 표면의 성운으로 보이나 내면에 고민이 있는 것을 의미한다. 〈주역〉에서는 형세가 강한 것만이 반드시 길운이라고 할 수는 없는 것이다. 이 괘를 얻은 이는 모든 사물을 경솔하게 처리하면 남과 충돌하는 등 말썽을 일으켜 나쁜 결과를 낳게 되기 쉽다. 충분히 조심하라.
　　전기관계의 일이면 이익이 있고, 농업이면 풍작을 의미한다.
　　또 여성이면 풍만한 미인의 형상이나 또 임신의 징조이기도 하다.

운세=이 괘는 지금 최고도에 달하고 있는 것을 말한다. 「대낮의 어두움」이란 말이 있듯이 빛이 강렬하면 할수록 그늘은 더 어두운 것이다. 지금 한참 성운을 맞고 있는 사람도 눈에 보이지 않는 곳으로부터 쇠퇴의 기미가 나타나고 있는 것이다. 표면은 밝고 활기가 있어 보여도 내부에는 어둠이 깃들어 있고 걱정과 비밀이 감추어져 있을 때다. 사물이 근시적으로 보이기 때문에 먼 곳을 내다보지 못한다. 오래전부터 계속되고 있는 소송이나 재판은 곧 해결지어야 한다.

사업=실력 이상으로 확장할 때이다. 보기에는 성대해 보이나 그 성대함이 오래 계속되지 못한다. 다소 수축해서 건실한 방침을 취하는 것이 좋다. 신규 사업은 금물이다.

교섭・거래=즉시 결정할 필요가 있을 때이다. 소송을 일으키기 쉬운 때임으로 곧 해결이 되지 않을 것은 포기해버리는 것이 좋다.

금전=현재는 부자유를 느끼지 않지만 겉치레를 꾸려가는데 낭비와 지출이 많을 때이다. 또한 나간 돈이 들어오지 않아서 큰 구멍을 남기게 된다.

연애=정신적인 연애보다는 향락적인 사랑으로 기운다. 서로 미녀나 미남을 찾는다. 또한 상대의 가정환경에 복잡함이 있기 때문에 결혼에 까지는 이르지 못한다.

결혼=혼담은 원만이 진전되지만 결혼후가 좋지 않게 된다. 반드시 후회하게 된다.

◇ 닥쳐올 쇠운에 미리 대처를! 뇌화풍(豊) 43

출산=난산 조짐. 태아가 지나치게 클 조짐이 있다.
건강=유행성의 병이나 급성병, 또는 고열과 심장병이 생기기 쉬운 때다. 변화가 격심할 때이니 주의해야 한다.
분실물=빨리 찾으면 돌아온다. 어두운 곳에 숨겨져 있다.
여행・이사=가벼운 여행이나 당일에 돌아오는 하이킹같은 것이 좋다.
소망=장기적으로 내다보는 일은 바라지 않는 것이 좋다. 당장에 눈앞의 일을 처리하기에 바쁘다. 기다리던 소식이 전보나 편지로서 온다.
취직=현재의 직업에 만족하고 그 이상의 것을 기대하지 말것. 장부 기재에 잘못이 있으니 주의하라.
입학=지망하던 학교에서 한단계 내리는 것이 좋다.
소송・분쟁=머리 회전을 빠르게 하여, 속히 결정하면 유리하다. 욕심을 부리면 실패한다.
대인・음신=급히는 오지 않는다. 조금 늦게 온다.
가출인=남의 꼬임에 빠져 멀리 가려고 한다. 동방 혹은 남방을 찾아보라.
증권・상품시세=지금은 최고가, 앞으로 하락 한다.
날씨=개였다가 곧 흐려져서 비가 온다. 여름에는 천둥이 많고 몹시 덥다.

당일 시간의 운세	
시 각	운세괘
자・오시	4 7
축・미시	4 1
인・신시	4 4
묘・유시	8 3
진・술시	2 3
사・해시	3 3

〈변효일때〉
초효=주인을 만난다. 겸허하라.
2효=풍요롭다. 진퇴에 고뇌함. 큰 뜻을 품다.
3효=풍요롭다. 쇠운일 때를 생각해서 나아가라.
4효=풍요롭다. 쇠운일 때는 협력자를 찾아라.
5효=풍요롭다. 어진이를 맞이하여 개혁을 꾀함.
상효=권력을 잃고 굉장한 저택은 쓸쓸하다.

44 울려 퍼지는 천둥번개   진위뢰(震爲雷)

□ 진은 천둥을 말한다. 인간관계에서는 장남을 의미한다. 가족이 자리에 모여, 제사를 지낼 때 갑자기 천둥이 치면 모두 놀라지만 한 집안을 통솔하는 장남이 침착하게 행동하지 않으면 안된다는 것을 의미하고 있다. 그러나 천둥은 소리는 요란스럽지만 지나고 나면 아무 일도 없어서, 놀랐던 사람이 다시 웃음을 되찾고 즐거워하는 것을 여기서는 말하고 있다. 요컨대 침착하고 냉정하게 거동하면 아무일도 없이 지낼 수 있다는 것을 가르친다.

괘상=「진」괘는 두 마리의 용이 한 개의 구슬을 다투는 모습이다. 소리는 있어도 형태는 없는 상태이다.

이 괘는 운세가 강력하고 복이 있는 번창을 상징하는 괘다. 그러나 경쟁자가 있어서 서로 방해하기 때문에 모처럼 잡은 행운도 소리만 있고 형체가 없는, 즉 실리가 적은 결과를 가져오기 쉽다.

또 「진」은 진동한다. 위험을 떨친다. 결단한다. 발분한다는 뜻이 있다. 가업을 상속받거나 선배의 협력으로 큰 명성을 얻을 가능성이 있다.

운세=진은 분투한다는 의미가 있어서 기력을 내고 분발하게 되면 무슨 사업이라도 수행해 나갈 수 있는 것이다. 그러나 나쁜 의미로 본다면 천둥은 소리만 나고 형태가 없다는 것으로 헛 기세만 부리고 내용이 없다는 것을 가르킨다. 또한 변화가 많을 때라서 실행으로 옮기기엔 힘들 때.

사업=목적이 두가지 있기 때문에 본직 이외의 부업에 손을 대는 수가 많다. 또는 지점을 개설한다. 그러나 실익을 얻기는 어렵다. 큰 손해는 없겠으나 너무 일이 분산되어 어느 한가지에 열중하지 못하는 상태에 있기 때문이다.

교섭·거래=정신적인 거래면에서는 상당한 진전이 이루어진다. 눈앞에 이익만을 쫓지말고 먼 장래를 내다 보도록.

금전=급한 돈이 곧 얻어지지는 않는다. 그러나 꾸준히 밀고나가면 자금사정도 풀릴 것이다.

연애=유쾌히 놀 수 있는 상대지만 결혼 상대로는 적합치 않다.

결혼=역시 결혼해도 좋은 괘가 못된다. 재혼이라면 좋다. 혼담에는 두 곳이 나타나서 어느 쪽으로도 결정 못하고 망서리고 있는 상태이다.

◇ 소리만 크고 실속없다! 　　　　　진위뢰(震) **44**

출산=임신박두. 순산. 초기에는 놀라는 일이 있기 쉽다.
건강=간장과 정신병이 나기 쉽다. 가벼운 정도는 히스테리, 불면증이 생긴다. 이럴 때는 병자가 지나치게 자기 병을 과장해서 생각하는 수가 있다.
분실물=대개는 찾아낸다. 밖에서 떨어뜨린 물건이라도 남이 직접 찾아다 준다.
여행·이사=여행은 좋을 때이다. 처음부터 계획을 잘 세워가지고 나서야 한다. 여행중에 사람을 사귀게 된다. 상용 보다는 정신적인 것을 구하는 여행이 즐거울 것이다.
소망=대인관계에서는 이쪽에서 구해도 상대가 받아주지 않을 때이다. 그러므로 시기를 기다려 상대의 기분을 전환시키도록 노력해야 한다.
취직=목적을 한곳으로 집중시켜 열심히 노력해야 한다. 그러나 내부의 의견이 분열되기 때문에 망서림이 많을 때이다.
입학=자기가 목적한 학교에 노력을 집중한다. 여러 학교를 염두에 두다가는 실패하기 쉽다. 집에서 남쪽 방향에 있는 학교가 좋다.
소송·분쟁=유리하다. 그러나 초초하지 말라.
대인·음신=가까운 곳에서는 늦어지고 먼곳은 속히 온다.
가출인=멀리 달아나려고 한다.
증권·상품시세=2단으로 뛰어 올랐다가 급락한다.
날씨=맑은 날씨다. 비가와도 곧 개인다. 또 천둥이나 지진을 생각 할 수가 있다.

당일 시간의 운세	
시 각	운세괘
자·오시	4 8
축·미시	4 2
인·신시	4 3
묘·유시	8 4
진·술시	2 4
사·해시	3 4

〈변효일때〉
초효=뇌성이 울린다. 유비면 무환이라.
2효=벼락이 떨어질 위험이 있다. 도망가기엔 늦다.
3효=천둥이 멀어진다. 환경이 호전된다.
4효=벼락이 떨어져서 놀라지만 제자리에 돌아온다.
5효=천둥이 치는데도 제사는 계속 드린다.
상효=벼락이 이웃집에 떨어진다. 스스로 경계면 길.

45 너무나 평온한 생활   뇌풍항(雷風恒)

□ 항은 「늘 있음」, 또는 「항상」이라는 뜻이다. 부부가 부부의 형태를 옳게 지키고 있으면, 무사평온한 것과 같이, 일상의 생활도 함부로 방침을 변하지 않는 편이 평화로운 나날을 보낼 수 있게 된다.

괘상=「항」은 항구라는 뜻이다. 무슨 일이나 종래대로 평범하게 그냥 계속하면 변화는 없으나, 무엇인가 새로운 일, 새로운 자극을 구하려 한다.

그러나 새로운 일은 기획이거나 사업이거나 교섭이거나 지금 당분간 보류함이 좋다.

현재 진행중에 있는 일도 조급히 추진하려 하면 중도에서 좌절되기 쉽다. 현상유지가 무난한 시기다.

부부관계도 마음이 동요되고 있어서 서로 감정의 대립같은 것이 움직이고 있다. 서로 반성과 이해로써 위기를 극복하라.

운세=항은 늘 그대로, 당연하다고 하는 것이다. 항상은 늘 있는 모습, 항산(產)은 정한 재산(財產), 항심(心)은 늘 변하지 않는 마음 등, 언제나 같은 상태를 보지해 가는,말이다. 이 괘는 늘 현상 유지가 필요한 때다. 인간은 당연한 일상생활을 지속시키는데 만족하지 못하고, 늘 마음 속에서 무엇인가 좋은 수가 있지는 않을까, 하는 욕망을 가지기 쉬운 존재다. 그리고 평범한 행복을 잊어 버리기 쉽게 되는 것이다. 이 「항」은 우리들이 매일 반복하여 일상의 생활을 지속시키는 것에 의해, 생활의 안정을 얻게 됨을 뜻한다.

또 이 괘는 부부의 일상생활이라 하는 의미를 가지며, 중년부부의 안정된 마음과 생활면의 모습을 의미하고 있다.

사업=현상 유지다. 확장이나, 새로운 계획은 좋지 않다. 그러나 남성은 자주 의욕이 밖으로 향하여 움직이는 때다.

교섭·거래=평소 관계가 있는 거래의 교섭이라면, 그대로 계속해도 좋다. 지금으로부터 새로 거래하는 것, 대규모적인 것이라면, 당신이 장기적으로 노력하면 좋을 것이다. 성공한다면 큰 이익이 생긴다. 서둘고 덤비면 실패한다.

재수=일상의 금전은 풍부한 때다. 장사에 있어선 실익이 생기는 때다.

연애=서로 무리가 안가는 연애이어서, 생각보다는 오래 계속되는 연애다. 대체로 이 괘가 나올 때에는, 상당히 오래 계속한 교제라 봐도 좋을 것이다.

결혼=결말을 지을 때까지 대단히 힘이 들겠지만, 결말이 나면 좋은 연분이다. 그러나 이 괘는, 이미 내연관계의 경우가 많고, 부부의 형태를

◇ 유혹에 걸려들 위험, 요주의!　　　　뇌풍항(恒)　**45**

취하고 있다. 또 첩의 경우에도 정식 부부의 생활상태로 꾸며가는 사람이 많은 때다.
출산=초산은 예정보다 늦거나 난산 기미. 경산부는 순산.
건강=암계통, 식도암, 위암, 장암이 많은 때다. 오랜, 불규칙한 생활을 원인으로 해서 허리가 쑤시고, 척주가 비뚤어지는 등, 만성병 때문에 요양이 오래 가는 때다.
분실물=집안에서의 분실물은 물건 사이에 끼어 있다. 밖에서의 분실물은 이미 남이 주워서 가져 갔다.
여행·이사=특별한 볼일이 없는 한 나가지 않는 편이 좋을 것이다. 그러나 때로는, 일상의 평범한 생활에 싫증이 나서, 정사를 위한 여행에 유혹되는 때다.
　집은 현재대로 있는 것이 좋다.
소망=자기의 희망, 목적에 대하여 오래도록 노력을 계속해 나가면 달성이 된다. 바쁘게 서둔다고 되는 것도 아니다.
취직=이 괘는 현재가 안정되어 있기 때문에, 현상유지의 때다.
입학=자기의 실력에 따른 곳이라면 좋을 것이다. 각자에게 개인 차가 있기 때문에, 당사자의 실력여하에 따라 목적을 성취하는 것이다.
소송·분쟁=오래 끌 징조가 있다. 그냥 내버려 두는 것이 결과적으로 길하다.
대인·음신=도중에 방해가 있어서 늦어진다.
가출인=멀리 가려고 한다. 동쪽 동남간방을 찾아보라.
증권·상품시세=보합상태에서 벗어난다. 거래해 봄직하다.
날씨=대체로 개인 날씨다. 흐려 있어도 비는 내리지 않는다. 여름은 우뢰와 함께 큰 비가 온다. 가을은 푸른 하늘이라고 봐도 좋을 것이다.

당일 시간의 운세	
시 각	운세괘
자·오시	41
축·미시	47
인·신시	46
묘·유시	85
진·술시	25
사·해시	35

〈변효일 때〉
초효…생활을 화려하게 하려다가 실패.
2효…가정방침을 지나치게 지켜감이 안전.
3효…변화에 동요말라. 본질을 이해하라.
4효…합당한 길로 나아가서 발전한다.
5효…항상의 도리를 지키다가 짐이 무거워짐.
상효…항상심을 잃지 말라. 협력해서 행하라.

4 6　해동되어 풀린 강물　　　뇌수해(雷水解)

　　□ 해는 푼다. 해결한다는 뜻이다. 자기를 고독한 입장에 두지 않고 적극적으로 화평을 구하는 것이 좋은 것이다. 그러나 특별히 행동할 필요가 없을 때는 자기의 본분을 지키는 것이 현명하다. 즉 그러한 때는 자기 행동의 모든 방면에 목적을 설정해 놓는 것이 중요하다.

괘상=「해」는 푼다는 뜻이다. 겨울의 눈과 얼음이 풀리고 봄이 돌아온 형상, 지금까지의 고난이 해소되는 상태를 보이는 길운의 괘다.

　　모든 노고와 번민이 눈 녹듯 녹아지고 점차로 성운에로 향하고 있다. 이 시기를 놓치지 말고 전진하면 행복을 얻을 것이다. 찬스는 기민하게 잡아야 한다. 주저하고 방황하다가는 늦어질지 모른다.

　　「해」는 풀린다는 뜻이므로 굳은 것만이 풀리는 것은 아니다. 지금까지 있어 온 것과 헤어지는 일도 있을 수 있다.

운세=겨울의 지독한 추위로부터 해방되어 봄의 천둥이 울리고 봄비가 내리고 새싹이 무럭무럭 자라는 새로운 생명의 성장이 시작된다. 또한 땅 속에 동면하고 있던 동물이 땅위에 깨어나는 상태를 나타낸다. 그래서 새로운 희망을 가지고 활동할 기운이 뻗어나가는 것이다. 해는 해결, 해방이라는 의미가 있기 때문에 지금까지 괴로움에 갇혀 있던 사람들이 그 괴로움에서 해방되는 것을 의미하고 있다.

사업=몹시 분주할 때다. 유능한 부하 직원을 두어야 한다. 그의 협력에 의해 지금까지의 부진상태에서 벗어날 수가 있다. 그러나 아첨하는 부하를 경계하고 부하의 실력을 발굴해 내야 한다.

　　샐러리맨의 경우는 전업이나 해고를 당하는 일이 있다. 지금까지 오래 근무한 곳에서 변화를 일으키는 일이 생긴다.

교섭・거래=오래 끌던 교섭이 이루어진다. 그러나 계약이 된 일에도 미비한 조건때문에 해소나 해약이 되는 수가 있기 때문에 절차에 필요한 서류를 미리 완비해 두는 것이 좋다. 물건을 파는 경우는 큰 이익을 얻을 것이다.

재수=일한 만큼의 효과가 있다. 한편 교제비가 필요하게 된다. 일확천금은 꿈꾸지 말라. 티끌 모아 태산이라고 차근차근 벌어서 기반을 굳혀 나가야 한다.

연애=기분적으로 향락하는 연애를 많이 한다. 결혼을 전제로 하지 않기 때문에 금시 헤어져 버린다. 이런 연애에는 너무 열중하지 말 것. 뜻하지 않던 상처를 입는 수가 있다.

결혼=오래 끌어오던 혼담이 성사된다. 그러나 그동안에 열이 식고 긴장

◇ 해방된 기쁨!　　　　　　　　　뇌수해(解) 4 6

이 풀린 탓으로 결혼 후의 생활이 무미건조해진다. 부부가 맞벌이를 하는 것이 좋다.
출산=대체로 순산한다. 초기에는 유산 우려.
건강=음식이 체하거나 복통, 위경련 따위, 병색이 표면에 나타나지 않는 급한 병이 생긴다. 또한 신장의 결석이나 암에도 주의해야 한다.
분실물=가정안에서 없어진 물건은 옷장 속이나 경대 서랍을 찾아보라. 밖에서 잃은 물건은 분실물 센타 같은 곳에서 찾을 수 있다. 곧 알아보도록.
여행·이사=여행은 즐겁게 할 수 있다. 드라이브나, 싸이클링, 하이킹 등 모든 것이 유쾌한 여행이 된다.
　이전은 집을 찾기가 좀 힘들기는 하나 일단 이전을 하고 나면 정신적인 고뇌에서 해방된다.
소망=금방 이루어지지는 않는다. 그러나 희망을 버리지 말고 꾸준히 노력을 계속할 것. 대기만성이다.
취직=연고가 중요하다. 연줄이 닿는 사람을 찾아가 볼 것. 연고관계가 있는 사람이 뜻밖에 좋은 자리를 알선해 줄 것이다.
입학=몇번이나 낙방한 그 학교에 이번에는 합격할 차례다. 오랜 숙원이 이루어진다. 꿈꾸던 일류학교에 다니게 된다.
소송·분쟁=정직하게, 그리고 속히 추진함이 유리. 에누리하는 심정이라면 파탄 초래.
대인·음신=이쪽에서 연락하면 온다.
가출인=항공기나, 배 타고 멀리 가려 한다.
증권·상품시세=상향세나 급전직하하기도.
날씨=비가 온 다음 개인다. 여름은 번개가 친 후 소나기가 내리고 맑아진다.

당일 시간의 운세	
시　각	운세괘
자·오시	4 2
축·미시	4 8
인·신시	4 5
묘·유시	8 6
진·술시	2 6
사·해시	3 6

〈변효일 때〉
초효…해결을 보지만 썩 잘된 결과라곤 할 수 없다.
2효…방해자를 뿌리치고 얻을 것을 얻음. 길하다.
3효…항상심을 잃어 재난 액운을 당한다.
4효…골칫꺼리가 해결 해소하여 동지들과 연대하다.
5효…고통을 해결한다.
상효…불한당을 배제하고 옳지 못한 것을 풀었다.

47 서로 등을 진 두사람   뇌산소과(雷山小過)

☷☶ □ 소과는 조금 지나치다는 것이다. 올바르게 자기를 지키고 적은 일에는 적절히 대처하지만 큰 책임을 지기는 위험한 것이다. 「나는 새가 이에 소리를 남긴다」는 말은 새가 높이 날아가는 해가 져서 돌아오는 길을 잃는다는 것과 같다. 그러므로 교만한 태도보다도 겸허한 편이 더 효과적이다. 즉 상대에게 비굴할 정도로 저자세로 나가는 것이 오히려 길하다는 것이다.

괘상=이 괘는 지키는 태도로 차근차근 작게 가늘게 살아 가라는 것을 가르친다. 능력의 한계에서 줄잡아 살아 간다는 생활태도를 잊어서는 안 된다. 위만 쳐다보고 달리다간 발뿌리가 위험하다는 것을 경고하고 있다. 남의 의뢰를 가볍게 받아 들이면 후일 분쟁의 원인이 된다. 남과 서로 배반하는 일이 있어 고민이 많은 때다.

또 이 괘는 집을 나간다는 징조가 있다.

소인이 불선을 꾀하는 기상이니 자신의 위험을 모르고 이욕에 눈이 어두어져 실패할 우려가 있다.

운세=이 괘는 고인의 말로「문앞에 병정이 있는 형상」이라고 해서 재난을 피해 왔다. 이것이 조금 지나치다는 괘이기 때문에 모든 일에 도를 지나쳐서 행하지 말 것을 경고하고 있다. 무슨일이나 시기를 놓치기 쉽고 부담이 무겁고 사람과 마찰을 일으키기 쉬울 때다. 상대도 자기에게서 떠나가고 자기도 상대를 거부하는 형상이다. 서로 의사가 통하지 않을 때이기 때문에 대인 관계에서는 싸움을 하지 않도록 주의해야 한다.

사업=특히 새로 시작하려는 사업에서는 손발이 맞지않아 도중에 중단되고 만다. 기계의 파손, 종업원들의 사고에 조심해야 한다.

교섭·거래=잘 진행되지 않는다. 뿐만 아니라 분쟁이 일어나서 상해를 입기 쉬울 때이다. 대개는 싸움하고 끝나버린다.

금전=생각대로 들어오지 않고 지출은 많을 때이다.

연애=서로가 의심하는 마음을 지니고 있어서 자주 충돌이 생긴다. 생활 문제로 인해 헤어지게 된다. 동성연애라는 뜻이 있다. 여성은 첩의 존재라면 무난히 지속된다.

결혼=성사되지 않는다. 기회를 놓치는 것이다. 부부간이라면 성격 부조화를 일으킨다.

◇ 저 자세로 나아가라! 뇌산소과(小過) **47**

출산＝조금 늦겠다.
건강＝병이 생기면 약으로서는 좀체로 고치지 못한다. 또한 만성병이 악화될 때이다. 기력을 회복해서 정신력으로 극복해야 한다.
분실물＝잃은 물건은 절대로 찾을 수 없다.
여행・이사＝여행을 떠나면 병을 얻거나 도난을 맞거나 사고를 유발시키기 때문에 떠나지 않는 것이 좋다. 이사나 이전은 시기가 나쁠 때이다.
소망＝달성되지 않는다. 너무 큰 소원을 갖고 있기 때문이다. 가까운 사람으로부터 방해를 받는 일이 있다.
취직＝일시적인 대비책, 즉 임시 고용이나 시간제의 일을 해서 고비를 넘겨야 한다.
입학＝생각하고 있는 데는 무리다. 최저의 실력으로 대할 수 있는 학교를 선택하라.
소송・분쟁＝서로가 양보하지 않기 때문에 오래 끌겠다. 조금 양보해 봄이 좋겠다.
대인・음신＝음신은 있겠으나 본인은 좀처럼 움직이지 않는다.
가출인＝배나 차, 항공기편으로 멀리 가려한다. 동북방향.
증권・상품시세＝보합상태.
날씨＝여름은 천둥이 심하고 큰 장마가 진다.

당일 시간의 운세	
시 각	운세괘
자・오시	4 3
축・미시	4 5
인・신시	4 8
묘・유시	8 7
진・술시	2 7
사・해시	3 7

〈변효일때〉
초효＝새가 높이 난다. 일시적으로 좋아도 흉.
2효＝저자세로 겸손하면 무난.
3효＝지나치게 나가면 난관을 겪는다.
4효＝나아가지 말고 저자세로 때를 기다려라.
5효＝저자세로 때를 기다리면 어진이를 만나라.
상효＝날던새가 그물에 걸린다. 지나쳤기 때문이다.

4 8 봄이 옴을 알리는 천둥 　　　뇌지예(雷地豫)

☷☳ 　□「예」는 봄이 되어 지상에 우뢰가 나타난 형태이기 때문에, 말하자면 춘기발동의 때다. 지금까지 여러가지로 고생이 많았던 사람도, 겨우 시기가 도래하여 세상에 인정을 받는 기회를 얻는다. 모든 물건이 새로운 방향으로 나가는 시기로 되어 있다.

괘상=「예」는 「즐겁다」, 또는 「미리」의 뜻이다. 사물을 미리 충분한 준비만 하면 성공은 기약할 수 있는 상태를 보인다. 이제부터 모든 일은 행운으로 향하고 있다. 그러나 너무 행운에 신이 나서 교만한 마음으로 행동하면 자칫 실패할 우려가 있다. 함부로 호언장담하는 일이 없도록 조심하라. 사업계획 같은 것도 선견지명이 있어서 재미있는 착안을 할 수 있다. 새로운 기획을 하는 일도 매우 좋다. 다만 예비지식과 충분한 조사를 함이 좋다.

운세=우뢰가 땅위로 터져 나와 하늘로 오르는 기세로 봄을 맞는 형상, 운세가 강성한 때다.

　당신의 실력이 인정되어 지위가 올라가고, 웃사람에 의하여 발탁이 있는 때다. 또 지금까지 앞이 막혀 어찌할 도리가 없었던 일에 대하여, 앞에 새로운 희망이 보여 오는 때다. 하여튼 기분적으로도 명랑하게 되고, 주위에도 사람이 모여드는 때다. 또 축하회나 파티 등이 많은 시기이기 때문에, 술자리에서 실수를 저지르지 않도록 명심해야 한다. 특히 자기 과신은 삼가하여야 한다.

사업=경영계획은 대단히 잘 되어 있기 때문에, 시운에 편승하여 이제부터 발전으로 향할 때다.

　이것은 내부의 충실을, 늘 계산에 넣어 두지 않고는, 호경기도 일시적인 것이 될 우려가 있다. 당황하는 것은 실패의 원인을 만든다.

교섭·거래=대체로 원만하게 일이 진행한다. 또 새로운 일은 이미 자기 편에 유리하기 때문에, 착수해도 좋은 때다. 여러가지의 목적에 욕심을 내서 교섭하는 것은, 힘을 분산시켜 어느 것도 결말을 못보고 중도에서 흐지부지 되기 쉬운 때다.

재수=돈의 운이 있어서 좋은 괘다. 그러나 유흥비, 교제비 등의 지출이 많은 때다. 샐러리맨은 지위가 올라 가도 월급은 그에 따라 크게 오르지 못하고 그전 그 상태나 같다.

연애=즐거움을 구하는 연애다. 외출하는 일도 많다. 당사자들은 들뜬 기분으로 마음에 그다지 긴장감이 없다. 특히 남성편이 화려한 것을 좋아하는 기질이고, 옷도 눈에 띌만큼 화려한 편이 많다. 남성도 여성도 댄스, 음악이 좋아서, 무드에 약한 사람이다.

결혼=비교적 좋은 괘다. 대개 성취한다. 음악, 예능 등에 취미를 가진

◇ 유비무환, 찬스가 왔다! 뇌지예(豫) 48

사람들이다. 남성이라면 대단히 남자답고 사회로부터 신용을 얻어 장래성이 있는 사람이다. 신혼 당시는 대단히 잘 되어가고 신혼생활을 즐겁게 보낼 수 있다.
출산=순산한다. 단, 초기에는 놀라는 일 등을 조심할 것.
건강=대개가 암계통이 많은 때다. 또 식중독, 소화불량, 타박상에 의한 내출혈, 심계항진, 히스테리, 상기증이 있다. 보통 가벼운 병은 속히 완치된다. 급변이 많은 때다.
분실물=대개, 외출했을 때에 분실한 것이 많고, 다시 찾는다는 것은 어려운 일이다. 만일 집안이라면 선반이나, 대문 근처를 찾아 보도록.
여행·이사=여행을 가서도 상용관계를 속히 처리하는 편이 좋을 것이다.
　이사는 순조롭게 안된다. 지장이 있다. 그러나, 일시적으로 이사하지 않을 수 없는 상태의 사람도 있다. 또 일터를 바꾸는 바람에 이전하는 사람도 있다. 집을 새로이 짓는 데에는 좋은 괘다. 또 신장개업에도 좋다.
소망=남에게 의지해서 소원이 성사되는 때다. 소원한 일에 전력을 다 집중하지 않으면 늦어진다. 기다리고 있는 일이 상대편에 지장이 생겨서 늦어지기 때문에, 이쪽에서 가는 편이 속히 매듭지어진다.
취직=샐러리(급료)의 다소에 마음을 쓰지 말고 우선 일터를 얻어야 한다.
입학=합격한다. 단 시험장에서 실수가 없도록 조심해야 한다.
소송·분쟁=냉정한 태도를 잃으면 실패하리라.
대인·음신=중도에 장애가 있다. 이쪽에서 가도 되는 일이면 가보는게 좋다.
가출인=동방, 서남간방 도시를 찾아보라. 쉽사리 돌아오지 않음.
증권·상품시세=올라가기는 하지만, 너무 지나쳐서 도로 떨어진다.
날씨=우뢰가 수반하는 비라고 본다. 겨울은 서리 또는 눈이 몹시 내린다. 추운 날씨다.

당일 시간의 운세	
시 각	운세괘
자·오시	4 4
축·미시	4 6
인·신시	4 7
묘·유시	8 8
진·술시	2 8
사·해시	3 8

〈변효일 때〉
초효…환락함. 오만해져서 마음 놓으면 위험, 흉.
2효…미리부터 대비함. 뜻이 돌처럼 단단해서 길.
3효…아첨해서 기뻐함. 영속되지 못한다.
4효…미리 근심한다. 협력자를 얻음. 길.
5효…미리 근심한다. 재난을 모면한다.
상효…환락에 빠진다. 회개해서 발전.

51 낮게 드리운 비구름 풍천소축(風天小畜)

□ 소축은 조금 쌓는, 조금 저장하는, 즉 저축이란 뜻이다. 일시적으로는 막힌 상태가 있어도, 모든 사물은, 때가 오면, 언젠가 해결될 수 있는 것이다. 마치 하늘에 머물어 있는 비나 구름도, 서쪽 하늘이 흐려지면, 곧 비로 변하여 땅을 축축하게 적실 수 있다고 하는 뜻이 된다.

괘상=소축괘는 조금 막아 둔다, 조금씩 저축한다, 기른다는 뜻이다. 마치 구름이 비를 배태하고 있으나 아직 비가 되지 못하고 있는 상태이다. 잠깐 막혀 있는 운세, 지금은 아직 당신은 만사가 때가 오지 않았다는 것을 스스로 깨닫고 기다려야 한다.

운세=소축은, 흐린 하늘을 보고 있는 것과 같은, 우울하고 개운치 않은 마음의 상태다. 갑자기 비가 한번 온다면, 마음이 상쾌하지만 내릴 듯 하면서도, 좀처럼 내리지 않는 때이다.

현재, 계획하고 있는 것은, 모두가, 자기의 마음대로 즉시 진행되지 않는 때문이다.

딴 의미로는 유치되어서, 좌절하기 쉬운 상태에 있다는 것을 생각해 보도록. 또한 이 일의 유망성에 대해선 그리 나쁜 것은 없으나, 내부에서 사정이 있기 때문에, 서둘러 빨리 하고자 해서는 결코 좋지 않다.

그러나 아주 나쁜 운수는 아니다. 자기의 희망이나 목적을 향해 꾸준히, 중단하는 일 없이 계속 노력하면서, 기다리고 있지 아니하면 효과가 없는 것이다.

사업=물질운도 충분하며, 현재의 일을 유지함에는 알맞다.

장사관계는 이윤이 생기는 때다. 그러나 사업확장이나, 새로운 것은, 당분간 중지하는 것이 좋을 것이다.

또 여러가지 의미에 있어서, 힘에 겨운 귀찮은 일이 생겨서, 자기 뜻대로 잘 안되는 때다. 항상 현상유지에 힘쓸 것.

교섭·거래=늦어지는 경향이 있는 때다. 대개, 눈앞의 가까운 일은 성취 안되고, 도리어 분쟁이 되기 쉬운 때다. 상대로부터 교섭으로 나올 때까지, 대기상태로 있는 편이 좋을 때다.

재수=평상시에는 조금도 부자유스러울 것이 없다. 노력가는 저축이 되는 때다.

연애=제자리 걸음을 하는 상태이어서 일은 진행이 안되고, 서로간의 기분은 우울하고 마음이 명랑하지 못한 때다. 상대방에서 이쪽으로 프로포즈해 올 경우, 도중에서 누구에게 제지되어 약속을 안 지키는 것과 같은 일이 있을 때다.

결혼=정식 혼인 이야기라면, 상대에게 까다로운 모친이나 친척이 있기 때문에, 성사되기 어려운 상태다.

◇ 성급한 마음을 억제해서 대기! 　　풍천소축(小畜) 51

출산＝유산기가 있으니 조심하라. 평소부터 모체 건강에 힘쓰라.
건강＝갑작스런 일 때문에 여러가지 병을 야기하는 때다. 매사가 뜻대로 되지 않기 때문에, 히스테리에 걸리기 쉽다. 욕구불만에서 온, 신경쇠약, 우울증, 혈액순환불순, 호흡기의 쇠약, 식도암, 식욕부진 등이며 오래갈수록 건강을 회복하기 어렵기 때문에, 우선 밥맛이 좋게끔 노력하도록. 냉수마찰을 하는 것도 좋다.
분실물＝물건 사이에 끼어 있든가, 다락이나, 창문 가까운 곳을 찾아보라. 또 여자가 제멋대로 바꾸어 놓고 있는 수도 있다.
여행·이사＝장사를 위한 여행은 상관 없다. 단, 여행간 곳에서 마음에 걸리는 찝찝한 분쟁을 일으키는 일이 없도록 하라.
　현재 사는 곳이 싫어도, 곧 이사할 가망은 없다. 당황하여 서둘러 이사하지 않는 편이 좋을 때다.
소망＝시간을 요하는 것이라면 성취된다. 당신에게 인내심만 있으면 결국 성취된다. 그러나 방심도 금물이다. 무리한 것이라면, 아예 포기하는 편이 좋다.
취직＝여성은, 식당이나, 요리집, 여관 등에 취직하면 좋을 것이다. 남성은 개인 상점, 임시 고용과 같은 것이라면, 이야기가 성립될 것이다. 신문의 구인난을 찾아 보도록.
입학＝아직도 실력이 부족하다. 힘을 써야 할 때다. 시골 학교를 지망해 보라.
소송·분쟁＝조금 정체된다. 그렇다고 조급하게 굴면 모든게 수포로 돌아간다.
대인·음신＝처소가 자주 바뀌어져서 제때에 되지 않는다.
가출인＝멀리 갔다. 찾기 어렵다.
증권·상품시세＝오를듯 하면서 움직이지 않고 있으나 앞으로 오를 것이다.
날씨＝날씨는 나쁘지 않으나, 뭔지 모르게 개운치 않는 날씨다. 좀 비가 내린다면, 뒤는 곧 밝고 맑은 날씨가 될 것이다.

당일 시간의 운세	
시 각	운세괘
자·오시	5 5
축·미시	5 3
인·신시	5 2
묘·유시	1 1
진·술시	7 1
사·해시	6 1

〈변효일 때〉
초효…나아가려는 마음을 억제 의로움을 따름.
2효…동지들과 제휴해서 강한 것을 제압하다.
3효…내부분열때문에 머무르게 된다.
4효…성의로써 일에 대처해서, 사건 해결됨.
5효…부자됨. 부를 독점않고 이웃과 더불어 번영
상효…빽빽한 구름 이미 비가 내림. 목적 달성하다.

5 2 알을 포근히 품은 어미새   풍택중부(風澤中孚)

□ 중부란 성심, 성의라는 뜻이다. 돈어란 돌고래를 말하는데 돌고래는 바람에 몹시 민감해서 바람의 방향을 향해 입을 벌리기 때문에 뱃사람들이 바람의 유무와 방향을 돌고래를 보고 알 수 있다 한다.

바람을 향하는 돌고래처럼 서로가 성의를 민감하게 느끼고 협력할 수 있다는 것이다.

괘상=「중부」는 성심, 믿음성의 뜻이다. 정직하고 근면한 사람에게는 대길한 괘다. 성의를 다하여 전진하면 큰일을 성취할 수 있을 것이다.

이 쪽에서 말을 걸어 가면 상대편에서 받아 들이는 형상. 판매하는 일, 교섭하는 일 따위는 길하다.

특히 협동사업에는 대길하다. 다만 어미새가 사랑으로 알을 품고 있는 상태이므로 매우 중요한 시기에 처해 있다. 잘못 경솔하게 굴거나 일관성이 없으면 실패하기 쉽다. 방심하지 말고 신중하게 행동하라.

운세=다른 의미로는 어미새가 알을 품고 새끼를 깐다는 뜻이 있다. 성의를 가지고 친화를 도모하기 때문에 상담과 공동업체 같은데는 특히 길점이다. 무슨 일이나 성심성의를 가지고 해나간다면 만사가 순조롭게 풀려나가는 괘다.

사업=성적이나 실적이상으로 선전하고 있을 때가 많다. 자기의 입장을 솔직히 밝히고 상대의 도움을 구하는 것이 좋다. 일시적으로는 부진하지만 자기 일에 성의를 가지면 반드시 호전된다.

교섭·거래=입으로 약속을 받거나 계약문서로서는 상당히 성과를 올리는 듯 하지만 실질적인 효과, 물질적인 이익은 충분히 얻어지지 못한다. 서로가 성의를 갖지 못하면 약속이나 계약이 수포로 돌아간다.

금전=돈에 대한 애착보다는 정신적인 면을 중요시할 때다.

연애=열렬한 연애를 한다. 서로가 마음이 일치해서 대담해진다. 약간 이성을 잃기가 쉬울 때이다.

결혼=서로가 열렬히 구함으로 쉽사리 진행된다. 결혼후도 행복하다. 자식을 못두는 수가 있다. 있어도 아들은 힘들다.

◇ 성심·성의면 순조롭다! 풍택 중부(中孚) 5 2

출산=순산. 딸. 아들일 때는 난산조짐. 산후조리를 잘할것.
건강=심장, 고열을 내는 병, 변비나 시력 감퇴에 주의할 것.
분실물=소지품을 많이 잃을 때이다. 오래 지나야 다시 수중에 돌아올 것.
여행·이사=사업 관계의 여행에서 계약이 맺어진다. 주말의 여행은 온천장 같은 곳이 좋다. 집을 판 경우에 이사를 하는 것은 좋으나 셋집의 이사는 좋지 않을 때이다.
소망=성심 성의를 가지고 구하는 일은 꼭 이루어진다.
취직=정직하게 자기의 입장을 밝히고 호소해 본다. 상대가 그것을 인정하면 반드시 채용된다. 처음부터 많은 급료를 기대치 않는 것이 호감을 갖게 한다.
입학=꼭 합격한다. 스스로 쌓은 실력이 성과다.
소송·분쟁=길게 끌다가 겨우 조정이 되긴 하지만 기대하던 만큼 이익이 없다.
대인·음신=이쪽에서 부르면 온다.
가출인=동남간을 찾아보라. 멀리 가려한다.
증권·상품시세=천천히 상향한다.
날씨=대개는 맑다. 때로는 바람이 불고 흐려지기도 한다. 여름은 몹시 더워서 가마솥 속에 있는듯 하다.

당일 시간의 운세	
시 각	운세괘
자·오시	5 6
축·미시	5 4
인·신시	5 1
묘·유시	1 2
진·술시	7 2
사·해시	6 2

〈변효일때〉
초효=성심으로 진행한다. 현상유지에 힘쓰라.
2효=동지들과 함께 나아간다. 이익도 고루분배.
3효=뜻밖의 재난을 만난다. 지리멸렬.
4효=종래의 나쁜 짝들과 이별함이 길.
5효=정성스러움이 넘쳐 사람들이 따른다.
상효=분수 밖의 일은 영속되지 못한다.

5 3 불씨 지키는 안주인   풍화가인(風火家人)

□ 가인이란, 가정의 사람을 말한다. 밖에서 일을 하거나 싸움에 지친 남성들을 따뜻한 마음으로 맞이하는 것이 가정인 것이다. 여자의 따뜻하고 밝은 마음씨는 가정의 평화를 위해 극히 중요하다.

괘상=가인괘는 가정을 상징한다. 일가가 합심하여 가운을 이끌어 가는 상태, 가정적이고 원만하지만 여성적이고 잔잔한 운세이다.

당신은 지금 평온무사한 것에 도리어 권태를 느끼어 현재가 불만하다고 생각한다. 무엇인가 한 가지 그럴 듯한 일을 해보고 싶어하는 경향에 있다. 그러나 무리하면 스스로 불운을 초래하리라. 조심하라.

착실히 본업을 지키면 행복이 오리라. 집에서 하는 일, 내면적인 일은 길하나 밖에서 하는 일은 불리하다. 남에게 의뢰하는 일, 협동하는 일도 길하다.

운세=가정의 주인이 가정의 따뜻함을 원하고 안식처를 바라게 되는 것은 현실의 차갑고 냉정한 사회의 비정 때문이다. 바로 사회란 생존경쟁의 싸움터이기 때문이다.

특히 이 괘는 가정이나 친척간에 깊은 연관이 있는 것이다. 그래서 가정안의 분쟁, 친척간의 다툼, 또는 애정 문제에 괴로움이 생기기 쉬울 때이다. 그러므로, 한 개인, 한 회사에서도 내부에 불의 따뜻함을 지녀야 한다는 것이다. 그러기 위해서는 무엇보다 경제상태가 안정되지 않고서는 불안이 떠나지 않을 것이다.

사업=가내업이기에 손을 대어서는 안된다. 샐러리맨은 장부의 정리를 서둘러야 할 때다.

교섭·거래=평상시는 원활하게 잘 되어 간다. 너무 큰 거나 어려운 교섭은 실제면에서의 효과를 기대하기 어렵다. 주문은 잘 되나 실수입을 올리는데 유의해야 할 것이다. 무턱대고 값싸게 주문을 맡지 말 것.

재수=당장의 용돈에는 궁함이 없으나 한번쯤 무리를 해서라도 신탁투자나 발전이 엿보이는 회사의 사채라도 사 두는 것이 이롭다.

연애=원만히 진행될 때다. 서로 마음이 맞을 때이다. 그러나 뜻하지 않은 강한 경쟁자가 나올지도 모르니 주의하도록.

결혼=가인의 글자처럼 무사히 성사된다. 신부를 맞이하는 집에서는 기쁨이 많을 때다. 가정내의 예의 범절이 엄격하지만 그로 인해 좋은 결과를 맺을 것이다.

결혼 후 삼각관계에까지는 이르지 않겠으나 주인을 돕고 물질적인 원조를 해줄 여성이 나타날 것이다.

◇ 작은 사건이 큰 사건을 일으킨다 !   풍화가인(家人) 5 3

출산=초기에는 과로로 인한 유산 위험 있다. 임산에는 순산.
건강=피로때문에 몸살이 잘 날 것이다. 정력 소모가 가장 심할 때다. 신장의 피로에서 오는 몸의 이상에 주의할 것. 몸을 따뜻이 하는 게 좋다.
분실물=집안에서 많이 생긴다. 찾으면 다시 찾을 수 있는 물건들이다.
여행·이사=가까운 곳의 여행은 바람을 쐴 정도로 괜찮겠으나 먼 여행은 피하고 가급적이면 집에서 휴양하는 것이 좋다.
소망=집안 일에 대한 것이라면 대개는 성취된다. 외부적인 일이라도 손위 여자가 힘이 되어주면 뜻이 이루어질 것이다.
취직=공연히 왔다갔다 하지만 결국 문서의 교섭에 의해서 결정이 될 것이다. 이력서에 좋은 경력이라도 써 놓으면 그것이 계기가 될 수 있다.
입학=투지가 약간 부족해 있는 듯 하다. 좀더 의견의 발표를 당당히 하고 잘못됨이 없도록 하는 연습이 필요할 때다.
소송·분쟁=조금 어수선하나 유리하게 전개되리라.
대인·음신=이쪽에서 서신을 내라. 금전문제는 여성을 사이에 넣으면 성공.
가출인=멀리 가려 한다. 남에서 동으로 향하고 있다.
증권·상품시세=한때 올라가지만 결국 하락한다.
날씨=살랑살랑 부는 미풍이다. 온화하다. 마음이 아늑해지는 날씨다.

당일 시간의 운세	
시 각	운세괘
자·오시	5 7
축·미시	5 1
인·신시	5 4
묘·유시	1 3
진·술시	7 3
사·해시	6 3

〈변효일 때〉
초효…집안을 엄하게 단속 지도한다. 길.
2효…주부는 한결같이 가사에 종사함이 길.
3효…가족에겐 관용과 엄격이 고르게 함을 얻다. 길.
4효…가업에 전념해서 부유해짐. 대길하다.
5효…작은 일이 큰 사건을 일으킨다. 요주의.
상효…성의로써 가사일을 돌보아 집안이 원만.

5 4 공익우선의 투자   풍뢰익(風雷益)

☰☷ □ 익은 이익의 더할 익을 말한다. 궁극을 타개하기 위해서는 모든 고난을 극복하고 적극적으로 행동하여야 한다. 거기에 비로소 즐거움이 얻어지고 물질적인 면이나 정신적인 면에 풍족한 활력이 넘치게 되는 것이다.

풍뇌, 즉 기회가 좋으면 돌진하는 것이 좋다는 뜻이다.

괘상=「익」은 보태다, 더하다의 뜻. 성운으로 향하는 것을 상징한다. 「익」은 윗 것을 덜어서 아래에 보태는 것이니 국가가 큰 토목공사를 하여 주민에게 이익을 주는 것과 같은 것이다. 지금 당장 이익이 나오거나 돈벌이가 되는 것은 아니지만 높은 차원에서 지금 남을 위하여 혜택을 베풀면 그것이 장차 몇 갑절의 큰 것으로 되돌아 올 것이다. 남을 도울 수 있는 때는 성운에 있는 때인 것이다. 적극적으로 일을 추진하면 남의 협력을 얻고 이익도 있을 것이다. 자기보다 아랫 사람, 자기보다 약한 위치의 사람을 도우는 일은 성의에서 하는 일이요, 남의 강요나 또는 갚음을 바라고 하는 마음은 아닌 것이다.

운세=익은 공익우선이란 말과 같이 먼저 여러 사람의 이익을 도모한 다음, 이어서 자기의 이익을 취하는 것이다.

특히 실업 방면에는 몹시 바쁠 때이고 샐러리맨은 지위의 승진, 승급, 그리고 농가에서는 풍년을 구가하는 기쁨이 넘칠 때이다.

운기는 기초가 튼튼해서 순조롭게 뻗어나간다. 특히 윗사람이나 선배의 뒷받침이 있어서 자기가 갖고 있는 능력 이상의 성적을 올릴 수 있게 된다. 가정에서도 원만한 상태가 유지된다.

사업=순조롭게 뻗어나갈 때다. 그러나 너무 지나치게 확장하였거나 늘어났을 때는 수습이 곤란해지지 않도록 조정해 두는 것이 좋다.

교섭·거래=모든 일이 순조롭다. 만사가 잘 된다. 재판이나 소송에 걸린 사건은 유리하게 판결이 난다. 이 괘가 나왔을 때는 이쪽에서 적극적으로 밀고 나갈 때이다.

재수=재운이 풍족할 때다. 표면에 두드러지게 나타나는 것 같지는 않으나 실수입면에서는 알 수 있을 때이다. 80프로 정도는 성공단계에 놓여 있는 것이다.

연애=의기가 화합해서 열도가 높이 오를 때다. 빨리 결혼에 이르도록 윗사람의 협조를 얻는 것이 좋다.

결혼=남성측에서 보나 여성측에서 보나, 다 좋은 연분을 지녔다. 주위 사람이 기뻐하고 결국 성대한 축하를 받는다. 그러나 너무 떠들썩하고 말이 많아지면 실패하는 혼담도 있다.

◇ 적극적으로 행동하라! 　　　　　풍뢰익(益)　**54**

출산=순산. 단, 임신초기에는 약간 소동이 생긴다.
건강=두가지 병이 병발하는 수가 많다. 한쪽이 나아도 다른 한쪽이 잘 치료 안된다. 급성이라면 곧 회복된다. 특히 간장, 신장, 시력, 수면부족에 주의하도록.
분실물=안에서 잃은 물건은 반드시 찾는다. 그러나 밖에서 없어진 물건은 사람이 갖고 사라졌다. 찾을 길이 없다.
여행·이사=여행은 상용(商用), 시찰이 많을 때이다. 공적인 일에는 너무 방심해서는 안된다. 뜻하지 않은 객고가 생기기 쉽다. 이사는 좋은 환경으로 옮기게 된다. 신축이나 개축, 증축에는 좋은 때이다.
소망=남의 조력을 얻거나 같이 협력하는데서 성취할 수 있다. 신용있는 동업자를 구하는 것도 좋다.
취직=바쁜 직장이 좋을 것이다. 움직임이 많은 직매소나 이동판매업 같은 직종이 좋다.
입학=제일 지망학교에 합격된다. 그밖에도 여러 곳에 합격을 하게 될 호운이다.
소송·분쟁=유리하다. 그러나 오래 끌면 불리, 웃사람의 의견을 들으라.
대인·음신=동행자가 있을지도 모른다. 기대에 어긋난다.
가출인=멀리 가지 못했다. 동남방을 찾아보라.
증권·상품시세=건축·토목 관계 주는 상승한다. 기타는 약간 부동하나 강세.
날씨=약간 바람이 부는 맑은 날씨. 여름은 번개가 치고 겨울이라면 바람이 센 날이다.

당일 시간의 운세	
시 각	운세괘
자·오시	5 8
축·미시	5 2
인·신시	5 3
묘·유시	1 4
진·술시	7 4
사·해시	6 4

〈변효일 때〉
초효…사업운 호조나, 영속성이 문제.
2효…적극적으로 나선다. 선배의 원조 있다.
3효…뜻밖의 재난을 극복하여 성공한다.
4효…공익사업에 종사, 발탁된다. 길하다.
5효…대중의 이익을 위함이 큰 뜻을 이룬다.
상효…사리사욕에 잡혀서 아래를 손해봄. 흉.

5 5 바람에 운반되는 씨앗　　　　손위풍(巽爲風)

☴　□ 손은 바람이다. 바람이 부드럽게 살랑 살랑 불어오는 모습이다. 그런고로 모든 것은 자기를 주체로 삼아 행동하는 것이 아니고 사물에 따라 비로서 그 입장을 얻는 것이다. 이럴때는 실력자의 명령에 따라서 자기의 힘을 발휘하고 또한 실력자는 자기의 명령을 부하에게 내려서 계통적으로 행동시켜야 하는 것이다.

괘상=손은 바람, 바람은 순종하는 성질. 어느 틈바구니로도 찾아 들어가는 성질. 부드럽고 유순한 성질이 있다. 찬스를 잡을 수 있는 형상이다.

지금은 자신이 적극적으로 행동하지 말고 웃사람, 어르신네, 선배의 지도에 따라 일을 진행시키면 시운에 편승하여 이익을 얻을 것이다. 장사에 좋은 괘나 판매 등은 교섭이 조금 오래 걸리겠다.

이 괘는 이리 불리고 저리 날리고, 가는가 하면 오는 형상으로 방황하는 모습이다. 어름어름하고 있다가는 진퇴를 결정짓지 못하는 일이 생길 염려가 있다.

운세=바람은 눈에 보이지 않는다. 초목이 흔들리는 것을 보고서야 바람이 부는 것을 알 수 있다. 또한 바람은 움직이면 멈추지 않기 때문에 이 괘가 나온 사람은 침착성을 잃고 진퇴에 망서리게 된다. 좋은 일이건 나쁜 일이건 이괘는 바람이 두개나 겹쳐 있는 상태다. 그래서 사건이 겹쳐서 일어나는 것이다. 장사를 하면 3배의 이익이 생긴다는 말이 있듯이 좋은 의미로서는 장사가 번창한다는 뜻이다.

나쁜 의미에서는 정신이 불안정할 때이다. 무슨 일에나 우유부단하기 쉬운 것이다.

사업=지금까지의 기반을 중요시하고 부분적인 개혁이나 확장은 이익이 있을 때이다. 또한 다른 사업에 투자를 해도 이익이 있을 때이다 그러나 신규사업을 독립해서 운영하는 것은 좋지 않다. 어디까지나 자기 기반위에서 행 할 일이다.

교섭·거래=신속하게 진행해야 한다. 오래 끌거나 지체하면 이루지 못한다. 최초의 계획이나 계산을 밀고 나갈것.

금전=자기의 익숙한 일에는 돈이 들어 올 때이다. 목표를 향해서 총력을 기울여 봄이 좋다.

연애=사업과 양립해서 원만하지 못할 때이다. 데이트 같은 약속도 어기기가 일수다. 상대가 이해하도록 노력하는 것이 좋다.

결혼=혼담이 들어와도 곧 결정하지 못하고 망서린다. 선배나 연상의 사람에게 상의하면 좋다.

◇ 바람부는데로 유연한 대응! 손위풍(巽) 55

출산=난산우려, 신 불에게 가호를 기원한다.
건강=유행성 감기나 간장병, 부인에겐 부인병등의 질환이 생기기 쉬울 때이다.
분실물=일용품이나 몸에 지닌 물건들은 의류 속이나 이불 속같은 곳에 숨겨져 있다. 밖에서 잃은 물건은「바람과 함께 사라지다」는 식으로 다시 찾을 길이 없다.
여행·이사=사업상의 여행은 이익이 있을 때이다. 수금이 잘 될 것이다. 너무 큰 집이 아니라면 이사를 가거나 이전을 해도 좋다. 집을 수리하는 일이 생길 것이다.
소망=적은 일은 쉽게 이루어진다. 큰 계획이나 결단을 요하는 일은 뚜렷한 방침이 서지않아 실행하지 못하게 된다.
취직=가능하면 손수 장사를 해 보거나 실질적인 판매관계에 종사해 보는 것이 좋다.
입학=자기의 희망교에 합격하기 위해 열중하지 못한다. 목적이 너무 많아서 힘이 약해져 있는 상태이다.
소송·분쟁=너무 강경 일변도는 일이 틀어진다.
대인·음신=서로 어긋나는 경향
가출인=늦어지면 멀리떠나 못 찾는다. 동남간방을 찾으라.
증권·상품시세=상·하로 부동하면서 보합상태.
날씨=좌우간 바람이 일 때이다. 태풍이나 호우가 내릴 때도 있으나 보통은 약간 흐린 날씨 정도다.

당일 시간의 운세	
시 각	운세괘
자·오시	51
축·미시	57
인·신시	56
묘·유시	15
진·술시	75
사·해시	65

〈변효일때〉
초효=우유부단으로 절도가 없다. 마음이 흔들린다.
2효=공손한 정도가 지나치나 나쁘지 않다.
3효=겉으로만 유순으로 여겨져서 풍파가 있다.
4효=사냥나가서 세가지를 잡다. 공을 세운다.
5효=재난을 당하나 끝은 길하다.
상효=겸손도 지나치면 권위를 잃는다.

5 6 바람에 휘날리는 물보라   풍수환(風水渙)

□ 환은 분산된다. 흩어진다는 뜻이다. 정체되어 있던 것이 자연으로 분산되어 기분의 전환을 꾀하는 것이다. 또한 그것은 나라와 집안이 분산되어 질서를 잃는다는 뜻도 있다. 그래서 옛날 천자는 스스로 선조에게 제를 지내고 백성의 흩어짐을 막았다고 했다.

괘상=「환」은 봄바람이 얼음을 녹여 버리는 뜻이다. 지금까지의 곤란이 해소되고 점차로 희망이 다가 오는 것을 보인다. 지금까지의 악운이 당신에게서 사라지는 길조이다.

이 괘는 해운 또는 항해의 기상이 있어서 주위에 해외무역 유학문제 등이 일어날 수 있다. 이것은 희망의 출항으로서 당신에게는 절호의 찬스인 것이다. 이 괘는 흩어지다, 산란하다는 뜻도 있는 것이므로 돈은 들어오긴 하지만 나가는 것이 많다. 매일 다망한 일에 쫓기게 되므로 침착하고 조심하는 마음이 아니면 물건을 잃어버리고, 약속을 어기고 신용을 잃기 쉽다.

운세=이 괘는 마음 속에 있던 근심이나 괴로움에서 해방될 때이다. 또 적은 일에서 큰 일로 옮겨가기가 가장 좋을 때이다. 또한 지금까지의 불운을 만회할 수 있는 좋은 기회이다. 그리고 새로운 것을 향해 노력하면 성과를 크게 얻을 수 있을 때인 것이다.

사업=기울어진 사업을 적극적으로 만회하기 위해 크게 분발할 때이다. 문제는 자금이 아니고 인사의 협력과 공동체가 필요하다.

교섭·거래=지금까지의 관계를 일소하고 새로운 교섭을 시작해 볼것. 먼저 충분한 정보를 얻은 다음에 대비하는 것이 성공의 열쇠가 된다.

금전=들어와도 곧 나간다. 유효적절하게 자금 지출을 해야한다. 가령 주문품이 있다면 완성후에 댓가를 지불할 것.

연애=젊은 사람들은 아직 친구로서 부끄러움 없이 지내는 사이다. 정말 연애단계에 들어선 것은 아니다.

그러나 중년의 남성은 바람날 때이다. 마음은 집에 붙어있지 않고 허공에 들떠 있을 때이다. 경제적인 여유가 생기자 젊은 여자와의 애욕에 빠지기 쉬울 때이다.

결혼=혼담이 있으나 잘 되지 않는다. 그러나 혼담은 생각지도 않던 사람과 별안간 결혼하게 되는 일이 있다.

◇ 현상타개에 노력하면 애로가 흩어진다!　　풍수환(渙)　56

출산=임산에는 순산. 조기에는 유산 우려있으니 조심! 둘째면 아들.
건강=성적인 질병이 많을 때이다. 또는 치질, 출산후의 출혈과다, 혹은 월경과다 등에 조심할 것.
분실물=잃은 물건은 이미 멀리 가 있다. 다시 손에 들어오기는 힘들다. 그런데 오래전에 잃어서 잊고 있던 물건이 돌아오는 수가 있다.
여행·이사=여행은 의외로 먼곳까지 가게 된다. 또한 주거지는 변동이 생길 때임으로 이사해서 기분을 돌리는 것이 좋다. 괴로움도 그로인해 사라진다.
소망=오랫동안 생각해 오던 것이 희망을 나타내기 시작한다. 눈앞에 것은 자연히 등한시하게 된다. 현실과 희망의 갈등을 느낀다.
취직=전부터 같이 일하던 사람을 찾아 부탁하는 것이 좋다. 또한 친지를 통해 부탁하면 수월하게 해결될 때이다.
입학=공립학교를 지망하는 것이 좋다. 법률계통이 이로울 것이다.
소송·분쟁=손위, 선배한테 일임하는 것이 상책이다.
대인·음신=예전보다 늦어진다. 조금 지나서 희소식을 가지고 온다.
가출인=속히 탐색하라. 동남간 방 아니면 해외로 갔다.
증권·상품시세=고가를 붙여놓고 반락한다.
날씨=바람을 일으키며 비가 온다. 그러나 비가 온다면 곧 개인 때가 가까워 온 것이다. 봄에는 습기를 품은 난풍이 분다.

당일 시간의 운세	
시 각	운세괘
자·오시	52
축·미시	58
인·신시	55
묘·유시	16
진·술시	76
사·해시	66

〈변효일때〉
초효=인심이 흩어짐. 유력인사의 구원 있다.
2효=인심이 흩어짐. 지원자를 믿으라.
3효=인심이 흩어짐. 남을 위해 진력하라.
4효=파벌해소 대동단결로 호전된다.
5효=인심이 흩어짐. 명령해서 규합한다.
상효=혈로를 뚫어 도망간다.

57 날아 오르는 물새 　　　　풍산점(風山漸)

☴
☶
　　□ 점이란 천천히 나아가는 것이다. 여자가 순서를 밟아서 정식 결혼을 하는 뜻이다. 기러기가 물가에서 바위로, 바위에서 육지로 나무위로 산위로 그리고 높은 구름속으로 날아가는 모습을 나타내고 있다. 인간도 모든 일에 순서를 밟아서 장래의 방침을 세울 때이다.

괘상=「점」은 전진을 뜻하는 길운의 괘다. 순서를 따라 점차로 전진할 것을 가르치고 있다. 입신출세의 기상, 승진도 멀지 않다. 하나의 지위를 얻으면 이것을 토대로 하여 다시 전진하라. 그러나 한걸음 한걸음 경솔함이 없도록 조심하라.

　정식결혼에는 길하다. 좋은 인연이다. 중매를 세워 순서를 밟아 추진하면 평화로운 가정을 가질 수 있을 것이다.

　가까운 장래에 해외에의 진출을 위한 일과 인연이 생긴다. 항공·항해 여행의 징조도 보인다.

　적은 것을 쌓아 큰 것을 성취하는 상태, 시간이 걸리더라도 차근차근 착실히 나아가면 앞길에 성공이 기다리고 있다.

운세=점이란 산위에 나무가 착실히 자라는 것을 가르키는 괘다. 묘목을 심고 그것이 자라서 큰 나무가 되어 산을 푸르게 덮어가는 「점차적인 발전」을 말하고 있다. 지금까지 불우했던 사람은 여기서 새로운 면을 향해서 제일보를 내딛을 수 있게 되는 것이다. 이제부터 기초가 잡혀가는 과정임으로 무모한 전진은 삼가야 할 때다.

사업=서서히 발전으로 향해가는 때임으로 꾸준한 노력을 계속할 것. 내부를 지키는 사람에게서 책임자를 찾아야 한다. 사업면에서는 자금의 보충과 부하의 보충을 서둘러야 빨리 뻗어나갈 수 있게 된다.

교섭·거래=모든 순서와 절차를 밟으면서 적극적으로 행동해야 유리하다. 상대도 이쪽에 이로운 편으로 끌려오게 된다.

금전=현재 자금상태에 만족스럽지 못하나 곧 풀어질 것이다. 갖고 있는 물품이 값이 올라 예상외의 매상금이 생긴다.

연애=축복받을 연애다. 곧 양가의 허락을 얻어 결혼으로 나아가는 것이 좋다. 데이트도 순조롭다. 여자가 연상이라도 결혼후 원만해진다.

결혼=정식 수속을 밟는 결혼에는 아주 좋은 괘다. 특히 시집가는 여자는 길하다. 남자는 좋은 배필을 얻을 수 있다.

◇ 순서・차례대로 나아가라! 풍산점(漸) 5 7

출산=임산에는 순산. 잉태여부는 잉태이다.
건강=소화기계통이 쇠약해 진다. 특히 변비에 조심하도록. 노인과 병자에게는 이 괘가 좋지 않다.
분실물=없어진 물건은 선반이나 다락속에서 찾아보라. 그러나 좀체로 찾기는 힘들 것이다.
여행・이사=사업상의 여행, 회사의 출장이 있을 때다. 주말에는 가족과 온천장에라도 가는 것이 좋다. 괴롭지만 이사는 당분간 때가 올 때까지 하지 않는 것이 좋다.
소망=지금까지 생각해 오던 일이 점차로 그 윤곽을 드러낸다. 그러나 만족스럽게 진전되지는 않는다. 조용히 기다리는 자세를 가지고 있어야 한다.
취직=부탁해 두기만 해도 자연히 결정이 날때이다. 현재의 직업보다는 한 계단 더 나아가게 되고 신용이 붙을 때이다. 계약을 분명히 해두는 것이 좋다.
입학=자기 실력 이상의 학교라도 노력을 계속하면 꼭 목적을 성취할 수 있게 된다.
소송・분쟁=오래 끄는 것이 유리하다. 서둘지 말라.
대인・음신=늦더라도 온다.
가출인=동남간 방이나 동북간방에 있다. 배나 비행기로 떠났다.
증권・상품시세=싼 값으로 보합상태.
날씨=흐린 가운데 바람이 분다. 가랑비가 약간 내릴 것이다. 비가 온 후에는 바람이 불고 맑아진다.

당일 시간의 운세	
시 각	운세괘
자・오시	5 3
축・미시	5 5
인・신시	5 8
묘・유시	1 7
진・술시	7 7
사・해시	6 7

〈변효일때〉
초효=점진한다. 일가족이 즐겁게 나아간다.
2효=바위로 나간다. 단짝패를 따라 간다.
3효=뭍에 오른다. 단짝을 잃어서 흉.
4효=나무로 오른다. 안정된 장소를 얻는다.
5효=산으로 오른다. 앞이 열린다.
상효=구름 속으로 날아간다. 길 흉으로 바뀐다.

58　땅 위에 부는 큰 바람　　풍지관(風地觀)

　　　□「관」은 정관, 관찰이라는 의미가 있다. 위로부터 아래로 내려다 본다고 하는 것이다. 또 아래 쪽에선, 웃사람을 존경하는 마음으로 위로 쳐다보는 것을 말한다. 우리가 교회에서 마음과 몸을 제단에 바쳐서 하느님께 기도하지만, 자기가 그렇게 한다고 해서, 남에게 자기와 같이 하라고 강요할 필요는 없다. 오직 자기만이 진심으로 행하면 족한 것이다.

괘상＝땅 위에 큰 바람이 부는 형상. 생각지 않은 일에 고생하는 상태를 보이고 있다.

　분규문제에 말려 들어 고생하는 일이 있을지 모르나, 만사를 정직하고 성의있게 처리하면 뜻밖의 원조를 얻을 수 있으리라.

　관은 자세히 본다는 뜻이다. 세상의 동태와 인심의 동향을 잘 관찰하여 주위에 부화뇌동하지 말고 성의로 선처하면 당신의 지위는 확립하리라. 또 이 괘는 위에서 가르치고 아래서 복종하는 모습을 보이고 있으므로 교육자, 또는 지도적 지위에 있는 이에게는 길운의 괘다.

운세＝관은 정신적인 문제를 취급하는 일에는 좋은 점이다. 특히 종교, 학문, 연구 등에는, 진보 발전이 있으며, 대단히 좋다고 본다. 그러나 관념적이라는 말은 좀 굳은 의미가 있기 때문에, 될 수 있는 한 융통성을 가지고, 남의 좋은 의견을 받아들이도록 해야 한다. 그리고 관에는 큰 산이라는 의미가 있기 때문에, 남으로부터 부럽게 여김을 받는 입장에 서 있는 사람은, 그것을 오래 유지하도록 마음을 쓰지 않으면, 근간 변화의 전조가 보이기 시작하는 때다. 언제나 좋은 자리는 오래 가지 않으니 조심하도록. 권불 십년이란 말은 이런데서 오는 듯하다.

사업＝빠르다는 느낌은 있으나 모두 다 스톱, 제동을 걸어야 할 때다. 새 계획이나, 세 사업의 착수는, 절대로 금해야 한다. 상대가 이야기를 가지고 와도, 명확한 내용의 것은 아니다.

교섭·거래＝앞으로 나갈 때가 아니다. 또 이쪽이 적극적으로 나가지 못하는 사정이 있을 때다.

　학문이나 종교 등에 종사하고 있는 사람은, 남한테 존경을 받기 때문에 특별히 몸을 삼가해서 행동하지 않으면 안된다.

재수＝욕망으로부터 자기를 멀리하여 조용한 일상 생활을 할 때다. 그러나 적당한 수입은 있다.

연애＝당사자끼리는 정신면에서나 육체면에서도 지극히 사이가 좋을 것이다. 오직 현재의 연애를 결혼에까지 이끌어 간다고 할 때, 양쪽 가정의 간섭이 있다든지, 일과 가정이 양립하지 못하는 것과 같은 점이 보이는 듯 하다.

◇ 물질면은 흉, 정신면은 길! 　　　　　풍지관(觀) 　58

결혼＝당사자끼리는 잘 되어 가지만, 주위의 사정때문에, 결말을 보기에는 힘이 상당히 들 것이다.
출산＝난산 우려가 있다. 애기가 너무 큰 경우 절개수술한다.
건강＝정력감퇴, 혈행불순, 어깨가 쑤심, 등이 아프다. 호흡을 못하는 아픔이 있다. 식욕부진, 설사, 중환자에겐 위험기로 들어가는 때다.
분실물＝집안에서 잃은 물건이라든지, 큰 물건이라면 찾아 낸다. 작은 것이라면 이미 밖에서 누군가가 가져가 버렸다.
여행·이사＝돈이 들지 않는 여행, 또는 등산, 캠프나, 정신적인 견학 여행 등에는 좋은 때다.
　절대로 이사하지 않는 편이 좋다. 그러나, 사람에 따라선 숙명적으로 이사의 움직임이 있는 사람도 있다.
소망＝고상한 취미, 연구, 정신적인 것이라면 성취하기 쉬울 때다.
　기다린 사람이 오기는 했으나, 가지고 온 이야기가 보잘 것 없는 것이 많을 때다.
취직＝보통 경우에는, 지금까지 해온 일을 잘 보존하는 편이 좋은 때다. 학교의 선생이나, 종교가 등에는 좋은 괘다.
입학＝대학에 입학할 수 있을 때다. 될 수 있는 한 일류교를 목표삼아 응시하도록. 그러나, 안전을 위해 2개 이상은 시험을 쳐 봐야 한다.
소송·분쟁＝급히 굴면 불리하다. 상대편에게 말려드는 상태.
대인·음신＝여성의 방해가 있어서 생각 중에 있다.
가출인＝동남방에 멀리 갔다.
증권·상품시세＝보합상태였다가 급강 하락.
날씨＝대체적으로 날씨는 좋고 하늘은 개어 있다. 바람이 좀 불고 있으며, 곳에 따라선 비가 조금 내리는 정도의 날씨일 것이다.

당일 시간의 운세	
시 각	운세괘
자·오시	5 4
축·미시	5 6
인·신시	5 7
묘·유시	1 8
진·술시	7 8
사·해시	6 8

〈변효일 때〉
초효…단순하게 보지 말라. 본질을 보라.
2효…시야가 좁으면 신용을 잃는다.
3효…마음을 본다. 반성해서 행동한다.
4효…나라의 영광을 본다. 진력을 다하라.
5효…환경은 더욱 악화. 공정히 나가라.
상효…군자의 길을 걸어서 평화를 얻는다.

6 1 나룻배를 기다리는 사람 수천수(水天需)

□「수」는 풍부히 기다린다고 하는 뜻이다. 실력이 충분히 차 있고 어떤 곤란한 사태라도 돌파해 가는 때를 말한다. 그리고 자기가 갖고 있는 진심(眞心)이 밖으로 나타날 만큼 강력한 것이라면 어떤 어려운 대사업에도, 성공하리라는 것은 틀림이 없는 것이다.

괘상=「수」는 기다린다, 대기한다는 뜻이다. 인간은 때가 오기를 기다리며 은인자중해야 할 경우가 있다. 이제 당신은 그러한 시기에 있다. 위험한 강물 앞에서 심신이 강건하면서 신중한 태도로 자중하고 있는 상태이다. 충분한 실력을 갖고 있다. 그 실력을 발휘할 찬스를 기다리고 있는 것이다.

운세=운수는, 자기의 희망이나 목적을 지키고 힘을 충실하게 길러서 대기하고 있는 모습이다.

보통 운수로 말하면 싫어도 기다리고 있지 않으면 안되는 때이다. 예컨대, 오늘 일이라면 5시간 뒤, 눈앞의 일일 때에는 5일, 또 좀 길게 잡았을 때에는 5개월 정도가, 희망이 달성되는 때에 해당된다. 그러나 이 괘는, 생활에 불안감이 없이 기다리는 상태이기 때문에, 초조하지 말고 당황하지 말고 풍요성이 갖추어지게 되면 대성할 때이다.

또「수」는 음식에 관계가 있는 괘이다. 풍족이란 것은 술을 마시고, 연회에서 즐거움을 맛본다고 하는 의미가 있기 때문에 크게 영기를 키우기에도 좋은 때이다.

사업=당신의 계획, 사업의 장래성은 대단히 유망하다. 그러나 현재, 주위의 사정으로 봐서 잠시동안은 관망하고 있는 것이 상책이다.

현재는 지반을 튼튼히 만들어 가면서 기다리고 있도록.

교섭・거래=지금 당장 진행되지는 못한다. 상대의 마음이 의혹심을 가지고 있고, 또 좋은 기분으로 받아들이는 마음의 여유가 없는 때이다. 또 때로는 상대에게 책략이 있을 때이므로 경계를 게을리 하지 말도록. 이런 때에는 초조하지 말고 조용하게 때를 기다리고 있으면 효과를 기대할 수 있을 것이다. 바쁘게 서둘면 분쟁, 소송이 될 가능성도 있을 때다.

재수=일상생활에는 아무 불편도 없다. 기다리고만 있으면, 수입의 길은 서서히 커 간다.

연애=서로가, 곧 결혼하지 못하는 불우한 상태에 있는 괘다. 4년이고, 5년이고, 고생을 함께 할 각오를 가진 분에게는 좋을 것이다. 생활과 사업이라고 하는 의미가 강하기 때문에, 우선 그쪽에서부터 안정시키는 것이 중요하다.

결혼=좋지 못하다. 이쪽에서 속히 성사시키고자 생각하더라도, 상태가 관심이 없고 다른 곳에 목적이 있다든지, 일이나 입장만을 생각하고 있

◇ 참고 기다려서 목적 달성 !   수천수(需) 61

는 때다. 그래서 이럴 때에는, 당신도, 또다른 혼인처를 생각해 보는 편이 좋을 것이다.
출산=다소 지체된다. 태아가 너무 커지기 쉬우니 건강에 주의하라.
건강=복막염, 간장경화, 알콜 중독, 변비, 소화불량, 고혈압, 복부에 물이 생기는 병, 임질, 각혈 등이 생기기 쉽다.
분실물=쉽게 안나온다. 집안 물건은 시간이 흐르면 찾을 수도 있다. 연회, 파티 등에서 분실한 물건이라면 주위 사람중의 누군가 잘 알고 있는 경우도 있을 것이다.
여행·이사=여행은, 상용이라면, 지금 가도 목적은 달성 안된다. 놀러 가는 여행도, 날짜를 늦추는 편이 즐거운 여행이 된다. 빨리 가면, 비를 맞거나 서로 만나지 못하는 수가 생긴다.
　이사는, 시기가 와서, 우연히 적합한 집이 발견될 때까지 기다리는 것
소망=조급히 해결하고 싶어하는 것은 달성이 안된다. 긴 시간을 통해서 공을 쌓아 올린 것이라면 달성될 것이다. 그러나 이 괘의 경우, 기다리고 있으면 좋을 줄 알지만 당장 마음이 조급해지는 때이기 때문에, 자중하지 않으면 곤란속에 빠져 들어가 헤어나지 못한 염려가 있다.
취직=마음을 여유있게 가지고 서서히 운동하는 것이 상책인 때다. 회사 내부에서, 다른 일에 자리를 옮기고 싶은 의향을 갖게 되는 때라도, 덤비지 말고, 가만히 대기하고 있는 것이 좋다.
입학=단기간의 노력으로 실력이 생긴다면, 정식으로 응시해 볼 수도 있으나 대개는 보결 등을 생각해야 할 때다.
소송·분쟁=뱃심좋게 버티라.
대인·음신=장애가 있어서 늦어진다.
가출인=곤궁에 빠져 있다. 찾아주기를 기다린다. 서북간방, 북쪽을.
증권·상품시세=약세.
날씨=구름이 있으니 비가 내리는 날씨처럼 느끼지만, 좀처럼 내리지 않는다. 곳에 따라선 부분적으로 잠깐 비가 내리는 정도다.

당일 시간의 운세	
시 각	운세괘
자·오시	6 5
축·미시	6 3
인·신시	6 2
묘·유시	2 1
진·술시	8 1
사·해시	5 1

〈변효일 때〉
초효…시골에 물러가서 때오기를 기다리자.
2효…다소간 위험을 무릅쓰고 기다림. 길.
3효…위험 속에서 친구를 위해서 기다림.
4효…죽을 것 같은 생각 속에서 기다림.
5효…유유자적하며 기다림. 대길하다.
상효…위험이 닥침. 뜻밖의 원조가 있다.

6 2 물이 가득찬 연못   수택절(水澤節)

　　□ 절은 절도를 의미한다. 갈대가 마디마디 뻗어가고 있는 현상이다. 우리들은 일상 생활에서 절도, 절제를 지키는 것이 중요한 것이다. 나가는 것을 제지하는 것이 생활안정에 필요하다는 것이다. 그러나 절은 너무 고집하는 것이다. 이로운 것이 아니다. 절제가 지나침으로서 뒤떨어지고 병든다는 것은 오히려 자신을 줄이는 결과가 된다. 예를 들면 강의 물도 오래 머물러 있으면 썩는 법이다.

괘상=「절」은 절제, 절도를 지켜 멈출 때 멈추고 자연에 역행함이 없이 천천히 전진하는 것을 길한 것으로 한다.

　여우가 흙탕물을 걸어가고 있는 형상으로 일이 뜻대로 되지 않고 또 유혹이 많을 때다. 몸가짐을 조심 조심해야 한다. 함부로 움직이다간 발이 수렁에 빠져 뜻밖의 재난을 당한다.

　절약에 유의해야 할 때다. 그러나 인색하게 되어서는 안된다.

　즐거움과 괴로움이 교대로 오는 때, 즐거움이 있다고 하여 함부로 우쭐거리지 말라. 역전할 우려가 있다.

운세=우선 모든 일에 절제를 지킬 때이다. 일단 나아가게 되면 일이 원만치 못하고 자주 고장이나 좌절을 일으키는 것이다. 즉 과음하거나 과식하거나 지나친 일로 인해 피로를 느끼고 쓸어지기 쉬운 때인 것이다. 대인관계에서도 도를 지나친 친절은 오히려 자신을 약하게 만든다. 즉 스스로 무덤을 파는 결과를 초래하는 것이다.

사업=적은 사업은 꼼꼼히 하는 가운데 이익을 착실히 얻지만 큰 사업에 서뿔리 뛰어들지 말아야 한다. 참새가 황새 걸음을 하다가 가랑이가 찢어지는 격이 된다.

교섭·거래=지나친 욕심으로 대하면 상대의 반발을 사게된다. 수동적인 태도로 상대의 조건을 검토해 볼 것.

금전=필요없는 지출이 많기 때문에 절약해야 할 때이다. 지니고 있는 현금을 쓰지말 것.

연애=상당히 진전해 있다. 이미 선을 넘고 있다고 봐야한다. 좀체로 헤어지지 못하고 오래 계속되는 사이다.

결혼=정식적인 결혼에는 좋은 인연이다. 결혼후에도 좋은 부부가 된다. 퍽 아기자기한 생활을 할 것이다.

◇ 절조, 절제를 지켜서 순조! 　　　　수택절(節) **62**

출산=늦어질 조짐. 잉태중 부부생활 절재를 요함.
건강=과음과 식사의 불규칙 때문에 몸이 상하기 쉽다. 위하수나 늑막염에 주의할 것.
분실물=곧 찾아낼 수는 없다. 그러나 잃은 물건은 대개 본래 있던 곳의 밑이나 물건 틈에 끼여 있는 수가 있다.
여행·이사=여행은 할 수 없는 상태이다. 가능하면 삼가는 것이 안전하다. 주거지는 현재, 있는 곳에 그대로 머물어 있는 것이 좋다. 무리하게 찾아본들 좋은 곳이 나타나지 않는다.
소망=아직도 시기를 기다리는 것이 좋다. 그러나 작은 일에는 열심히 노력을 기울여 볼 때이다.
취직=곧 해결되지는 않는다. 지금 가진 직장이 있으면 그것으로 당분간은 만족하는 것이 좋다.
입학=목적한 학교에 가기 위해서는 아직도 노력이 부족하다. 계속 힘쓸 것. 반드시 합격하리라.
소송·분쟁=사이에 사람을 넣으므로 실패. 이쪽이 정당해도 지금은 불리하다.
대인·음신=매우 늦어진다.
가출인=속히 탐색할것. 북쪽 또는 남쪽 물가.
증권·상품시세=약세 보합.
날씨=오랜 비가 내린다. 강이 넘친다. 겨울은 몹시 춥다.

당일 시간의 운세	
시 각	운세괘
자·오시	6 6
축·미시	6 4
인·신시	6 1
묘·유시	2 2
진·술시	8 2
사·해시	5 2

〈변효일때〉
초효=시절을 고려해서 신중히. 재난이 다가옴.
2효=움직여야 할 때 움직이지 않아서 괴로워한다.
3효=의지박약으로 절제를 잃는다.
4효=절도를 지켜서 기쁨이 있다.
5효=절도에 구애받지 말라. 임기응변.
상효=절도를 지나치게 관철하다. 꽉 막힌다.

63 이미 공명을 이룬사람 수화기제(水火旣濟)

☐ 기제란 이미 이루어졌다. 모두가 이루어졌다는 의미다. 모두 이루어진 후의 정리, 정돈의 때이기 때문에 일상의 적은 일에는 좋은 것이다. 즉 지금의 현상을 잘 지켜서 유지해 나가는 것이 중요한 것이다.

괘상=「기제」는 이미 성취하였다는 뜻이다. 성취한 것을 그 상태로 유지하는 데 힘쓰고 있는 시기를 표현한다.

모든 것이 흐뭇하고 만족한 상태에 있다. 이러한 가득찬 상태는 오래 지속하기 어렵다. 그러므로 운기는, 처음은 매우 성운이지만 뒤에는 쇠퇴하고 어지러워지기 쉽다. 마음의 평정과 자세의 균형을 유지하기에 크게 힘써야 한다. 현상유지는 전진보다 더욱 힘드는 일, 교만하거나 해이하는 일이 없어야 행운을 유지할 수 있다. 새로 일에 착수하거나, 이상 더 큰 성공에 욕심을 부리면 크게 전락할 위험이 있다. 현재의 일을 그대로 한결같이 계속하라.

운세=음과 양이 잘 조화되어 있어서 바른 위치를 갖고 완성된 모양을 갖고 있다. 세상일은 끊임없이 순환하고 있기 때문에 좋은 일만 늘 계속한다고는 할 수 없다. 그래서 현상을 유지하는 것이 큰 어려움인 것이다. 그런탓으로 위엄있는 대사업은 삼가해야 한다. 처음에는 호조를 띄우는 듯 하지만 영속성이 없는 것이다.

사업=협동 사업이 좋지만 각자가 자기 주장을 내세워 분열되지 않도록 항상 주의해야 한다. 확장할 때는 아니다. 현상 유지에 힘쓸 것.

교섭·거래=처음은 순조롭지만 나중에는 실패하는 경향이 많다. 싸움하면 끝까지 화근이 된다.

금전=일단 안정하고 있는 상태이다. 눈앞의 적은 돈은 조촐히 들어올 때이다.

연애=연애라기 보다는 이미 부부와 같은 사이로 발전되어 있다.

결혼=부부가 각자의 입장에 잘 있는 괘이기 때문에 아주 원만하게 나아가지만 서로가 상대를 존경하지 않으면 유종의 미를 맺기가 힘들 것이다.

◇ 현상유지에 노력을 기울이라!　　수화기제(旣濟)　63

출산=순산. 산후 조리에 힘쓰라.
건강=고질화된 병이 많고 낫기가 힘들다. 표면상으로는 대단치 않게 보여도 주의하지 않으면 안될 상태이다. 과도한 정사로 생긴 병은 절제하기 힘든 상태로 악화되어 간다.
분실물=집안의 것은 찾는다. 밖에서 잃은 물건은 단념해야 한다.
여행·이사=가까운 여행은 무방하다. 특히 데이트 같은 것은 즐거움이 많을 때이다. 장거리 여행은 피로와 병의 재발을 가져오기 쉬우니 주의하도록.
소망=일시적인 것은 성취된다. 앞으로의 계획이나 설계를 확고히 할 때이다.
취직=현재 하는 일에 만족하고 전업(轉業)하지말 것. 곧 운이 풀린다.
입학=윗 사람의 권고에 따르면 확실하다.
소송·분쟁=종국에 가서 희망이 있다. 절대로 덤비지 말아야 한다.
대인·음신=온다. 이쪽이 기다리고 있는 반대의 대답으로 나타난다.
가출인=찾지 못한다. 멀리 떠나려함. 북쪽이나 남쪽을 찾아보라.
날씨=개었다, 흐렸다하면서 늦게 비가 올 것이다. 그러나 비올때 밖을 나가면 곧 개인다. 또한 활짝 개였다가도 갑자기 흐리며 비가 온다.

당일 시간의 운세	
시 각	운세괘
자·오시	67
축·미시	61
인·신시	64
묘·유시	23
진·술시	83
사·해시	53

〈변효일때〉
초효=이미 이루었다. 더 나아가면 재난에 봉착.
2효=사건이 일어나더라도 묵살. 때를 기다릴것.
3효=이미 성취됨. 모험을 하면 문란해 진다.
4효=이미 성사됨. 마음을 놓으면 분쟁이 생긴다.
5효=검소 질박함이 좋다. 오만 불손은 금물.
상효=지나치면 작은 일이 큰일로 번진다.

6 4 눈덮힌 땅밑의 새싹 수뢰준(水雷屯)

☵☳ □「준」은 정체하는 것이다. 고민 속에서 몸부림친다고 하는 의미다. 겨울철의 대지속에서 풀의 새싹이 봄을 기다리고 있는 모습이다. 이런 때에는, 무조건 앞으로 나가지 말고 때가 오는 것을 기다리고, 실력자를 믿고 그 협력을 구해야, 비로소 행동을 개시할 수 있는 것이다.

괘상=「준」은 정체한다, 고민한다는 뜻. 초목의 새싹이 굳은 지표를 뚫지 못하고 있는 상태이다. 속에는 젊음이 넘치는 생명력을 가지면서도 아직 충분히 발휘할 수 없는 상태이다. 인간에 비하면 고민이 많은 청년기이며, 사업으로 치면 곤난이 산적해 있는 창업기라고 할 것이다.

운세=준은, 인간의 세계에서 그 예를 찾는다면, 아버지와 어머니와의 애정에 의해, 장남이 태어난 기쁨과, 지금부터 성장하는 아이를 바라보고 있는 양친의 걱정이나 고민을 의미하고 있다.

물체가 성장하는 과정의 곤난성을 말하는 것이다.

그런고로, 이 괘가 당장 좋다고 하는 판단을 내릴 수는 없다. 큰 희망이나 목적이 있으나 아직 시운이 성숙되지 않기 때문에, 상담의 상대나, 협력자들과 함께, 행동으로 옮아가는 시기를 기다리고 있을 때이다. 만일, 당신이 혼자서 행동하고자 한다면, 도저히 효과를 거두어 들이지 못한다. 혼자 단독으로는, 손이 모자라서 일을 처리 못하는 상태이기 때문이다. 반대로 당신에게 힘이 있어서, 사람으로부터 부탁을 받는 일이 있다면, 서슴없이 받아서, 크게 협력해 준다면, 뒤에 가서 자기도 행운을 얻게 된다.

사업=다사다난한 때이다. 그래서 인내와 노력이 필요하다. 그러나 그렇다고 용기를 상실해선 안된다.

교섭·거래=뜻대로 원만하게 일이 되지 않는다. 상대방에게 책략이 있든가 혹은 상대방 자체가 내부적으로 곤란한 문제를 가지고 있는 때이다. 어떻든지간에 좋은 효과는 얻지 못하는 때이기 때문에, 자중하여 신중히 행동해야 한다. 또 상대방이 이야기를 갖고 온다고 하더라도 그다지 희망을 가질 수 없는 때이다.

재수=일상생활에선, 이만하면 부족이 없는 정도라 할 수 있다. 또, 당신이 투자한 출자금(出資金)을 회수하지 못해 난처해지는 일도 생기는 때이다.

연애=서로 입장을 달리하는 연애가 많고, 곧 결합되는 상태는 아니다. 지금 형편은, 어떻게 하면 좋을지 생각에 잠기어 있는 상태다. 사랑을 끝맺기 위해서 앞으로 나가자니 생활문제가 가로막는 때이다.

결혼=이쪽에서 자진해서 적극적으로 나갈 만큼 좋은 상대는 아니다. 일

◇ 새로운 것을 낳기 위한 고생!　　수뢰준(屯)　**6 4**

이 생각대로 잘 진행되지 않는 것이어서 단념해 버리는 편이 좋을 때다.
출산=난산기가 있다. 미리 대비하라. 생남운.
건강=각기, 심장장해, 구토, 월경불순, 소화불량, 가슴앓이 등이 생긴다. 대체적으로 몹시 차가워지는 때가 많기 때문에 보온에 조심하도록.
분실물=좀처럼 발견하기가 어려울 것이다. 왜냐하면 집안에 있는 물건도 찾기 어려운 때이니까. 햇빛이 드는 밝은 쪽에서 찾아보면 간혹 찾을 수 있을 것이다. 또 이미 남의 손에 넘어간 경우도 많다.
여행·이사=여행은 하지 않는 편이 좋을 때이다. 간 곳에서, 재미없는 일이 생긴다.
　이전은, 지금 당장 하지 못하는 상태에 놓여 있다. 이사를 간다 하더라도 좋은 일은 생기지 않는다.
소망=처음에는 곤란하다. 참을성을 필요로 하게 된다. 물론 한 사람의 힘으로선 달성이 힘들다. 협력자를 구해 보도록.
취직=현재로선 무리하고 가망이 없다. 연줄이 있으면 그줄을 타서, 선배에게 운동을 부탁하는 것이 좋을 것이다.
입학=지망하는 학교에는 합격되기 힘들다. 당신의 반년동안의 공부 여하에 따라, 가능성이 생길 것이라 하겠다. 그때 다시 점을 쳐 보도록.
소송·분쟁=급속히는 해결되지 않는다. 대리인을 세우는 것이 좋다.
대인·음신=방해가 있어서 늦어서야 온다.
가출인=근처에 친구와 함께 은신하고 있다.
증권·상품시세=보합. 4일 또는 4주 뒤에 약간 상향할 듯.
날씨=흐린 후 바람이 불며 맑아진다. 곳에 따라 비 또는 안개가 깊게 낄 것이다.

당일 시간의 운세	
시　각	운세괘
자·오시	6 8
축·미시	6 2
인·신시	6 3
묘·유시	2 4
진·술시	8 4
사·해시	5 4

〈변효일 때〉
초효…가는 데에 곤란을 겪는다. 인간관계를 개선하라.
2효…가는 데에 곤란을 겪는다. 현상을 유지할 것.
3효…너무 깊게 쫓아가면 실패한다.
4효…가는 데에 곤란을 겪는다. 목적을 따라서 나가라.
5효…가는 데에 곤란을 겪어 되돌아 온다. 무리하지 말라.
상효…가는 데에 곤란을 겪는다. 피로할 뿐 아무 이득도 없음.

6 5 맑은 물이 솟는 우물　　　수풍정(水風井)

　　□ 정은 우물을 말한다. 물은 일상생활에 불가결한 것이다. 사람이 주거를 옮겨도 파놓은 우물은 다른 사람이 사용하도록 그냥 두고 간다. 우물 물은 아무리 퍼 내어도 같은 수위다. 그런데 두레박이 깨지거나 줄이 끊어지면 그 우물은 하등 소용없게 된다. 무슨 일이든지 중도에 끝나서는 안된다. 끝까지 해내는 꾸준함이 있어야 한다.

괘상=「정」은 우물. 우물은 두레박처럼 올라 갔다. 내려 갔다 하는 형상이다. 가득한 맑은 물도 두레박이 없으면 퍼 올릴 수 없다. 두레박이 있어도 퍼 올리려는 의욕과 노력 없이는 될 수 없다.

　　우물은 사람의 일상생활에 없어서는 안될 소중한 것이다. 이것을 퍼 올리려는 의욕과 노력을 가지라. 우물은 퍼 낼수록 새로운 물이 솟아 오르는 것. 자신의 목만 추기려는 것이 아니고 남에게도 봉사해야 한다는 일을 잊어서는 안된다. 남의 위에 있는 사람은 부하의 노고를 위로하고 그 목마름을 풀어 줄 것을 잊어서는 안된다.

운세=우물에서 물을 길어 올리는 패이기 때문에 걱정이 많고 마음을 놓을 수 없는 상태라고 할 수 있다. 항상 불안하고 내부에는 혼란이 일어나는 뒤숭숭한 때이다. 그러나 처음에는 곤란하지만, 우물 물은 밑이 혼탁해도 위로 뜨게되면 맑아져서 마시기에 적합하다는 뜻이니 후에는 점차로 양호해지는 상태라고 할 수 있다.

사업=자기 본래의 일을 계속할 때이다. 중도에 멈추지 말고 꾸준히 밀고 나갈것. 대개는 목적과 계획이 분명치 않아서 망서리는 것이다. 너무 급하게 이윤을 보려고 서둘기 때문이다. 내부적으로 결손은 많을 때이다.

교섭·거래=이쪽에서 성의와 투지를 안보이는 탓으로 저쪽도 미지끈한 상태다. 그렇다고 급히 서둘러 봤자 성사되지 못한다. 그래도 여러번 만나는 가운데 합일점을 찾는다.

금전=바라고 있는 돈은 융통되지 못한다. 반면 지출은 많다. 유흥이나 음식 접대비 같은데 낭비가 많을 것이다.

연애=현재 진행되고 있는 연애는 애로가 많아도 좀체 헤어지지 못한다. 세상의 비난을 받는 연애라도 본인들의 정신적인 결합이 이루어지면 뚫고 나갈것.

결혼=순조롭지 못하다. 주위 사람의 방해가 많을 때이다. 일단 혼사가 맺어져도 후에 트집이 따른다. 이럴 때는 스스로 경계하고 파탄에 이르지 않도록 노력해야 한다.

◇ 노력을 되풀이 해야 보람있다! 수풍정(井) 65

출산=난산의 우려가 있다.
건강=좀체 회복되지 않는다. 일시 경과가 좋다해도 재발하는 수가 많다. 병의 근원을 찾기가 곤란하다. 간장에 조심하도록 해라. 과음을 피할 것.
분실물=깊은 곳에 감추어져 있다. 금시 발견되지 않아도 우연히 나타나게 된다. 강가에서 물건을 잃기 쉬우니 주의하라.
여행・이사=여행하지 않는 것이 좋다. 현재 주거지가 불편해도 그냥 머물러 있는 편이 낳다. 이동이 나쁠 때다.
소망=급격하게 이루어지지 않는다. 힘이 쇠약한 상태이기 때문에 큰 목적은 무리하다. 지금 믿고 의지하는 사람도 힘이 쇠약해 있어서 도움을 주지 못한다. 그러나 장기적인 것이라면 그런 사람들로 인해 의욕이 북돋아지게 될 것이다.
취직=곧 되지않는다. 그러나 기회가 닥칠 것이다.
입학=조금 무리한 상태에 있다. 실력이 부족하면서 일류학교에 지망을 했으니 낙방을 면하지 못할 것이다.
소송・분쟁=될듯 말듯 시원스런 해결이 나지 않는다. 끈기 있게 행동하라.
대인・음신=사정이 있어서 못 온다.
가출인=집나가서 고생이 막심. 물로 투신할 염려있다.
증권・상품시세=오르락 내리락 부동하다가 하향한다.
날씨=바람을 동반한 비가 내린다. 궂은 날씨.

당일 시간의 운세	
시 각	운세괘
자・오시	61
축・미시	67
인・신시	66
묘・유시	25
진・술시	85
사・해시	55

〈변효일때〉
초효=돌보지 않은 우물. 기다린지 오래다.
2효=두레박이 망가져서 쓸 수가 없다.
3효=우물을 쳤다. 아무도 마시지 않는다.
4효=우물을 잘 가꾼다. 비용이 너무 많이 들었다.
5효=맑고 시원한 물을 마신다. 길.
상효=모든 사람이 윤택을 받는다.

66 한 고비 넘기자 앞에 또 난관　감위수(坎爲水)

☵☵　□「감」은 고민, 곤란, 고생 속에 있어서도, 자기의 신념을 변하지 않고, 오직 진심과 충실·성의의 길을 관철하면, 반드시 정성(誠)이 이루어진다고 하는 말이다. 현재는 남들에게 알려지지 않더라도, 당신의 정도(正道)는, 언젠가는 남이 알아주는 날이 올 것이다.

괘상=「감」은 물이 겹쳐 있다는 뜻. 위험과 고난이 겹쳐 있음을 상징하는 괘다. 매우 곤란한 일과 재해가 중첩하는 때.

　자신의 운세가 침체하는 시기임을 깨닫고 만사에 고요히 지키는 태도로 조심성 있게 처신하여 재난의 확대를 막음이 좋다. 조급한 마음으로 몸부림치면 더욱 수렁처럼 빠져 들어가리라. 때 오기를 기다리라.

운세=감은, 진실일로라 하는 의미가 있다. 사람이 고통 속에 있을 경우에 자기를 떠받드는 것은, 자기의 마음, 성심성의, 정성일로의 강인성 이외에는 아무 것도 없다. 환경이 불우할 때, 또 물질에 부자유할 때, 재난을 당하였을 때에는, 잘못하면, 인간이 인간다운 마음을 상실하기 쉬운 때다.

　이 감위수는 진퇴양난에 빠져, 모든 고통이 일시에 밀어닥친 때라고 생각해 보도록. 그러니 이러한 때에는, 굳굳한 신념과 용기가 절대 필요하다.

　이 괘의 경우, 종교나 학문과 같은 정신면에 마음을 돌린다면, 난관을 극복한다.

　나쁜 의미로선 사기, 폭주에 빠지며, 건강을 해치기 쉽고, 애정과 정신을 빼앗겨 일에 집중하지 못하는 상태다.

　또 자기 계획이 있어도, 실행하지 못하며 재미가 없는데다가, 주위로부터 오해를 받기 쉬운 때다. 또 법적인 관계 및 경찰문제가 일어나기 쉬운 때다.

사업=절대로 적극책은 취하지 말아야 할 때다. 또 이러한 때일수록 계약은 속아 넘어 가기 마련이다. 또 남의 보증인이 되는 것도 삼가야 한다. 하여튼 싸움으로 변하기 쉬운 때다.

교섭·거래=모두 가망이 없다. 소송이나 재판문제에 휩쓸린다.

　그러나 일의 성질에 따라선, 이면공작으로 공격해 가면, 상대의 급소를 잡아서 오히려 성공하는 경우도 있다. 그러기 위해서는, 이쪽의 실력과 성의를 명확하게 보이는 것이 중요하다.

재수=부자유하다. 이 이상의 지출을 하지 말아야 한다.

연애=서로가 애정에 빠져버리고 있는 때다. 남성은 특히 물장사 관계의 여성에 너무 깊은 관계를 맺고 있어서, 금전면에서 곤란을 면치 못하고

◇ 제몸을 돌보지 않고 열심히 힘쓰라! 　　감위수(坎)　**66**

있는 때이며, 횡령 등의 걱정도 있을 때다.
결혼＝좋은 괘는 아니다. 정략적인 결혼이 있는 때다. 육체관계를 떠난 노인의 결혼에는 좋다.
출산＝쌍둥이를 출산하거나, 유산될 우려가 있다. 절개수술을 하기도.
건강＝신경쇠약, 신장결석, 정사가 원인이 된 병, 식중독 및 설사, 식은 땀, 빈혈, 각혈 등이다. 귀앓이, 자궁병 및 월경불순, 주독 등이 발생하기 쉬운 때다.
분실물＝도난이 많은 때다. 이 경우, 범인은 2인조로 올 것이고 혼자로는 오지 않는다. 또 잃은 물건은, 쉽사리 발견하기 어렵다. 찾아낼 수 있다면, 상당히 시간이 흐른 뒤라야 가능한 일이다.
여행·이사＝여행해선 안된다. 간다면 재난을 당할 것이다. 집은 이사하더라도, 또 다시 이사하지 않으면 안되게끔 되어 있다. 한 집에 소유자가 두사람이 되는 경우도 있다.
소망＝자기 혼자만 알고 있고, 행동도 하지 말고, 남에게도 말하지 않는 것이 좋다. 남에게 표시하면 소원성취가 안되니까.
취직＝안된다. 무리를 하면 취직 사기꾼을 만나서 손해를 본다. 또 유령회사가 많은 때다. 취직한다고 속임수에 넘어가지 않도록!
입학＝무리한 짓이다. 가망이 없다.
소송·분쟁＝피차간 모두 손해 본다. 오래 걸린다.
대인·음신＝방해가 있어서 오지 않는다.
가출인＝수렁에 빠진 모양. 찾지 못한다.
증권·상품시세＝폭락세.
날씨＝비가 오는 날씨다. 우기에 이 괘가 나오면 큰 비, 장마라고 봐도 좋다.
　이 경우 특히 수난 수해를 당한게 된다.

당일 시간의 운세	
시 각	운세괘
자·오시	6 2
축·미시	6 8
인·신시	6 5
묘·유시	2 6
진·술시	8 6
사·해시	5 6

〈변효일 때〉
초효…고난 속에서 고생한다. 때 오기를 기다려라.
2효…고난 속에서 탈출을 꾀하여 서광이 비친다.
3효…가도 고난, 와도 고난. 휴식을 취하라.
4효…위험이 닥쳐 온다. 해결이 곤란.
5효…위험 속에서 잠깐 쉬고. 전투 준비.
상효…감옥 속에 갇히다. 도망칠 길이 없다. 흉.

6 7 산악등반에 진눈개비   수산건(水山蹇)

☵☶ □ 건은 추위로 인하여 발이 오므라드는 것을 말한다. 또한 앉은뱅이나 절름발이를 말한다. 앞에 괴로움이 놓여 있는 때다. 즉 마음대로 진행이 안된다는 뜻이다. 서남쪽의 평지는 안전하지만 동북쪽의 험난한 산악지대는 위험과 곤란을 의미한다. 그러므로 모든 위험을 피해 안전한 방향을 선택하고 실력있는 사람의 협조를 얻어 행동을 해야 하는 것이다.

괘상=「건」은 험난하다, 다리를 절다는 뜻이다. 아주 딱한 곤란속에 빠져 앞으로 나아가지도 뒤로 물러서지도 못하는 상태를 의미한다. 지금 당신은 몸을 움직일 수 없다. 움직이면 움직일수록 수렁으로 빠져 들어갈 뿐이다.

지금 당신은 매우 불운 속에 있다. 사람의 힘으로는 타개할 수 없는 난관에 가로막혀 있음을 깨닫고 오직 참고 견디면서 고요히 제자리를 지켜 불운을 최소한도에 그치게 하라.

남의 감언이설에 속아 간계에 빠지는 일, 주택의 난제, 도난 등에 주의하라.

운세=건은 「험난함을 보고 머물러 있는 것은 지혜로운 일이니라 」는 말이 있듯이, 모험적인 행동이나 무모한 용기는 억제해야 한다는 의미를 갖고 있다. 운세가 막힌 상태다. 또한 발이 제대로 움직여지지 않기 때문에 보행이 곤란한 상태다. 신체가 부자유할 때 자기를 유지하는 것은 이성과 지력(智力) 뿐이다. 자기의 운세를 깨닫고 신중한 처신을 기해야 한다.

사업=금시 타개해 보려고 서둘면 서둘수록 실패가 더 커진다. 내부의 인사를 잘 처리해야 한다. 적재적소를 찾아 사람을 써야 한다. 그리고 자금의 조달이 중요할 때다. 융자의 길을 터 보는 것이 좋다.

교섭・거래=거래나 상담은 일시 중단할 때다. 때를 기다리고 몸을 지킬 것, 특히 소송이나 재판은 절대적으로 중지하는 것이 좋다. 아무리 유리한 상태라도 패소한다.

재수=현금은 구해지지 않는다. 꾸준히 기다리는 것이 좋다. 이자돈을 함부로 꾸어 쓰거나 해서는 안된다. 담보가 차압될 염려가 있기 때문이다.

연애=삼각관계, 심지어는 오각관계로까지 이성문제가 복잡해지는 때다. 물러나는 상태로 태도를 소극적으로 지녀야 한다. 여난을 피해야 한다.

결혼=물론 혼사가 이루어지지 않는다. 상대를 고르는데 몹시 애를 먹는 때다. 마음이 있는 상대는 곧 응해 오지 않고 시일을 끈다.

◇ 위험이 가득하다. 꾹 참아라!   수산건(蹇)   **6 7**

출산=난산 우려, 애기가 약하기 쉽다.
건강=소화기 계통의 질환에 의한 발열이 많다. 신경통 류마치스가 많이 생긴다. 특히 혈압이 높은 사람은 반신불수의 뜻이 있는 괘이기 때문에 혈압을 자주 재 보는 것이 좋다.
분실물=물건 틈에 끼어 있는 수가 많다. 또는 다락 속이나 광 속에 두고 찾지 못하는 수가 있다.
여행·이사=여행은 중지하는 것이 좋다. 발을 삐거나 다치는 수가 있다. 혹은 궂은 비를 맞거나 배탈을 일으킬 염려가 있다.
   이사나 이전을 해야 할 처지이지만 여건이 맞지 않아 곧 옮기지 못하는 상태에 놓여 있다.
소망=무리해서는 안될 때다. 자기 능력을 반성하는 기회다.
취직=일반적으로 들어가기 쉬운 상사나 공장 같은 곳이 좋다. 너무 지능 방면에 나가는 것은 무리하다. 여름에서 가을 사이가 좋은 때다. 특히 여성이 소개하는 자리는 좋다.
입학=곧 실생활에 도움이 될 학업을 택하는 것이 좋다. 일류 학교에는 실력이 부족하고 운세가 트여 있지 못하다.
소송·분쟁=진전되지 않는다. 서로 만나서 화해함이 좋다.
대인·음신=상대쪽에 어떤 딱한 사정이 생겨 당분간 오지 않는다.
가출인=찾지 못한다. 산속에서 헤맨다.
증권·상품시세=오르다가 다시 하락세.
날씨=보통은 구름이 낀 날씨고 곧 비가 올 것이다. 그러나 올듯 하면서 좀체로 내리지는 않는다.

당일 시간의 운세	
시 각	운세괘
자·오시	6 3
축·미시	6 5
인·신시	6 8
묘·유시	2 7
진·술시	8 7
사·해시	5 7

〈변효일 때〉
초효…가기 괴롭다. 물러서서 때를 기다린다.
2효…임금을 위해 고생한다. 허물이 없다.
3효…가지 않고 머무르면 벗을 얻어서 길하다.
4효…물러서서 동지들과 협력해서 맞서라.
5효…크게 조난당하나 구조대가 온다. 길.
상효…머물러서 방어전. 공적을 올린다.

6 8   메아리치는 모내기 농요   수지비(水地比)

☷☵ 　□「비」는 친하다의 의미를 가진다. 사람과 친하게 되는 것은 좋은 일이다. 그러나 구별없이 누구에게도 친해서 좋다고 하는 것은 아니다. 늘 옳은 길을 밟아 가고 있는 사람을 선출하는 것이 중요하다. 좋은 사람이 있다고 생각한다면, 고립하지 말고, 빨리 찾아 가서 교분을 두텁게 해두는 것이 중요하다.

괘상=「수지비」는 인화를 상징하는 괘. 지도자의 주변에 많은 사람들이 그를 추모하여 모여 드는 형상을 나타내고 있다. 바른 신념을 지니고 친화하며 겸허한 마음과 관대한 도량으로 남에게 대하면 처음에는 약간의 우여곡절이 있으나 곧 많은 사람의 협력을 얻어 대사업을 완성할 수 있을 것이다.

운세=「비」는 사람과 친하게 된다는 뜻이 있기 때문에, 선배는 선배답게, 동료, 우인에겐 우인답게, 대접하고 자기의 입장을 잘 분별하여 교제를 구하는 것이 긴요한 때다. 이 괘가 나올 때는 사람도 많이 모이며, 한 목적을 향하여 경쟁도 심할 때이기 때문에, 조금이라도 남들보다 빨리, 믿을 수 있는 사람에게 가서 그 협력을 구해야 한다.

　의지할 사람을 얻게 되는 시기다. 또 반대로, 상대의 사람을 이쪽에서 구해주는 일도 있을 때다.

　무엇이든지, 좋은 일에 대해서는 기선을 제압하여 행동할 수 있는 기력을 키워 두는 일이 중요하다.

사업=당신이 원하고 있는 것처럼 주위의 사람들도 그 사업에 주목하고 있을 때다. 좋은 지도자를 얻으면, 사업을 발전시키기 때문에 목전의 이윤이 적다 하더라도, 어쨌든 행동으로 옮겨야 할 것이다.

교섭·거래=세상은 경쟁과 알력이 심한 탓으로 만사에 있어서 남이 손을 쓰기 전에 먼저 빨리 행동으로 나가면 일이 성사되고, 거래가 이루어질 수 있다.

　지방까지 교섭을 위해 갈 필요가 생기는 때다. 그런 경우에 그곳에서, 그 지방의 실력자에게 소개받는 편이 일을 성사시키는데 효과가 있다.

재수=준비하고 있는 돈은 많지 않아도, 출자해 주는 사람이 발견되는 때다. 사업이나 일에 있어서도 노력한 만큼의 효과가 생기는 때다.

연애=여러 사람의 상대가 생기기 쉬운 때다. 너무 상대가 많기 때문에 이리저리 마음이 엇갈리어 누가 좋을까 하며 망설이는 형편에 있다.

　남성을 점칠 때, 그 주위에는 너무나 여성이 많아, 여자들에 의하여 포위되어 있는 느낌이다. 여난을 조심하도록.

결혼=사람들로부터 혼인 이야기가 많을 때지만, 당신 자신의 마음이 결정을 보지 못했다든지, 선택에 있어서 다소 시간이 필요할 것이다.

◇ 평화유지에 노력하라! 　　　　　수지비(比) 　**68**

출산＝보통은 순산. 때로 꺼꾸로인 경우가 있으니 진단을 받으라.
건강＝만성적인 병이 많을 때다. 보통 늑막염, 가슴앓이, 소화기의 쇠약 등이다. 늑막에는 물이 생기는 때가 많고, 오래 걸리는 편이다. 중병인은 좀 주의를 요하는 때이다. 이 경우 기력을 충실하게 하는 일이 필요하다.
분실물＝집안에선, 다락이나 컴컴한 곳에 있기 쉬운데, 쉽사리 찾아내기 어렵다. 또, 자기도 모르는 사이에 도둑을 만나 없어지는 수도 있다.
　길가에서 떨어뜨린 것은, 저절로 되돌아 오는 일도 있다. 근처의 파출소에 가 보도록.
여행·이사＝여행은, 피크닉 정도, 또는 단체적으로 돈 안드는 가벼운 여행이라면 무방할 것이다. 골프 등도 즐겁게 할 때이다.
　이사해 보고 싶어 하는 일은 있어도, 주거는 현재 그대로 당분간 있는 편이 좋을 것이다. 그러나, 시골에 땅을 사는 일이나, 친척집에 방을 빌리는 일 정도라면 상관 없다.
소망＝생각 이외의 일이 성취된다. 그러나 자기 혼자로는 뜻대로 되지 않는다. 성공시키기 위해서는, 꼭 남의 힘을 빌려서 하지 않으면 안될 때다.
취직＝경쟁자가 많은 때지만, 당신에게 특기가 있다든가, 안면이 있는 사람의 소개가 있다든가 하는 일이 있으면 취직이 된다.
입학＝경쟁자는 있어도, 당신의 실력 정도라면 입학의 가능성이 있다. 자신을 가지도록.
소송·분쟁＝친구의 힘을 빌리면 잘 될 수 있다.
대인·음신＝기별이 온다.
가출인＝속히 찾으면 찾는다. 북쪽 물가 근처.
증권·상품시세＝약세 보합후 하락.
날씨＝적시는듯 조금씩 비가 내리는 날씨. 또는 어둠침침한 날씨.

당일 시간의 운세	
시 각	운세괘
자·오시	64
축·미시	66
인·신시	67
묘·유시	28
진·술시	88
사·해시	58

〈변효일 때〉
초효…끝판에 가서 예상밖의 길함이 있다.
2효…친하기 어렵다. 성실만이 무기이다.
3효…나쁜 친구들에 둘러싸여 고통받음.
4효…훌륭한 지도자를 모시도록 합시다.
5효…관대한 마음으로 남과 접해서 길.
상효…객관적 상태 악화. 몰락 필지. 흉.

71 곡식이 가득찬 창고 　　산천대축(山天大畜)

☷☰　□「대축」은 크게 모은다는 것이다. 단지 모으게 할 뿐만 아니라, 옳게 지도를 받고 실력을 양성하여, 그 지식·인덕 및 물질면이 풍부해진 후, 비로소 세상에 나가서 소용이 되는 대사를 치루고, 큰 성공을 거두게 된다는 것이다.

괘상=「대축」은 크게 축적한다, 크게 기른다는 뜻. 풍년에 수확한 곡식이 창고에 가득 쌓여 있음과 같은, 저수지에 봇물이 가득 차 있음과 같은, 산에 나무와 풀이 무성하고 풍부하게 길러져 있음과 같은 그러한 상태를 상징하는 대길한 괘다.

운세=「대축은 때」라고 하는 말이 있다. 이것을 물건으로서 예를 삼는다면, 일시적으로 응급수단으로 만들어진 것이 아니라, 오랜 시간을 소비한 후 훌륭하게 만들어진 물건과 같다. 실력면에서 말하자면, 시간을 많이 들여서 충실하게 하는, 또한 금전면에선 긴 시간을 요한 후에 큰 저축이 되었다고 하는 것이다. 예컨대 이 괘는 금광에서 채굴한 광석을 제련하여 금화로서 크게 저축할 때까지의 노력의 과정을 생각한다면 좋을 것이다. 장해도 있고, 난관도 없지는 않으나, 모든 일에 끈기와 노력만 있으면, 착착 호조로 향하여 가는 때다.

그리고 작은 일보다도 규모가 큰 것에 뜻을 두고 노력하는 편이 좋을 것이다.

또 착실한 일터, 관청관계 등은 특히 장래에의 발전이 약속되어 있다.

사업=단숨에 돈벌이를 꿈꾸어선 안된다. 한걸음 한걸음 기반을 굳게 다듬어 가면서, 비로소 성대하게 공을 쌓아가는 것이다. 이재방면에서도, 대단히 좋은 때다.

교섭·거래=웃사람의 원조를 받을 가망이 있을 때다. 큰 일과 씨름을 할 때인 것이다. 상대가 거만하고, 잘 응하지 않는다 하더라도, 적극적으로 나가면, 좋은 결과를 보는 때니까 절대로 후퇴는 있을 수 없다. 그러나 너무 급격한 행동과 무리하게 밀고 나가는 일은 피하는 것이 좋다. 적극성은 필요하나, 과격한 행동은 피하도록!

재수=부자유한 일은 없다. 실력 여하에 따라 수입은 불어만 간다. 또 큰 돈을 만지는 때다.

연애=서로가 성실한, 장래성이 있는 연애다. 그러나, 서로간에 복잡한 가정 문제가 있기 때문에 오랜 시간을 끌기 쉬운 일이니, 양식 있는 선배, 웃사람에 상의를 하여, 결혼할 수 있도록 협력을 부탁하는 것이 상책이다.

결혼=좋은 연분이다. 이 괘는 결혼한 뒤, 오래 오래 계속한다.

◇ 적극적으로 행동개시! 　　　　　산천대축(大畜) 71

출산=예정보다 늦어진다. 애기가 보통보다 큰 경우가 있으나 순산.
건강=소화불량으로 가슴이 막힌 상태다. 또 복막, 변비, 두통, 신경과로 등이다.
　사람에 따라선, 부스럼이 생기지만, 속히 수술을 하는 것이 좋을 것이다.
분실물=대체적으로 집안에서 잃은 것이다. 큰 물건 아래에 들어가 있든지, 양복장 속이라든지, 큰 책상의 서랍 등을 찾아보도록.
여행·이사=회사 등의 여행에는 좋을 것이다.
　여러가지 걱정이나, 재미가 없어도 현재의 장소에 그대로 머물러 있는 편이 좋을 때다. 자기 마음에 맞는 장소가 손쉽게 발견되지 않는 때다.
소망=처음은 곤란하게 보이더라도, 서서히 희망이 달성된다. 몇번이고 수단, 방법을 바꾸어 가면서, 최후까지 노력하는 것이 중요하다는 것이다.
취직=좋은 괘다. 안정감이 있는 직장이 얻어지는 때다. 될 수 있는 한 큰 회사, 착실한 직장을 목표 삼아야 한다.
입학=고등학교, 대학의 입학에는 좋은 괘다. 일류교를 목표삼아 응시하라.
소송·분쟁=상대방이 말을 걸어와서 성립된다. 시일이 오래 걸릴 전망이다.
대인·음신=매우 늦어진다. 그러나 기다리면 좋은 결과가 있다.
가출인=찾겠다. 서북간에서 동북간방에 있다.
증권·상품시세=보합상태. 곧 오른다. 장기전이 유리하다.
날씨=흐린 날씨이어서 무더울 것이다. 비는 여간해서 내리지 않는다.

당일 시간의 운세	
시 각	운세괘
자·오시	7 5
축·미시	7 3
인·신시	7 2
묘·유시	3 1
진·술시	5 1
사·해시	8 1

〈변효일 때〉
초효…창고의 쌀에 좀이 생김. 재앙을 피하도록.
2효…실력이 충만하다. 겉만 보고 넘어가지 말라.
3효…실력이 충만하다. 손해보고 득을 취하라.
4효…실력이 충만하다. 쳐부시고 나아가서 대길.
5효…운이 쇠퇴하다. 경거망동을 피하도록.
상효…세력의 증대. 하늘의 혜택을 얻어서 안태.

7 2 호수에 비친 산   산택손(山澤損)

☶☱ □「손」은 손득의 손인 것이다. 그러나 손실의 손은 아니다. 단순한 손해가 아니고 그 손해로서 이를 얻는 것을 말한다. 남을 위해 자기의 무엇인가를 덜어주고 자기도 만족을 느끼며 상대를 기쁘게 하는 것이 손의 참뜻인 것이다. 또한 별다른 이익도 없이 자기의 신념을 위해 자기를 희생하는 것이 이 괘의 뜻이다. 즉 잃음으로서 즐거움을 얻는 것이다.

괘상=「손」은 손실을 의미한다. 그러나 그것이 뒤에 더 큰 이익을 가져오는 것을 상징한다. 뒤가 길한 괘다.

당신이 상대자를 즐겁게 봉사해 줌으로써 장래에 그것이 몇배로 되어 되돌아 오는 것을 가르치고 있다. 이 손은 단순한 손실은 아니다. 손하여 익을 얻는 손인 것이다.

또한 조상이나 신 앞에 제사드릴 때 성의만 있으면 형식에 구애받지 않고 검소하게 행해도 좋다는 것을 이 괘는 말하고 있다.

운세=「잃고 얻는다」는 말과 같이 물질적으로는 손해를 보더라도 그 행위에 의해서 상대를 기쁘게 하고 사람에게 덕을 베풀게 된다. 그런데 남을 위해 손해를 본 것은 후에 반드시 자기의 이익으로 돌아오는 것이다. 가령 친하고 가까운 사람에게 자금은 대주어 사업을 하게 하였다면 일시적인 물질적 손해는 입을지라도 자금을 얻어 쓴 사람은 반드시 그 은혜에 보답하여 후에 큰 이익을 주게 되는 것이다. 눈 앞의 이익을 버리고 먼 장래를 얻는 것은 극히 현명한 사람의 처사다.

사업=신규사업이라도 너무 서둘지만 않으면 성공할 수 있기 때문에 투자를 해도 좋다. 또한 현재 적자를 면치 못하는 사업이라도 장래에 유망성이 있기 때문에 도중에 포기해 버려서는 안된다. 공든 탑이 무너지는 격이다.

교섭・거래=당장 눈앞에서나 표면적으로 손해가 날듯 하지만 다음을 생각해서 계약을 맺는 편이 좋다. 또한 금시 이룩되지는 않지만 꾸준히 노력해 가노라면 생각한 바가 성취될 것이다.

재수=남의 빚은 없지만 지출이 많을 때이니 조심해야 한다. 후에 다시 수금된다.

연애=서로 사랑하기 때문에 잘 진전된다. 어느 선을 넘은 깊은 사이다. 결국 결혼 직전에 놓여 있다.

결혼=좋은 연분이다. 시어머니는 좋은 며느리를 얻게 된다. 영구히 변치 않는 애정으로 맺어진 사이여서 길이 행복할 것이다.

◇ 손해보고 득을 취하라! 　　　　　산택손(損)　72

출산=임산에는 순산한다. 단, 초기에는 유산 우려 있으니 조심.
건강=체력이 쇠약해 있을 때다. 비타민 같은 영양제를 복용하면 회복이 빨라질 것이다.
분실물=하찮은 물건이라도 잃기가 쉬운 대다. 외출시에는 특히 주의할 것. 우산 같은 것을 아무데나 놓고 나오는 일이 많을 것이다. 집안에서 물건이 없어진 것은 보관한 장소가 바뀌어져 있기 때문이다. 대개는 찾아낼 것이다.
여행·이사=여행은 사업관계로 떠나는 일이 많을 것이다. 마음이 내키면 가는 편이 해결이 빠르고 이로울 것이다. 이사를 하면 나쁘다. 한동안 기대를 갖고 그 장소에 머물러 있는 편이 낫다.
소망=적극적으로 나아가는 것은 삼가해야 한다. 그보다는 자기의 입장과 맡은 바를 충실히 지켜 나가는 것이 좋을 때다.
취직=봉급이 적겠지만 이는 일시적이므로, 일단 근무해 보는 것이 좋다. 불만을 늘어놓지 않도록 신중한 태도를 지켜라.
입학=검소하고 조용한 계통의 학교가 좋다. 가령 신학교나 불교계 학교 같은 종교적 경향이 기질에 맞는다.
소송·분쟁=손윗사람이나 신뢰할만한 친구의 힘을 빌리라. 단독으로는 되지 않음.
대인·음신=단번에 오지 않으나 몇번이고 독촉하면 온다.
가출인=빨리 찾으면 찾을 수 있다. 동북간방.
증권·상품시세=매물이 많고, 말미에 하락했다가 다소 올라간다.
날씨=지금까지 청명한 기후였다면 이제부터는 날이 궂을 것이다. 마음은 명랑하게 지닐 것.

당일 시간의 운세	
시 각	운세괘
자·오시	7 6
축·미시	7 4
인·신시	7 1
묘·유시	3 2
진·술시	5 2
사·해시	8 2

〈변효일 때〉
초효…봉사의 경우는 실정을 잘 조사하라.
2효…봉사도 좋지만 자기 자신도 중하다.
3효…손해보고 크게 신용을 얻는다.
4효…병이 나더라도 회복한다.
5효…자기를 희생해서 밝은 임금에 봉사한다.
상효…손해보고 신망을 얻어 사회에 임하다.

7 3 저녁놀에 비쳐진 산   산화비(山火賁)

□ 「비」는 아름답게 장식한다. 곱게 옷을 갖춘다. 또 모양을 낸다고 하는 것이다. 문화, 만물이 왕성해지는 것은 대단히 좋은 일이지만 한편에 있어선 그것이 사치스러운 풍조를 조성하는 것이 되면 세상이 문란해지는 원인이 되지 않는다고는 단언하지 못하기 때문에, 어느 선에서 그치게 하여, 외관보다는 실질을 소중히 하는 것이 좋을 것이다.

괘상=「비」는 꾸민다, 장식한다는 뜻. 아무리 외관을 꾸며도 내용은 같은 것이다. 말을 아름답게 꾸며도 진심이 없는 것은 보인다. 사기를 당한다든가 남에게 속기 쉬운 경우에 잘 나오는 괘다. 겉치레 좋은 말에 조심하라. 작은 일에는 비교적 길하나 큰 계획이나 사업 등에는 선견의 명이 없으면 실패할 염려가 있다. 사전에 충분한 조사가 필요하다.

운세=비는 장식한다는 의미다. 물질, 금전면이 충분치 못하면서도 호화, 화려한 생활을 사람은 누구나 다 원하는 강한 욕망이 있다. 검소한 생활만 하고 있으면, 무사히 보낼 수 있는 사람이, 외관을 갖추기 위하여 무리를 한다든지, 또 위험을 범하지 않는다고는 단언하지 못할 것이다.

모든 일은, 서서히 실행하면 무난하다. 또 결코 나쁜 운은 아니다. 그러나 도중에서 장애나 중상 등이 일어나기 쉬운 때이며, 자기 편도 강하게 적극적으로 전진하지 못하는 환경에 놓여 있기 때문에, 내면적인 고통이 한층 심한 때다. 표면상은 아무것도 아닌 얼굴을 하고 있어도, 내면적으로는 상당히 초조한 심리여서, 정신적으로 피로를 느끼고 있는 일이 있다.

사업=화려한 사업일수록 실패하는 위험이 있을 때다. 작은 장사 등은 상당히 잘 되어 돈벌이가 된다. 그러나 당신만이 아니라, 상대에도 이윤을 나누어 주지 않으면 안된다.

외부보다도, 내부에서 성적을 올리는 때다. 특수한 것으로는 장식관계라든가 광고업, 미용관계, 패션 모델 관계에는 좋은 괘다.

교섭·거래=일상의 것, 작은 거래이라면 좋은 점이다. 큰 거래는, 상대편이 호시탐탐하고 있는 때니까, 자못 마음 놓고 있으면 손해를 볼지도 모른다. 상거래에선 현물을 보고서 거래하지 않으면, 속임수를 당하는 일이 생길지도 모른다.

재수=작은 이익을 얻을 때다. 용돈에는 부자유가 없다. 선물을 받을 때다.

연애=상당히 진행된 상태이기 때문에, 새삼스럽게 헤어진다는 말을 하지 못할 것이다. 중요한 것은 서로가 진실을 이야기해 보는 것이다. 말을 꾸며대면 오래 가지는 않는다.

◇ 겉치레 화려함에 속지 말 것! 산화비(賁) 73

결혼=이야기가 성취될 단계에 들어가는 경우가 많다. 그러나 결혼 후 서로 협력하지 않으면, 도중에서 파탄이 있을 수도 있다.
출산=약간 난산하기 쉽다. 의사의 지시에 따를 것이다.
건강=성교관계를 원인으로 하는 병이 많을 때다. 항생제 주사를 필요로 하게 된다. 그밖에 보통 소화불량과 편도선염 등이다. 유전체질의 사람도 있다.
분실물=대개 집안에 있다. 농 안이나, 다락안을 찾아 보도록.
여행·이사=온천지대의 여행, 피한지에의 여행, 따뜻한 해변가 등이 좋다. 집은 현재대로 있는 편이 좋다.
소망=신변의 사소한 문제라면 곧 해결된다. 또 일시적인 것이라면 좋게 풀릴 것이다. 그리고 본업 이외의 것일지라도 적중하는 때다. 그 일로 인해 이익도 많이 볼 것이다.
취직=상사 회사, 또 개인적인 사업 등은 속히 결말을 본다.
입학=문과계가 좋다. 특히 어학계의 학교나 미술학교에 가는 것이 좋다.
소송·분쟁=사이에 사람을 넣으면 길하다.
대인·음신=늦어지나 온다.
가출인=동분간방을 찾아보라. 여인집에 있다.
증권·상품시세=분위기는 고가로 보이나 얼마안가 싸진다.
날씨=대체로 개이는 날씨. 그러나 때때로 흐리는 수가 있다. 오래 좋은 날씨가 계속한 뒤에는 비도 멀지 않아 온다고 본다.

당일 시간의 운세	
시 각	운세괘
자·오시	7 7
축·미시	7 1
인·신시	7 4
묘·유시	3 3
진·술시	5 3
사·해시	8 3

〈변효일 때〉
초효…의리를 저버리면서까지 지위를 쫓지 말라.
2효…상사와 협력해 나가면 장식해서 가함.
3효…허식이 가식이 많다. 실속을 취하라.
4효…화미인가, 질박인가, 조화를 꾀하라.
5효…화미를 배제해서 질박을 택해 나아가라.
상효…해가 져서 어둡다. 색체 소멸함.

7 4 위턱과 아래턱　　　　　　　　산뢰이(山雷頤)

「이」는 기르는 것이라고 한다. 기를 것은 음식물 뿐만 아니라, 자기가 섭취하는 것은, 지식이나 사상이라도 옳은 것이 아니면 안된다. 이는 위턱과 아래턱을 말하고 있다. 입으로 음식물을 먹는다고 하는 것은, 인간의 생활 자체를 나타내고 있다.

괘상=「이」는 턱, 기르는 것을 상징한다. 음식·언어 등 모든 관계 있는 일을 의미한다. 음식을 잘못 먹어 신체에 장애가 생기기 쉽고 말을 조심하지 않은 탓으로 재난을 초래할 우려가 있다.

입은 선악의 관문이요, 길흉화복의 항구인 것이다. 음식을 절제하고 언어를 조심하라.

겉으로 보아 무사태평한 듯 하나 내심에는 고민이 많은 형상. 분쟁사건이나 색정관계에 대해서는 특히 근신해야 한다.

하는 일도 웃사람으로부터 방해를 받고 아랫사람으로부터 반발을 일으켜 딜레마에 빠지는 일도 생긴다.

운세=「이」는 입과 턱을 의미하고 있다. 입은 식사를 하는 곳이다. 턱은 씹어서 잘게 으깨어, 몸의 영양으로 만드는 것이다. 이는 양생, 양육, 양성 등, 모두 일상생활 그 자체에 관계되어 있는 말이라 하겠다.

「이」는 그 때문에 생활의 방침을 세운다든지, 직업에 들어가는 데에는 좋은 괘다. 또 남의 집으로 양자로 간다든가, 학생이 아는 집에 하숙하는 데에도 좋은 집이다.

사업=힘을 모아 닥치는 대로 힘차게 앞으로 나가는 것이 중요하다. 큰 이윤을 목적삼지 말고, 우선 활기에 찬 장사방법을 취하는 것이 좋다. 샐러리맨은 좀 월급이 적은 점은 있고, 불평불만은 있어도, 참아가면 멀지 않는 사이에 인정받는 기회가 온다.

교섭·거래=서로간의 의견이 일치하여, 좋은 결말을 본다. 그러나 물건의 질이나, 또 사업 체제를 세심하게 조사한 후 착수할 것.

부로커 등이 개입한 일은 사고가 일어나기 쉬운 때다.

재수=일상생활에 돈 걱정은 없다. 많은 돈을 바라지 않는다면 필요한 만큼의 돈은 들어오는 때다.

연애=남녀 서로가 마음이 융합되어 있는 때다. 육체관계보다도 정신면에서 융합되어 있는 수가 많다. 또 서로 결혼하고 싶지만, 월급이 적어서, 결혼 후의 생활을 걱정하고, 결혼까지는 결심하지 못하고 있는 경우가 있다.

결혼=맞벌이를 하는 데에는 좋은 괘다. 부부의 경우는, 서로가 강한 성격때문에, 때때로, 마찰이 생겨도 곧 화해한다. 이것은 생활면에서 오는 잔소리겠지만!

◇ 건강과 말씨에 조심! 　　　　　산뢰이(頤) **74**

　서로 혼인 이야기는 잘 진행된다. 그러나 물질이 목적인 결혼은 성립이 안된다.
출산＝예정보다 좀 늦어진다. 임신 유무로는 아직은 아닌 경우가 있다.
건강＝이 괘가 나올 때는, 부주의에서 오는 탈이 많다. 특히 음식관계에 주의하여야 한다. 대체로 소화기가 쇠약해 있기 때문이다.
　사람에 따라선 요양생활의 필요도 있다. 식사요법으로 오래도록 양생하는 편이 좋다.
분실물＝상자속이나 서랍안, 또는 농안을 찾아 보도록.
여행・이사＝여행은 늘 가는 곳, 안면이 있는 곳이라면 좋다. 이사는 때를 기다려야 한다.
소망＝평소의 사소한 일이라면 성취된다. 큰 목적을 가진 것이라면 시간을 요한다.
취직＝된다. 특히 취직에는 좋은 괘다. 처음 월급은 적어도, 당신의 실력 여하에 따라서, 뒤로 갈수록 좋아질 것이다.
입학＝합격한다. 경쟁자가 많아도 대체로 안심할 수 있다.
　단, 면접시험의 연습을 해 두는 것이 좋을 것이다.
소송・분쟁＝오래 끌 징조. 타협해야 조정 성립.
대인・음신＝가로막는 사람이 있어서 늦어진다.
가출인＝근처에 있다. 찾을 수 있다.
증권・상품시세＝밀고 당기다가 보합상태.
날씨＝날씨는 좋은 편이다. 비가 내리고 있어도 이 괘가 나왔으면 다음 날은 반드시 하늘이 개어서 좋은 날씨로 된다.

당일 시간의 운세	
시 각	운세괘
자・오시	7 8
축・미시	7 2
인・신시	7 3
묘・유시	3 4
진・술시	5 4
사・해시	8 4

〈변효일 때〉
초효…이웃집 잔디가 더 곱게 보인다. 흉.
2효…손아랫사람에 의존. 독립하라.
3효…남의 등을 쳐서 먹고 산다. 반성하라.
4효…손아랫사람에게 봉양받는다. 인덕이 있다.
5효…양육을 행할 사람이 양육을 받는다.
상효…신뢰를 받아서 고생하지만, 길하다.

7 5 흰개미에 갉아먹힌 저택   산풍고(山風蠱)

☐ 「고」는, 깨짐의 뜻이다. 파괴된 것을 원상으로 재건하는 데에는, 상당한 노력과 신중한 계획 및 실천력이 있어야 한다. 갑자는 10간의 첫째다. 행동을 개시하는 데에는, 삼일 전에 계획을 짜고, 삼일 후에 행동한다고 하는 의미다. 그렇게 하면 실패는 없을 것이다.

괘상=「고」는 일이라는 뜻, 어려운 일, 복잡한 일, 뜻밖의 일을 의미한다. 이 괘를 얻은 때는 당신의 주변은 여러 가지 난제와 뜻밖의 사건들이 일어나서 혼란과 고난에 휩싸여 있는 것으로 해석된다. 지금까지 비교적 평온하고 순조로왔으므로 언제까지 그러한 상태가 계속될 것으로 안이하게 생각하여 지나치게 방심하고 반성과 노력을 잊었기 때문에 생긴 파탄인 것이다. 이 파탄은 먼저 자신의 부패와 안이에서 배태된 것이다. 이제 그 부패와 혼란과 고난은 극도에 도달하고 있다.

운세=고는, 과거의 평화로운 상태 아래 살았던 사람이, 그 안이한 생활에 너무나 습성이 되어, 안이성을 타파하지 못해 자기도 모르는 사이에 생활이 물질적으로 파탄하는 지경이 되고, 또 정신적으로는 퇴폐적인 생활을 보내게끔 된 상태를 표현하고 있는 괘다. 과거에 저지른 일의 결과가 나타났던 것이다. 때문에 운수타개를 위해 여기에서 뭔가 그 방법을 생각하지 않으면 안되는 때가 왔다고 본다.

이렇게 말하는 것은, 과거에 지낸 습관화된 좋지 못한 생활을 쇄신하지 않으면 안 되기 때문이다. 그 때문에 어찌할 수 없이 부패하여 냄새가 나는 상태를, 절개수술을 해버리는 당신의 기력과 용단성이 필요한 때다.

사업=낡은 사업관계가 시대의 흐름에 따라 새로이 그 면목을 일신하지 않으면 안될 상태로 되어 있다.

부친이 하고 있었던 사업이 시대의 흐름에 맞지 않아 실패한 뒤를, 자식이 맡아서 성공시키는 때다.

교섭·거래=상대로부터 자주 교섭이 오는 때다. 무리가 생기는 거래는 일단 취소하여, 새로 시작하는 편이 좋을 것이다. 왜냐하면 우리쪽이 유리하니, 유리하게 거래하기 위하여 그렇게 할 수밖에 없다.

재수=일상생활의 경우라면 별 지장이 없을 만큼의 돈은 있다. 그러나 투자가 큰 일에는 손을 안대는 것이 좋을 때다.

연애=상당히 진행되어 있는 상태라 해도 좋을 것이다. 그 중에는 부자연한 상태에 빠져 있어서도, 좀체 떨어지지 못하는 사이도 있다. 보통의 경우는 오래 가지 못하는 것이 많은 때이며, 정사관계가 복잡한 것이 많다. 연애가 묘하게 비밀에 싸여 있다.

◇ 근본적인 수술이 필요! 산풍고(蠱) 75

결혼＝정식결혼이라면 서로 조화가 잡히지 않기 때문에, 중지하는 것이 좋을 것이다. 좌우가 초혼이거나, 재혼이거나 똑같으며 재혼의 경우가 많을 때다.
출산＝예정보다 늦어진다. 초기일 때는 의사의 지시에 따르라.
건강＝유전 체질 또는 선천성 매독, 정사에 기인하는 것이 많다.
분실물＝대체로 집안에서 잃어 버린 때가 많다. 물건 밑에 일부러 숨겨 둔다든지, 다락이나 기타 엉뚱한 곳에 숨겨져 있는 수가 많다.
여행・이사＝여행가지 못하는 때이기는 하나, 기분전환을 위한 짧은 여행이라면 무방하다.
　이사는 기분을 바꾸기 위해서도 좋을 것이다. 또 전업도 빨리 실행하도록. 집을 살 때는 잘 조사한 후가 아니고선 실수하기 쉬우며, 파손한 곳이 상당히 있을 것으로 보인다.
소망＝지금까지의 일에 성과를 못보고 일단 결말을 지었으면, 기분을 새롭게 하여 새로운 방향으로 바꾸는 편이 좋을 것이다.
취직＝지금 당장은 불가능하다. 내부의 분쟁을 속히 정리하는것이급선무.
　이런 때에는, 지금 일하고 있는 곳을 그만 둘까, 어떨까 하고 생각하는 일이 많다. 내부에 부정이 있을 때는 일단 집어치우고, 자기 과거에 경험이 있는 일, 또는 남이 하다가 치운 뒤를 인수해서 하는 일이라면 좋을 것이다.
입학＝아버지 또는 어머니가 나온 학교라면 유리하다. 그러기 위해서는 다소 외교성도 발휘할 필요가 있다.
소송・분쟁＝오래 끌겠다. 타협하지 않으면 조정 불가능.
대인・음신＝막는 사람이 있어서 와도 늦게 오거나 불연이면 오지 않다.
가출인＝두사람이 짜고 나갔거나 속임수에 넘어갔다.
날씨＝바람은 있어도 흐린 하늘이다. 다소 우울한 날이다. 그러나 태풍 때는, 상당히 피해가 있다.

당일 시간의 운세	
시 각	운세괘
자・오시	7 8
축・미시	7 2
인・신시	7 3
묘・유시	3 4
진・술시	5 4
사・해시	8 4

〈변효일 때〉
초효…재난이 발생. 재출발의 찬스. 길.
2효…재난의 발생. 고생이 많음. 해결 가능함.
3효…재난을 처리함. 지나쳐서 후회함.
4효…어려운 문제해결이 안되어, 뜻을 못편다.
5효…어려운 일이 해결됨. 일신해서 명예를 얻다.
상효…어려운 일을 다스려서 고결함을 보존함. 길.

7 6   어두운 집에 사는 어린이 　산수몽(山水蒙)

☲☶ □「몽」은 젊음, 아동, 확인하기 어려움, 밝지 않음과 같은 의미가 있다. 산 기슭에 샘물이 솟아 올라, 물기가 가득히 차서 안개로 변하고, 주위의 상황을 똑똑히 확인하기 어렵게 되고, 몽롱하게 흐려지고 있는 상태다.

괘상=「몽」은 교육을 말하고 있는 괘로서 현재는 사물이 분명하지 못하지만 곧 광명한 때가 올 것을 의미한다. 자녀의 교육에 힘이 들지만 장래가 즐거운 형상이다.

또 딴 경우론, 선생 쪽에서 학생에게 질문하는 것이 아니라, 학생이 선생에게 가르침을 구하고, 계몽을 받는 것이다. 학문에 진실한 태도가 필요한 것처럼, 자기가 점치는 때에는, 그 일에 신뢰감을 가지고 행하여야 할 것이다. 두번이나 세번씩 점을 거듭 쳐 보는 것은, 자기의 점에 대해 성실성을 빠뜨리는 것을 말하며, 정확성을 구하지 못할 것이다.

운세=몽은 현재 캄캄하고, 뻗어나가지 못하는 상태를 말하고 있다. 또한 고민속에 빠져 있는 그대로의 형상이다.

때문에 보통의 운수에서 말하더라도, 앞날의 전망을 세우기가 곤란한 때이기 때문에 경솔한 행동은 삼가하지 않으면 안되는 때이다.

아이가 선생님에게 그 가르침을 구하는 것처럼 선배나, 웃사람의 의견을 듣지 않으면 안되는 때다.

또 실력자와 힘을 합해 간다면, 이럭저럭 앞날의 전망도 서게 되고, 일에 대한 방침도 정해져 갈 것이다.

사업=자기 단독으로 하는 경우에는, 역시, 웃사람, 선배의 의견을 듣고 계획을 세워야 한다.

공동사업의 경우, 상대편에선 대단히 열렬한 태도로 나오지만, 자기편에서 곤란한 사정이 있다든가, 마음이 그 일에 대하여 확고부동하게 아직도 결정되어 있지 않는 상태에 놓여 있는 때이다.

교섭・거래=이쪽에서 진퇴양난에 빠져, 앞으로 나가지 못하는 사정이 있을 때이다. 내부정리를 하여 내부의 유능자에게 교섭을 담당시키는 편이 성공율이 큰 때이다. 모든 일에 있어서 진취적이 못되면 지출이 많든가 예상에 착오가 많은 때이다.

재수=내부에, 눈에 안보이는 허가 많은 때이다. 용도가 분명치 않는 지출이 증가해 간다. 수입을 올리려고 하기 보다는 장부의 점검이 더 중요한 때이다.

연애=현재의 마음은 애매한 때이다. 적극적으로 행동할 만큼의 마음가짐도 없을 때이다. 상대편은 적극적으로 나오지만 당신 자체가 꼼짝달싹하지 못하는 사정이 있는 때이다.

◇ 길안내자에 따르라! 산수몽(蒙) 7 6

결혼=보통의 노력으로선, 쉽사리 성취하지 못한다. 또한 무조건 앞으로 나아가서 이야기를 타결시킬 때가 아니다.
출산=대체로 순산.
건강=병증에 애매한 것이 많을 때이다. 렌트겐으로도 발견못하는, 호흡기의 쇠약 등이 있을 때이다.
　복통, 위장병, 소화불량, 식중독, 월경불순 등이 생기기 쉽다.
　때로는, 기억상실증도 있을 때이다. 또 귀앓이 등이 생긴다.
분실물=대개, 집안에서 일어난 것이다. 찾기가 어려운 때다. 또 건망증 등으로 두었던 곳을 잊어버리고 있는 수가 많다.
여행·이사=여행은 중지하는 편이 좋을 것이다. 큰 비를 만나서 교통사고를 당하기 쉬운 때이다.
소망=당신의 애매한 마음을 분명하게 하여 목표를 명확하게 하는 것이 선결문제일 것이다.
　오래 염원하고 구해서 노력하는 일에는 장래성이 있다. 또 공부와 연구가 중요한 때이다.
취직=선배, 유력자에게 조력을 부탁하면 가능한 때이다. 어떤 일이건 혼자 힘으론 되지 못하는 때이니 주의하도록.
입학=중학까지의 하급학교의 입학이라면 가능한 때다. 유치원, 국민학교, 중학교 등의 입학에는 좋은 괘다.
소송·분쟁=지금은 아직 불리하다.
대인·음신=올 의사는 있으나 도중에 장애가 있어서 늦어진다.
가출인=근처에 숨어 있다. 곧 찾지는 못한다. 또 명산이나 큰강으로 이름난 곳에 있다.
증권·상품시세=현단계는 싸지만 앞으로 높이 치솟는다.
날씨=날씨는 매우 흐리며, 머리가 짓눌리는 것과 같은 느낌의 날씨다. 이 괘는 구름이나 안개가 짙고 햇빛이 쪼이지 않는 날이다.

당일 시간의 운세	
시 각	운세괘
자·오시	7 2
축·미시	7 8
인·신시	7 5
묘·유시	3 6
진·술시	5 6
사·해시	8 6

〈변효일 때〉
초효…오리무중. 처음에는 월사금을 내야 한다.
2효…안개가 자욱하지만, 개인다. 길.
3효…앞을 내다 볼 수 없다. 재난을 만난다.
4효…어진이를 구해서 타개책을 꾀하라.
5효…안개가 개인다. 출항하도록 하자.
상효…오리무중. 전투 준비를 하라.

77 나란히 연이은 산들   간위산(艮爲山)

□ 간은 머문다는 뜻이다. 자기에게 오지 않는다. 아무도 없는 곳에서 행동을 일으킬 필요가 없다. 공적을 구하지 말고 경거망동을 삼가해서 조용히 자기를 반성하는 것이 좋다.
　산이 높이 솟아 움직이지 않는 것처럼 고상한 정신과 부동의 마음이 중요한 것이다.
괘상=「간」은 정지한다는 뜻이다. 산이 막혀서 전진할래야 전진할 수 없어서 제자리 걸음을 하고 있는 상태이다. 초조하여 무리하게 움직이면 발이 미끄러져 위험에 빠진다고 계시하고 있다. 당신은 지금 당신 자신이 전진할 수 없는 사정이 있는 것으로 보인다. 어쨌든 정지해야 할 때는 정지하고 전진해야 할 때는 전진하는 것이 중요하다. 지금부터 착수하려는 일은 당분간 중지해야 할 때다. 지금은 움직이지 않는 산처럼 멈춰 서서 행동을 정지하고 장래의 준비를 위하여 실력을 기르는 것이 좋다.
운세=때가 올 때까지 움직이지 말고 기다려야 하는 괘다. 간은 산이고 움직이지 않는다는 뜻이기 때문에 함부로 움직여 나아가지 말아야 한다는 것을 의미한다. 움직이면 움직일수록 불리해진다. 재산을 없애고 몸을 상하게 한다. 또한 지금가지 친하게 지내던 사람과 헤어지는 일이 생긴다. 친구와 대립되는 일이 생기기 때문이다.
　신속하고 임기응변적인 처리를 하지 못해서 손해를 보는 입장에 놓인다. 느리고 꼼꼼한 태도로서 오히려 손해를 본다.
사업=목적이 두가지나 있어서 힘의 통제가 잘 되지 않는다. 두곳에 상점이나 공장을 갖고 있어서 힘이 분산되어 실적을 올리지 못하고 있다. 경쟁자가 있기 때문에 상품의 단가를 내리는 것이 좋다.
교섭·거래=적극적으로 나아가서는 않되는 상태. 지금 곧 나아간다 해도 좋은 결과는 얻지 못한다. 먼저 눈앞의 처리를 잘 해야 한다.
금전=현금은 없으나 부동산이나 토지로서 재산이 생긴다.
연애=단지 친구나 정신적인 관계로서 끝나는 것이 좋다. 하이킹을 같이 가거나 스포츠에 열중하면 좋다.
결혼=맞벌이부부가 되는 것이 좋다. 그리고 중년의 남성에게는 본처 이외에 첩이 있는 것을 생각할 수 있다.

◇ 갈수록 태산, 경솔히 동하지 말라!   간위산(艮) **7 7**

출산=난산조짐. 또는 좀 늦어짐.
건강=변비증이나 관절의 아픔. 월경불순 같은 것이 오래 계속된다. 가벼운 운동을 시작하는 것이 좋다.
분실물=대개는 집안에서 없어진다. 한참후에 나타나는 일이 많다. 사내아이에게 물어 보도록 해라.
여행·이사=여행은 좋지않다. 가벼운 산책 정도에 그친다. 주거는 현재 있는 곳에서 안정해 있어야 한다. 당분간 이사는 금물이다.
소망=계획은 곧 이루어지지 못한다. 시기를 기다려 마음을 안정시킴이 좋다.
취직=개인 회사나 작은 생산업체에 들어가는 것이 좋다. 작은 무대에서 알맞는 활동을 하는 것이 스스로를 만족하게 하는 것이다.
입학=뜻밖의 아는 사람을 만나 입학에 도움을 얻는다. 말하자면「빽」을 얻어 들어가는 격이다.
소송·분쟁=침착한 마음으로 교섭하면 길하다.
대인·음신=오지 않는다.
가출인=동북간방을 찾아보라. 산속으로 들어 갔다.
증권·상품시세=보합. 이 괘를 얻은 뒤엔 새로 손대면 실패수가 있다.
날씨=보통은 흐린 날씨이고 곳곳에 가랑비가 내린다.

당일 시간의 운세	
시 각	운세괘
자·오시	7 3
축·미시	7 5
인·신시	7 8
묘·유시	3 7
진·술시	5 7
사·해시	8 7

〈변효일때〉
초효=머무르다. 끈기있게 노력하라.
2효=머무르다. 참을성이 없어 움직여서 **난관봉착**.
3효=머무르다. 위험 박두. 흉
4효=머무르다. 고독에 괴롭다.
5효=말을 삼가다. 점차적으로 길이 열린다.
상효=멈출곳에 머무르다. 마음이 안태로워. 길.

78 부서져 무너져 내리는 산 산지박(山地剝)

☷☶ 「박」은 박탈, 깎음, 벗김이라고 하는 것이다. 우뚝 솟아 있는 산이, 풍우의 침식작용을 받아 차차 붕괴하여 가는 모습이다. 이런 입장에 놓일 때에는, 어떻게 해서든지 그 위험에서 자기의 몸을 지키고, 빠져나가게끔 노력하지 않으면 안되는 것이다.

괘상=괘의 형태를 보라. 양효 하나에 음효가 다섯, 무력하고 쇠퇴하는 것을 보여주는 괘다. 그러나 역으로 최악의 경우에 처하였을 때 이 괘를 얻으면 도리어 모든 것을 탈피하고 전환기에 접근하였음을 가르치는 것이 된다.

「박」은 벗겨진다, 박락한다는 뜻이다. 산이 침식작용으로 점점 무너져 떨어지는 상태로서 쇠운을 의미한다. 지금 당신은 얼마나 큰 실력이 있고 야심이 있더라도 신규사업은 함부로 착수하여서는 안된다. 이를테면 동료거나 부하가 당신의 실각을 노리고 있다. 높은 곳에서 떨어지는 징조가 보인다.

운세=「박」은 남의 물건을 강탈하는 사람을 만난다든가, 옷을 벗기운다는 말처럼, 어떤 사람에게 어떤 것을 강제로 빼앗기게 되는 것을 뜻한다.

「악이 성하면 하늘을 이겨낸다」고 하는 것처럼, 이 괘가 나올 때는 선의라든지 성의가 통하지 않는 때다. 또 추풍때문에 알몸이 된 나무가 몹시 춥게 쓸쓸한 표정으로 서 있다. 나무의 맨 윗가지에 남아 있던 열매도 이윽고 떨어져 다음 해의 봄을 기다리고 다시 싹튼다. 그와같이 당신도 기력이 회복되고 운이 충실해질 때까지 기다리는 것이 중요하다.

실제면에선 남한테 무리한 짓을 당하게 되는 때다. 즉 하기 싫은 짓을 강요당한다든지, 돈이 없어서 쓸쓸한 때, 악우에게 나쁜 짓을 강요당하게 되는 일이 생긴다. 또 자기를 떠받들고 있던 부하가, 자기에게 호의가 없고, 배격운동 등을 하고 있는 위험이 있을 때다.

사업=전진보다도, 내부의 적자 또는 파탄을 어떻게 정비하느냐에 성패가 달려 있다.

또 큰 마음을 먹고 사업의 규모를 줄이고, 처음부터 새로이 출발한다는 결심이 필요하다.

교섭·거래=실로 위험천만한 때다. 상대가 적극적으로 나와도 받아선 안된다.

재수=물론 부자유스럽다. 게다가 주위 사람으로부터 이용당해 불필요한 돈의 지출이 많을 때다.

연애=연애가 아니라 장난이다. 이것은 위험한 관계다. 빨리 청산하는 것이 좋을 것이다.

결혼=좋지 않다. 이 괘의 경우, 중매한테 속아 넘어가기가 쉬운 때다.

◇ 슬며시 스며드는 위기! 　　　　산지박(剝) 　78

출산=순산. 단, 무리하면 유산 우려가 있다. 모체의 건강에 조심.
건강=체력소모, 오래 가는 병이다. 절개수술을 요하는 병이라면 빨리 낫는다. 타박상, 높은데서 떨어져 부상을 당하는 수도 있다. 보통으론 두통, 어깨가 쑤시는 병이 있다. 중환자는 위험한 때다.
분실물=집안이라면 선반과 같은 높은 곳에 두고, 잊고 있는 수가 있다. 또 어두운 구석에 떨어져 있는 수도 있다. 밖에서 잃은 것은 찾지 못한다.
여행·이사=이사도, 여행도, 신축도 대개는 불가능하다. 밖으로 나가서 몸에 위험을 당하는 때다. 조심하도록.
　등산, 비행기 여행은, 절대로 중지해야 한다. 또 언덕 위의 집, 언덕 아래 집은, 큰 바람이 부는 태풍 때에는 미리 조심해야 한다.
소망=자기에게 실력이 없을 때이니, 원해도 가망이 없다. 또 남에게 방해를 받아 곤란한 상태에 빠지게 된다. 첫째, 너무 목적이 큰 것 같이 생각된다.
취직=한마디로 말해서 안된다. 물장사, 오락관계라면 좋을 것이다.
입학=목적이 높으니 좀 낮추는 편이 유리한 것이다. 그러나 특수재능을 가진 사람은 우수한 성적으로 합격하는 사람도 있다.
소송·분쟁=시간이 걸려서 조금 성가시겠다. 기력 부족으로 불리.
대인·음신=오긴 하나, 매우 늦어진다.
가출인=당분간 찾기 어렵다. 멀리로 떠났다.
증권·상품시세=계속 하락세.
날씨=오늘 하루를 본다면 흐린 날씨이지만, 비는 내리지 않을 것이다.

당일 시간의 운세	
시 각	운세괘
자·오시	7 4
축·미시	7 6
인·신시	7 7
묘·유시	3 8
진·술시	5 8
사·해시	8 8

〈변효일 때〉
초효…침대의 다리가 파손됨. 위험은 없다.
2효…침대의 다리가 망가졌다. 요 조심.
3효…침대 자체가 파손. 고난이 많다.
4효…침대 파손되어 다친다. 모면해서 길.
5효…노력해서 겨우 난을 모면하다.
상효…남은 자만이 재기 가능. 길.

81 순풍에 돛단 범선 　　　지천태(地天泰)

☷☰　□「태」는 편안하다는 뜻이다. 모든 일이 정돈되어 안정하다고 하는 것이다. 외부는 유연, 내부는 건실해서, 모든 면에 있어서 불만이 없는 상태이기 때문에, 마음 먹은대로 행동이 된다.

괘상=「태」는 크다, 태평하다, 통한다는 뜻이다. 모든 것이 안정되어 태평한 상태를 보인다. 괘의 모습을 살펴보라. 땅을 의미하는 곤괘가 위에 있고 하늘을 의미하는 건괘가 아래에 있다. 하늘의 마음은 땅을 살피기 위하여 아래로 내려 와 있고 땅의 마음은 하늘을 돕기 위하여 위에로 올라간다. 그러므로 하늘과 땅은 서로 화합한다.

운세=태는 모든 일에 걸쳐서 원만한 형태이다. 이 평안을 언제까지나 계속해 가는 노력이 소중한 때이다.

　현재는 자기 자신도 주위의 상태도 대단히 순조롭게 되어 가고 있는 때다.

　또 새로운 계획에 착수하고, 그것이 순조롭게 발전하고, 자기의 마음이 만족스러운 상태에 있는 때다. 예컨대 회사에서도, 한 단체에서도 한 개인의 가정에서도, 모든 사람의 마음이 하나로 단결되어, 화기에 가득차고 있는 상태다.

사업=자본관계를 보더라도 전연 무리가 안가고 있는 상태다. 당신이 남에게 소자본을 대주었던 일에 대하여 많은 이익 배당이 돌아오는 때다.

　또, 당신의 사소한 노력으로 사업의 성적이 의외로 크게 오르는 때다.

교섭·거래=모든 면에 있어서 좋은 때다. 노력에 따라서 일이 대부분 성취된다. 만사에 걸쳐서 적극성과 결단이 중요하다.

　또 사람들과의 협조성이 소중한 때이어서, 교섭과 거래는 큰 결말을 본다.

재수=상당히 좋은 운수다. 수입도 크게 늘어가는 때다. 여성에게 부자가 많은 때다. 샀던 부동산 등이 값이 올라서 돈벌이가 되는 때다. 헐값으로 샀던 주식도 상승하는 때다. 횡재가 있을 괘다.

연애=지금의 연애는 꽤 좋은 환경에 놓여 있다. 결혼에 골인하는 것도 머지 않아 성취될 것이다. 이런 때에는 회사 내부에서의 연애도 결실을 보고, 친척으로부터 좋은 상대를 소개받는 경우도 있다.

결혼=대단히 좋은 연분이다. 결실을 본다. 생활도 풍부해지고, 원만한 부부가 될 것이다. 예컨대 가정내에 사람이 많을지라도, 당사자에게는 조금도 영향을 미치지 않는다.

◇ 만사가 순조롭게 진행!   지천태(泰)   81

출산＝임신 중에는 우여곡절이 있겠으나, 임산에는 무사안태 순산.
건강＝보통 건강한 상태를 보인다. 병으로서는 두통, 가슴앓이, 위통, 변비로 인한 증세가 많은 때다. 몸 전체의 운동과, 식사의 균형이 필요.
분실물＝대개 집안에 있다. 연배의 사람에게 물어 보도록. 방에서 분실한 경우에, 이미 파괴되고 말았던가, 사람이 줏어 간 일이 많은 때라고 하겠다.
여행・이사＝회사의 위안 여행, 동네 사람들과의 소여행, 신혼여행 등에 좋은 때다.
  상용여행의 경우는, 큰 부담을 져야 할 일이 생긴다. 이 괘가 나올 때는 현재 안정 상태에 있기 때문에 이사하지 않는 편이 좋을 것이다. 그러나, 아파트 등 주택청약을 한 사람에게는 아주 가까운 시일 안에 좋은 곳에 당첨될 가망이 있다.
소망＝현재는 대체로 만족 상태이지만, 운이 강한 때이기 때문에, 앞에 닥친 일, 단기간의 일은, 적극적으로 밀고 가면 곧 결말을 본다.
취직＝이상이 너무나 높으면, 해결이 안된다. 약간 목표를 낮추어, 되도록이면 겸손하고 부드럽게 나간다면, 시기가 늦어도 성취된다. 또 안면이 있는 사람 등의 연줄을 구하는 편이 좋다.
  전업은 좋지 않다. 이상과 현실이 일치하지 않고 실패를 야기하기 쉬운 때다.
입학＝중학, 고등학교까지는, 남과 손색 없이 어깨를 나란히 하고 갈 수 있다. 대학은 좀 무리하다 하겠다. 목표를 좀 낮출 필요가 있다.
소송・분쟁＝너무 지나치면 실패한다.
대인・음신＝이쪽에서 재촉하면 곧 온다.
가출인＝아직 멀리 가지 못했다. 서남간 친구집에 있다.
증권・상품시세＝보합.
날씨＝처음은 날씨가 개고 맑겠지만, 차차 흐린 날씨로 돌아간다.

당일 시간의 운세	
시 각	운세괘
자・오시	8 5
축・미시	8 3
인・신시	8 2
묘・유시	4 1
진・술시	6 1
사・해시	7 1

〈변효일 때〉
초효…태평. 동지와 함께 신장 번영해서 길.
2효…태평. 인재등용에 문제가 생김.
3효…태평. 잘 되갈 때 분란을 잊지 말 것. 길.
4효…태평. 스스로의 마음을 충실하게 하라.
5효…태평. 권력자가 겸허함을 명심해서 길.
상효…태평. 평화유지에 노력을 기울이자.

8 2 변천해 가는 사계절   지택림(地澤臨)

☷☱ □「임」은 임함, 군림하는 것이다. 봄에서부터 여름을 향하여 양기가 왕성하여지는 것처럼, 일이 서서히 왕성해져 간다고 하는 것이다. 여름도 지나가서 가을을 거쳐 겨울로 계절이 바뀌어지면, 지상으로부터 양의 기가 사라져 음의 기가 커져가는 것이다.

괘상=이 괘는 상하가 서로 사귀어 친화하는 따사로움이 있는 괘로서 신분에 상응한 소망은 성취된다는 것을 보여주고 있다.

 임괘는 순서를 밟아 소망을 성취하는 형상이니 작은 것을 쌓아서 큰 것을 이루는 뜻이다. 점차로 성운에 향하고 있는 모습이다. 당신은 남과의 교제가 많고 출입이 잦고, 또 두 가지의 일을 겸업하는 형상으로 어느 것도 모두 호조를 보인다. 그만큼 머리를 쓰고 애를 쓰고 일이 많다. 성운에 향하고 있으므로 임기응변, 때에 따라 머리를 기민하게 전환하여 행동함이 좋다.

운세=임은 만물이 새로이 시작한다고 하는 의미가 있기 때문에, 대체로 운기는 이제부터 상승해 가고 있을 때다. 그러나 힘이 강한 괘이기 때문에, 모든 일에 너무 앞질러 나가는 경향을 가지고 있다.

 운이 봄에서 여름으로 향하는 좋은 괘다. 지위의 승진, 또 봉급도 오르는 때다. 동시에 영전도 있을 것이다. 학생이라면 외국 유학의 기회가 생기는 때이지만, 장래의 계획을 세워서 나가는 것을 권하고 싶다.

사업=화려한 때다. 새로운 사업에 착수할 때다. 신입사원의 모집도 많이 있는 때다.

 그러나, 모든 사업에 있어서와 같이 이 경우에도, 감독 및 리더에 신중한 인물이 필요하다. 또 남에게서 부탁받은 일에는, 충분히 그 힘을 발휘할 수 있는 입장에 놓여 있을 때다.

교섭·거래=강경책보다는 유화책이 효과를 내며, 위험도 없다. 왜냐하면 상대는 이쪽에 대하여 대단히 압박감을 느끼고 있기 때문에 달콤한 이야기일수록 주의가 필요하다.

재수=경제상태는 비교적 여유가 있어서, 부자유스러운 일이 없을 것이다. 모든 면에서 자기 힘에 겨운 짓은 하지 말고, 여유있게 적절히 하여야 한다. 생활이 화려해져서 교제범위가 넓어지기 때문에 실비가 많아지는 때다.

연애=남녀 서로가 활달하고 화려해서, 감정이 나는 대로 행동하는 때다. 드라이브나 오페라 등 화려한 곳을 좋아하는 남녀 두사람이다. 소위 달콤한 생활을 보내는 때다. 그러나 결혼으로 가기에는, 상대가 가정 사정때문에 주저하는 마음으로 있을 때다.

결혼=정식 결혼이라고 한다면 이 쪽은 대단히 열을 올리고 있으나, 상

◇ 변화에 순응해서 행동하라! 　　　　지택림(臨)　82

대는 그다지 마음이 움직이는 편이 아니다.
출산=순산. 아들. 산전 산후 모체 건강에 각별 유념할 것.
건강=보통으론 건강한 패다. 사소한 병을 가진 사람이라면 곧 회복되어 갈 때다.
　정신이 불안정하기 때문에, 실제의 병보다 무겁게 생각하고 있는 수가 있다. 기력을 되찾으면서, 체력도 회복하여 가는 때다.
분실물=외출하였을 때 잃어버린 물건이 많고, 특히 사람이 많이 출입하는 곳에서 잃어버린 물건이 많다.
여행·이사=단체여행, 수학여행, 즐거운 여행 등이 있을 때다.
　숙명적으로 이사하게 되지만, 이사한 곳에 오래 있지 못하고, 또 다음 곳에 이사해야 할 상태가 되기 쉬운 괘다.
소망=소원을 성취한다. 장래의 장기적인 소원보다도, 신변 가까운 일이 특히 빨리 실현되는 때다.
취직=지금이 좋은 기회. 서둘지 말고 좋은 일터를 잡아야 한다. 상대방에서 기쁘게 맞아들이는 경우가 많을 때다.
입학=운수도 강하고, 모든 점에서 좋은 조건에 있기 때문에, 시험장에서 당황하지 않는 것이 중요한 일이다. 즉 마음을 안정시킨다면 합격된다. 조심해서 해답을 답안지에 써 넣어야 한다.
소송·분쟁=끈기있게 오래 끌면 유리하다.
대인·음신=지장이 있어서 오지 않음.
가출인=서남간방 여인집을 탐색해 보라. 차타고 멀리갈 예정이다.
증권·상품시세=현재 올라간 것이면 원상태로 하락하고, 현재 떨어진 시세면 곧 또 올라간다.
날씨=여름이라면 상당히 큰 소리를 내는 우뢰가 치지만, 이 괘는 지방에 따라서 일정하게 결정짓지 못하는 점이 있다.

당일 시간의 운세	
시 각	운세괘
자·오시	8 8
축·미시	8 2
인·신시	8 3
묘·유시	4 4
진·술시	6 4
사·해시	7 4

〈변효일 때〉
초효…전쟁준비 완료. 뜻을 하나로 하라.
2효…일에 임함. 일보후퇴 이보전진.
3효…달콤한 심사로 나가지 말라. 순풍에 돛달았다.
4효…지성으로써 나가라. 흔들리자 말 것.
5효…영특한 슬기로써 일에 임하다. 길.
상효…독실로써 임하다. 사람들이 따른다.

8 3   땅속으로 가라앉는 태양   지화명이(地火明夷)

□ 이 괘는 태양이 땅 속에 떨어진 밤을 의미하고 있다. 그러나 밤이 언제나 계속되지는 않는다. 모든 것이 정상으로 돌아올 때까지는 어떠한 괴로움이 있더라도 올바름을 지키고 조용히 기다려야 하는 것이다.

괘상=「명이」는 태양이 지하에 들어간 상태다. 지금 당신은 고난 속에 빠져 있다. 그러나 참고 때를 기다리면 입신출세할 징조가 보이는 괘다.

이 괘는 쇠운을 표현하고 또 손상하고 패배하는 상태를 의미하는 것, 함부로 자신의 재지나 역량을 과신하고 행동하면 위험에 빠지고 실패를 초래할 것이다. 이런 경우엔 바보처럼 그리고 유순하게 처신하면서 고요히 내일을 위하여 내면의 충실에 차근차근 노력함이 좋다.

어둠 속에서 당신의 바른 자세를 남에게 보이려 하는 것은 무리이다.

운세=명이(明夷)란 밝은 것이 깨진다는 것이다. 태양이 빛나는 대낮이라면 모든 것이 적극적으로 정정당당히 수행되지만 이 괘는 밤의 암흑인 것이다.

모든 위험을 피하려고 노력하므로서만 비로소 몸의 안전이 보존되는 것이다. 그래서 운세 자체가 통하지 않는 상태다. 아무리 실력과 재능을 갖고 있어도 세상에서 써먹을 수 없는 시기다. 또한 인정도 받지 못한다. 밤의 어둠이란 짐작할 수 없는 상태로서 속거나 유혹을 당하지 않도록 주의해야 하는 것이다.

생각하고 있는 일도 남에게 말할 수 없는 때이다. 특히 재능이 많으면 미움을 받거나 시기를 당하기 쉽기 때문에 너무 표면에 나타내지 말도록 주의해야 한다. 돌발적인 재난이나 원한에 부디 조심할 것.

사업=새로운 계획 같은 것은 중단해야 한다. 약 반년 동안은 그냥 아무 일도 않고 지냄이 좋다. 세상 일에는 표면에 나타나지 않는 마음가짐이 중요하다.

교섭·거래=계약을 하고 후회하는 일이 많을 때다. 거래에는 속임수가 많다. 상대의 말을 믿지 말아라.

재수=돈이 있어도 괴롭다. 돈이 많다고 미움을 받는 시기이므로 돈을 가진 척하지 말아야 한다.

연애=밤에 피는 사랑, 「네온」의 꽃, 남몰래 속삭이는 사랑이지만 결혼이 이루어지지 않는다. 또한 서로가 비밀을 가진 상태로서 서로가 속고 속인다.

결혼=정식 결혼이 되지 않는다. 애인이나 내연관계라면 잠시는 계속될 것이다.

◇ 어진 사람이 상처입고 다친다! 지화명이(明夷) 83

출산=초산은 모체 허약에 조심. 또한 산후조리를 잘 할 것.
건강=소화기 계통이 몹시 쇠약해 있을 때다. 특히 맹장에 주의해야 한다. 또한 심장장애, 시력의 감퇴가 올 때다.
분실물=좀체로 찾아낼 수 없다. 집안이라면 이불 밑이나 옷밑에 숨겨져 있는 경우가 많다.
여행·이사=중지하는 것이 좋다. 무리해서 행하면 병이 생기거나 도난을 당한다.
소망=희망이 전혀 없다. 주위에서 심한 반대를 받는다. 스스로 만족해서 괴로움이 없도록 해야 한다.
취직=시기가 오지 않았다. 아무리 서둘러도 적당한 자리가 안나는 것이다. 취직 사기 같은 일에 주의하도록.
입학=재수생의 생활을 할 결심으로 일생을 현명하게 자기 목적을 향해 나아갈 것. 그러나 연구, 학문, 종교 같은 것에는 해가 없을 때다.
소송·분쟁=불리하다.
대인·음신=지장이 있어서 늦어진다.
가출인=찾지 못한다. 근처 여인집을 찾아보라.
증권·상품시세=정체를 보이다가 급락한다.
날씨=구름이 잔뜩 끼어 있다. 곧 비가 내릴 것이다. 여름은 몹시 더워서 땀이 끈적거리는 불쾌한 기분이 드는 날이다.

당일 시간의 운세	
시 각	운세괘
자·오시	8 7
축·미시	8 1
인·신시	8 4
묘·유시	4 3
진·술시	6 3
사·해시	7 3

〈변효일 때〉
초효…암흑을 탈출하나 굶주림으로 고생함.
2효…암흑의 지배, 벗들에게 구조되어 안태.
3효…어두운 세상, 정의의 깃발을 세운다.
4효…폭군에게서 쉽게 도망친다. 길.
5효…암우한 척해서 탈출한다. 길.
상효…폭군은 사해에 군림했어도 몰락한다.

8 4 다시 돌아온 새 봄   지뢰복(地雷復)

□「복」은 돌아온다고 하는 것이다. 일년의 사계절이 순환하는 것을, 누구도 막지는 못하는 것과 같이, 겨울이 지나면 봄이 오는 것이다. 복은「일양내복」이라 말하여, 동지날에 봄으로 향하는 기가 돌아오는 것을 말하는 것이다. 천체 자연의 운행이 있는 것처럼 갔던 자는 돌아오고, 돌아온 자는 가는 것이 자연의 순환이다.

괘상=「복」은 돌아온다, 회복한다는 뜻이다. 겨울이 가고 봄이 다시 돌아오는 것을 상징한다. 그러므로 지금 고통과 번민이 많더라도 당신이 성실하게 노력하고 참으면 곧 남의 도움을 얻어 불운은 사라지고 점차로 성운에 향하게 된다는 것을 보여주는 괘다. 다만 초조한 마음으로 조급히 일을 시작하면 실패할 우려가 있다. 시간과 순서를 살피며 전진하라. 앞길은 희망으로 가득 차 있다.

마음에 불만인 일도 7일 동안만 참으면 뜻밖에 이익이 된다. 이 괘는 7과 깊은 관계가 있다. 문제의 성질에 따라 7일, 7주, 7월 등 7의 수가 행운을 가져온다.

운세=「복」은 봄이 되어 돌아오는「일양내복」이라 하는 말이 가장 알맞는 것이다. 일년 중에서 동지날이라 할 수 있다. 여기에서 또 새해가 시작한다.「복」은 왕복한다는 의미다. 갔던 자가 돌아온다고, 하는 것이다. 회복이나 원기를 되돌아 찾는다는 것이다. 복귀란 원래의 곳에 돌아가는 것이다. 원래의 곳에 돌아간 그곳에서부터, 다시 또 제일보를 딛고 가는 것이다. 그리고 또 다른 의미에선 순환하는 것이다.

이와 같이 사물이 반복된다고 하는 것이기 때문에, 이 괘의 때는 무엇인가 유망한 목적을 발견한다면, 반복하여 노력하는 것이 긴요한 때다.

사업=새로운 사업을 계획한다든지, 툭 하면 전업을 한다든지 하면, 아무 성과도 못 얻고 헛수고로 끝날 것이다. 그 때문에, 앞이 막혔을 때는 당분간 시기를 기다려야 할 것이다. 또 원래의 사업에 복귀하는 것은 좋은 점이다.

교섭·거래=보통때의 사소한 것은 간단하지만, 장사관계의 큰 거래는, 반품될 걱정이 있기 때문에, 처음에 계약을 명확하게 결정한 뒤가 아니면 안된다.

재수=샐러리맨이라면, 일상생활에 부자유는 없을 것이다. 그러나 장사관계에 종사하는 사람은 자금이 자기 손에 없기 때문에, 물건을 사들이는데 좀 곤란을 가져올 듯 하다.

연애=남성도 여성도 너무 친구가 많아서, 그다지 깊은 연애관계는 아닌 듯 하다.

◇ 장래의 계획수립에 좋은 때!   지뢰복(復) **8 4**

결혼＝재혼의 경우는 좋을 것이다. 복은 돌아온다는 뜻이기 때문에, 초혼에는 좋지 않다.
출산＝순산. 생남.
건강＝위장쇠약, 복통, 발의 부증, 각기 등이다. 또 발작적으로 일어나는 병상, 위경련, 간질 등, 또 묵은 병이 재발한다.
분실물＝되돌아 온다. 길가 등에서 잃은 경우가 많을 때다. 잘 찾아봐야 한다. 그러면 나올지도 모른다.
여행·이사＝친구들과 잠시동안의 짧은 여행, 또는 그룹끼리의 여행은 좋다. 이전에 갔던 곳에서 즐겁게 보내는 것은 탈이 없을 것이다.
  집은 지금 당장 움직일 수가 없다.
소망＝당신이 지금 원하고 있는, 그 일은 좋은 것이기 때문에, 장소를 잘 검토하고, 시간을 길게 잡고, 노력과 친우들의 협력에 의하여 희망이 달성된다.
취직＝당장은 어렵지만, 당신이 원하고 있었던 직업이라면 속히 복귀된다.
입학＝한번으로는 안된다. 재수생 생활을 삼년하는 셈치고, 학원에나 가서 열심히 공부하면 합격이 된다.
  그런데 반드시 과거에 응시한 학교에 다시 지원하면 합격한다.
소송·분쟁＝끈기있게 오래 끄는게 유리하다.
대인·음신＝지장이 있어서 곧 오지 않음.
가출인＝서남간방. 여인집을 찾아보라.
증권·상품시세＝현재 오른 상태면 원상복귀로 하락하고, 현재 하락시세는 곧 다시 올라간다.
날씨＝오늘 하루는 대체로 개인 뒤에 흐린 날씨다. 긴 비가 지난 뒤라면, 차차 날씨가 회복해 가는 단계에 들어선 때다.

당일 시간의 운세		〈변효일 때〉
시 각	운세괘	**초효**…과실을 깨닫고 옳은 길로 돌아옴. 길.
자·오시	8 8	**2효**…운세가 호전됨. 옳은 길로 돌아옴. 길.
축·미시	8 2	**3효**…실패해서 제자리로 돌아옴. 좋지 않다.
인·신시	8 3	**4효**…홀로 제 갈길을 간다. 재앙이 있으나 길.
묘·유시	4 4	**5효**…독실한 마음으로 돌아옴. 가기가 괴로우나 무사.
진·술시	6 4	
사·해시	7 4	**상효**…돌아오는 것을 잊으면 실패한다.

8 5 쑥쑥 잘 자라나는 새싹 지풍승(地風升)

☷☴ □ 승은 오른다는 뜻이다. 새로운 희망을 향해 노력하면 반드시 도달한다. 또 자기의 재능, 실력을 올바로 평가하고 그것을 인정해 주는 연장자의 의견을 따름으로서만 자기의 힘을 충분히 발휘할 수 있다. 염려하지 말고 목표를 향해 매진하도록 하라.

괘상=승괘는 땅 속에 심은 씨앗이 점차로 지상에 돋아나오는 것을 상징하는 괘로서 승진과 젊음을 의미한다.

성장하는 형상이다. 아직은 어리고 약한 새싹이다. 사나운 비바람에 조심해야 한다. 하지만 새싹은 무럭무럭 자라나 머지않아 한 그루의 의젓한 나무가 될 것이다. 그것이 지금의 당신 자신인 것이다. 선배와 어른들의 지도에 따르면 승진은 반드시 이루어질 것이다.

이 괘는 입신 출세를 보이는 상승하는 행운이다.

운세=승은 지하에 묻힌 종자가 싹이터서 따스한 햇빛을 받아 무럭무럭 성장하여 후에 큰 나무가 되어가는 과정을 말한다. 모든 운세가 솟아 오르는 기운을 타고 있다. 지위의 승진, 승급의 기회가 찾아온다.

또한 승은 단번에 비약하는 것이 아니고 단계를 밟아 차근차근 솟아오르는 것을 말한다. 또한 실력이 있어도 눈에 띄지 않은 입장에 놓인 사람은 등용되는 기회가 온다. 또한 도움을 바랄 수 있는 좋은 기회. 목적을 세우고 삼개월간, 길어도 3년안에는 결실을 맺을 수가 있다.

사업=새로운 계획과 아이디어를 발표하거나 새로운 사업에 착수할 때다. 또한 새로운 계약을 맺는 일이 많기 때문에 신용을 지키는 일이 중요하다. 사업을 성장시키는 좋은 운세에 놓여있다.

교섭·거래=목적한 대로 밀고 나가라. 반드시 좋은 결과를 얻을 것이다. 한번 실패했다고 해서 중단함은 금물이다. 두번 세번 되풀이 해가면 반드시 목적은 달성된다. 한참 뻗어가는 운세를 타고 있기 때문이다.

재수=일한만큼의 수입과 이윤을 얻는다. 처음부터 큰 이익을 바라서는 안된다.

연애=새로운 연애관계가 생긴다. 나이 어린 소녀와의 정사가 생길 때다. 또한 오래 지속된 연애에서는 임신하는 일이 생긴다.

결혼=좋은 중매자가 나타나서 혼사가 빨리 이루어진다. 점괘가 좋다.

◇ 순조로운 성장!   지풍승(升) **8 5**

출산=순산, 딸.
건강=병근이 깊이 뿌리박혀서 표면에 나타나지 않을 때다. 원인이 두가지 있는 경우가 많다. 보통은 소화기병으로 인한 쇠약 상태, 신장과 췌장의 악화로 인한 것이다.
분실물=대개는 낮은 곳에서 찾을 수 있다. 주위 사람들의 도움으로 빨리 찾아낼 수 있을 것이다.
여행·이사=여행은 기분 좋게 할 수 있으나 일정이 늦어져서 계획의 차질을 가져온다. 좋은 집을 찾기 위해서 잘 아는 사람에게 부탁하는 것이 좋다.
소망=밝은 희망을 가지고 자기가 원하는 바를 수행해 갈 것. 특히 남쪽 방향이 좋다.
취직=희망이 있다. 꾸준히 기다린 보람으로 마침내 기회가 찾아온 것이다. 곧 통지가 있으리라.
입학=좋은 결과를 얻을 것이다. 정신적인 학문을 전공하는 것이 좋다. 또한 여성은 양재나 미용계의 학교가 좋다.
소송·분쟁=처음 마음먹은대로 진행함이 좋다. 중간 사람을 믿는것이 좋다.
대인·음식=곧 올 것이다.
가출인=가까운 곳 여자집을 찾아보라.
증권·상품시세=점차로 상승하며 장기간 지속됨.
날씨=구름이 낀 날씨라도 바람이 있다. 하천에는 밀물이 닥쳐서 물이 많아진다. 밤중에 비가 올 것이다.

당일 시간의 운세	
시 각	운세괘
자·오시	1 8
축·미시	8 7
인·신시	8 6
묘·유시	4 5
진·술시	6 5
사·해시	7 5

〈변효일때〉
초효=순조롭게 상승하여 안태 대길.
2효=상승함. 겸허하게 행동할것.
3효=상승함. 도처에 무적 전진.
4효=상승함. 소극적으로 나감이 길.
5효=상승함. 한발짝씩 견실히 나가자.
상효=지나친 신장은 벌래가 붙는다. 멈추라.

86 싸움터로 나가는 장군   지수사(地水師)

☷ □「사」는 싸움이다.
☵ 싸움이란 것은 함부로 시작해선 안 된다. 정의를 위하여 부득이 싸우는 일이 있어도, 그것을 지도하는 사람이 지, 인, 용을 겸비한 실력자가 아니라면, 민중을 지도하는 것은 위험하다.

괘상=「지수사」는 전쟁을 의미하는 괘. 당신은 지금 싸움터로 나가는 장군과 같다. 전쟁에 위험과 곤란이 많다. 오로지 정도(바른 도리)를 지키며 무슨 일에라도 기밀을 엄수하고 행동에 옮기기 전에 결과를 생각하여 충분한 작전을 짜서 승산이 선 뒤에 찬스를 노려야 한다. 지금 당장에 경솔하게 함부로 일을 일으키면 주위의 사람들에게까지 누를 끼치게 될 것이다.

운세=「사」는, 전시상태의 괘다. 강한 운이지만 어지간히 노력하지 않으면, 지도자가 못된다. 또, 이 괘를 형상으로서 설명하면, 지하수다. 물은 땅속에서 퍼 올려져야 비로소 물의 기능을 다하게 된다. 지하수가 지상에 나와서 물의 본래의 일을 다하기까지의 과정과 시간을 깊이 생각해서 판단하도록.

또, 「사는 우(근심)이다」고 하는 말이 있다. 그런고로 많은 사람이 모여드는 때이고 또 사람이 모여 들면, 경쟁도 심하고, 다투는 일도 일어나기 쉬운 시기이다. 또 그것이, 재판으로 되는 일도 있을 것이다. 어지간한 실력자가 아니고서는, 이 사태를 무사히 돌파하기가 무리하다고 생각된다. 장기 건설의 계획으로서, 강력한 협력자, 또는 조언자를 구할 때이다.

자기 자신의 고민에 대해서도, 큰 수술을 필요로 할 때다.

사업=맨 처음의 계약이 중요하다. 그것을 소홀히 한다면, 중도에서 혹은 처음부터 다시 시작하지 않으면 안되게끔 결과가 뒤집힌다.

또한, 가정내에서도, 화합되기 어려운 상태이며, 회사 내부에서도, 풍파가 일어나고 있는 때다. 원인은, 이해가 서로 맞지 않는 데에 있다.

교섭·거래=교섭에 나서기에 앞서서 이쪽 마음이 일치되는 것이 선결문제다. 그러나 상대방에 성의가 없고, 질질 끄는대로 방치해 둔다면, 곤란을 당하는 것은 이쪽 뿐이기 때문에, 좀 강하게 나가서, 무엇인가, 결말을 짓지 않으면 안되는 때다.

재수=분에 넘치는 무리를 해선 안되는 때다. 또 사적인 것보다도, 공적인 금전 취급에 중점을 두고 신중히 다루어야 한다.

연애=사사로운 정과 고민이 많을 때다. 고로, 순애라든지, 진실이라는 것을 구하기에는 무리한 때다. 우선 서로 일이 앞선다고 본다. 특히 남성에겐 다정한 괘가 나온다.

◇ 고생이 많으나 이긴다! 지수사(師) 86

결혼=물론 좋지 않다. 불화가 일어나기 쉽고, 입씨름이 많을 때다.
출산=임신여부는 임신. 난산, 유산 우려가 있다.
건강=만성, 또는 고질화한 것이 많을 때다. 대체적으로 신장, 식중독, 암, 결석(結石), 가벼운 것으로는 소화불량, 유행성으로는 티푸스, 이질, 설사 등이다.
　대단한 격통이 갑자기 오는 것도 있다.
분실물=거의 찾지 못한다. 사람에 따라선 하수구나 냇가 등에 떨어뜨리는 수가 많다.
여행·이사=기쁨을 구하는 여행은 하기 힘들 때다. 군대라면 연습을 위한 이동.
　주거에 고민이 있고, 안주하고 있지 못할 때다. 그러나 곧 이사할 수 없다. 결국은, 수입 문제때문에 이사하지 못하고 있는 상태에 놓여 있는 때다.
소망=지금 당장은 불가능하다. 노력해서 차차 성공의 길로 들어서게 될 때에 달성된다. 처음은 어렵지만, 뒤에 가면 갈수록 쉽게 된다.
취직=경쟁자가 많을 때이기 때문에, 당신의 목적을 향해 희망을 잃지 말고, 장기간에 걸쳐서 이겨낸다면, 성과는 확실하지만, 대개가 도중에서 좌절되기 쉽다.
입학=당신이 목표 삼고 있는 학교는, 수험자가 많을 때다. 힘을 내어 자신을 가지도록.
　이과계통이 좋다고 본다. 또 법과도 좋고, 경찰학교도 좋다고 본다.
소송·분쟁=차근히 진행하면 잘 될 수 있다. 몸달아 서둘면 진다.
대인·음신=생각지 않을 때 온다.
가출인=멀리 가지 못하였다. 근처 여자집에 숨어 있다.
증권·상품시세=조작이 있어서 변동한다. 경쟁이 심하면 하락.
날씨=보통은 흐린 날씨다. 곳에 따라선 비가 조금 내린다.

당일 시간의 운세	
시 각	운세괘
자·오시	8 2
축·미시	8 8
인·신시	8 5
묘·유시	4 6
진·술시	6 6
사·해시	7 6

〈변효일 때〉
초효…군의 규율에 조심. 발전성이 큼.
2효…장수로서의 신망을 얻어라.
3효…현재의 통솔자를 바꿀 필요가 있다.
4효…전진만이 능사가 아니다.
5효…장군이 우수하지 못하면 정의도 패한다.
상효…논공행상을 그르쳐서 앞을 내다 보기 어렵다.

87 고개 숙인 벼이삭 지산겸(地山謙)

☷☶ 「겸」은 자기를 낮춘다고 하는 것이다. 즉 겸양, 겸손을 뜻한다. 군자라면, 늘 행동을 조심하고, 겸손을 기준삼아 일상생활을 무사하게 보낼 수가 있다. 그리고 도덕과 예절이 일상 행위의 기본이 된다.

괘상=「겸」은 겸양, 겸허로서 남에게 양보하면 평안하고 여러 사람의 호응을 얻어 많은 사람의 두목이 된다고 가르치고 있다. 이 괘를 얻은 경우, 처음은 무슨 일이나 이루기가 힘들고 노고가 많고 또 물질면에도 부자유하기가 쉽다. 그러나 뒤에는 행운한 일이 찾아 온다.

물질적인 일보다도 정신적인 일에 기쁨이 있다.

운세=겸은 물건이 너무 많아서 남아도는 곳에서부터, 적어서 곤란을 느끼는 곳에 보탠다고 하는 의미다. 이것은 자기만 욕심부려서는 안된다고 하는 뜻이다. 없는 상대에게 나누어 주는 동정심이 필요하다. 이것에서부터 자기를 낮추다, 겸손, 겸양, 겸허란 말이 나왔다.

고로 이 괘가 나올 때는, 모든 일에 쓸데 없는 짓을 하지 않아야 한다. 또, 가령 당신이 비상한 재능을 가졌다 하더라도, 그것을 가만히 숨기고, 조용히 진출의 기회가 찾아 오기를 기다리고 있을 것이다. 단기간의 일은 빨라서 일주일, 삼개월, 육개월 기다리는 것이다.

원래 당신이 명예가 높은 지위에 있었던 사람인지 혹은, 원래 범용했던 가정의 사람이었다면, 지금은 불운에 처해 있을 때다. 그러나 정신적인 강인성과 청정성이 있으면, 멀지 않아 행운으로 향하는 전조가 조금씩 그 얼굴에 내밀 때다.

현재 당신에게 가장 긴요한 것은, 주위의 신용과 당신의 성실성이다.

사업=모두 전진하는 것보다 한걸음 후퇴하여, 기반을 탄탄하게 하는 것과 내부를 충실하게 하는데 주력할 때다.

인원을 채용할 때, 이 괘가 나온다면, 그 사람은 곧 훌륭하게 행동을 못한다지만 인간적으로 신용을 받아, 뒤에 가서 소용되는 사람이다.

교섭·거래=서둘지 말고 서서히 이야기를 하는 것이다. 서두르는 날에는 실패한다. 또 순서를 밟아 가는 것이 긴요하다. 그리고 남을 표면으로 내세워, 자기가 그에 따르는 편이 유리하다.

재수=준비금은 풍부하지 않으나, 부족이 없다. 물질에 집착심을 버리고, 마음이 흡족해지는 때다.

연애=성실한 사람들의 연애라면, 장기간의 교제를 한 뒤의 결혼은 **행복**하다.

보통 일반적으로, 남성은 바람기가 좀 있는 때다. 상대가 너무 많은 경향이 있다.

◇ 겸손, 겸허하게 행동하라!   지산겸(謙) 8 7

결혼=정신면의 사랑을 구한다든가, 비사교적인 결혼이라면 좋은 연분이다. 시간은 오래 걸려도 일은 성취된다. 인물은 좋지만, 좀 기백이 없는 점도 있으나, 그 사람의 진가는 뒤에 갈수록 좋아진다.
출산=순산한다. 단, 예정보다 다소 늦어진다.
건강=노이로제, 식도암, 위암, 자궁암, 타박상, 성병이 많은 때다. 여성은 월경불순이다. 오래 병상에 있는 사람이나 중병의 사람에는 불길.
 내출혈의 기미도 있다. 또 병이 급격히 일어난 것은 아니지만, 만성화했던 것도 있다.
분실물=물건 밑이나, 깊은 곳에 섞여 들어가 있는 경우가 많고, 좀처럼 발견하기 힘들다.
여행·이사=여행은, 비용이 들지 않는 캠프든가, 취재여행과 같은 일에는 좋을 것이다.
 아파트 생활을 하는 사람에는, 작고 헐값의 마땅한 곳이 된다.
소망=즉시 달성되지 않지만, 유력한 사람에게 의지해서, 자기가 생각하고 있는 것을 서서히 실행에 옮기면 좋을 것이다.
취직=작은 회사 또는 개인상점 등이라면 곧 자리가 있을 것이다. 불평하지 말고 일단 근무하고, 다음 기회를 기다려 보는 것이다.
입학=이만저만한 노력으로는 불가능하다. 목표를 낮게 잡는 편이 좋다.
소송·분쟁=너무 강경하게 나가면 불리하다. 사이에 사람을 넣어 맡겨두는 게 득책이다.
대인·음신=쉽사리 오지 않는다. 늦어진다.
가출인=멀리 가지 못했다. 서남간 산 근처를 찾아보라.
증권·상품시세=하락세로 돌아 떨어진다.
날씨=비가 내리고 흐린 음침한 날이다. 여름은 무덥고, 지방에 따라선 조금 비가 오는 정도다.

당일 시간의 운세	
시 각	운세괘
자·오시	8 3
축·미시	8 5
인·신시	8 8
묘·유시	4 7
진·술시	6 7
사·해시	7 7

〈변효일 때〉
초효…싫건 좋건 무조건 겸양할 것.
2효…겸허함이 태도에 자연히 나타남.
3효…공적이 있어도 겸양한다. 길.
4효…지나치게 겸허해서 나쁠 일은 없다.
5효…겸허를 잃으면 재해를 입게 된다.
상효…겸허함이 이해되어지지 않음. 싸우지 말라.

88 유하게 순종하는 암말   곤위지(坤爲地)

☷
☷
　　□「곤」은 조용하다. 부드럽다. 따르다, 순종하다 하는 뜻이다. 자기 스스로 행동하는 적극성이 아니라, 남에게 따르는 것을 뜻한다. 가축의 암컷처럼 남에게 잘 따르는 것은 순종의 덕을 표현하고 있다. 그 때문에 이것은 모든 행동에 있어서 남보다 앞장서서 나가는 것이 아니라, 뒤따라, 여자로서의 입장을 지키는 것이다.

괘상=괘의 모양은 전부 음효로 되어 있다. 이 괘는 땅을 상징한다. 땅은 묵묵히 정지하고 있지만 만물을 낳아 기르고 번성시키는 무한한 힘을 지니고 있다. 땅은 항상 하늘의 아래에 있으면서 하늘의 하는 일에 순순히 협력한다. 그리하여 땅의 큰 사업을 성취한다.

　이 괘는 사람에 비하면 여성의 심볼이다. 아내는 화순하고 부지런하게 남편을 도우며 자녀를 길러 가정을 지켜 가는 데 보람과 행복이 약속되는 것이다. 또 사회생활에 비하면 남의 부하의 모습이다. 웃사람을 도와 그늘에서 불평 없이 일을 하고 있으면 노력이 인정되고 신임받게 될 것이다.

운세=곤은, 한없이 넓고 넓은 대지를 뜻한다. 대지는 모든 것을 담아서 육성시키고, 성장시키는 것이, 그 덕이라 하겠다.

　또 곤에 어머니의 뜻이 있는 것은 대지가 물건을 양육하는 것에서 연유한다고 본다. 조용하고 잠잠하며, 온순하다는 것이 이 괘의 가장 좋은 진퇴의 방법이다.

　우선 어떤 일일지라도, 사람에게 앞서지 않고, 사람에게 쓰이게 되고, 그 명령을 받아서 일하는게 좋은 때이다. 그렇지만 친척들을 돌봐 주어야 할 일이 많은 때이어서, 고생도 있을 것이라 하겠다.

사업=바쁘게 서두르지 말고 남들과 상의한다면, 좋은 때이다. 또, 좋은 힘이 될 이야기 상대가 생긴다. 새로운 사업을 시작한다든지, 확장한다든지 적극적으로 나갈 때가 아니다. 모든 점에서 현실을 건실하게 유지하는 것이 중요하다.

교섭·거래=서로 주저하는 마음이 있으며 또 자기에게도 우유부단한 점이 있기 때문에 뜻대로 잘 되지 않을 때다.

재수=풍부하지는 못한 편이지만, 그렇다고 부자유한 것도 아니다. 그러나 교제에는 좋은 기분으로서, 드는 비용이 아깝다고 생각하며 인색하게 나가선 안 된다.

연애=서로간에 아직도 마음이 결정되어 있지 않다. 이대로 나간다면 흐지부지되고 만다.

결혼=남성쪽으로부터 여성을 봤을 때에는 화려하지 않고 좀 검소하지만, 여성편에서 볼 때에 남자는 좀 지저분한 평을 듣게 된다.

◇ 부단한 노력이 열애를 맺는다! 　　　곤위지(坤) **8 8**

출산=순산. 산후를 조심하라.
건강=대체로 소화기 계통의 질환이 있다. 티프스 등의 전염병, 구토, 설사가 있는 때이다. 또 보통 일상생활에 있어선 과로, 가벼운 노이로제 등이 생긴다.
분실물=집안에선, 이불 속이나, 다락 안에, 또한 많은 물건이 싸인 속에 잊어 버리고 두는 수가 있으며, 찾을 때에는 서쪽이나 서남쪽으로 찾으면 된다. 밖에서 잊어버린 것은 찾을 가망이 없으리라 본다.
소망=오래 기다리는 마음만 있으면 멀지 않아 소원성취될 것이다. 단기간으로 잡아서 삼일, 삼개월, 길게 잡아서 삼년 정도로, 생각해 두도록.
취직=우선 어디에 취직해야 좋을지 마음이 엇갈리어 헤매고 있을 때다. 그러므로 양식을 가진 사람에게 상의한 연후에 하는 편이 좋을 것이다.
　그러나 장사관계, 또한 토지, 부동산 방면의 일에 종사하는 것이 **좋다**고 하겠다.
입학=목적이 너무나 많아서 아직까지 결정을 못보고 있을 때이다. 문제는 자기 자신이 혼란되어, 판단을 못내리는 마음을 하루 속히 없애버리는 데 있다. 게다가 자기의 목적과 부모의 희망이 일치하지 않는 일도 있다.
소송·분쟁=정당한 주장이라도 급히 굴면 순조롭지 못하다.
대인·음신=저편에서 그런 뜻이 있다. 곧 올 것이다.
가출인=근처 여자집에 있다. 서남간방.
증권·상품시세=하락세 보합.
날씨=대체적으로 날씨는 흐려 있다. 여름은 대단히 무더운 날씨여서, 진땀이 날 만큼의 날씨다.

당일 시간의 운세	
시 각	운세괘
자·오시	8 4
축·미시	8 6
인·신시	8 7
묘·유시	4 8
진·술시	6 8
사·해시	7 8

〈변효일 때〉
초효…조용히 노력한다. 봄은 가깝다.
2효…내부를 굳힌 다음에 쳐들어가서 길.
3효…재능을 숨기고서 행동할 것.
4효…사전에 미리 준비하고서 조용히 행동하라.
5효…스스로의 덕을 닦고 인망을 얻음. 대길.
상효…싸우면, 서로 상처 입고 같이 함께 쓰러진다.

부록 1.

소강절 선생의 실점예화

① 관매점(觀梅占)

먼저 소강절 선생의 가장 유명한 「관매점」. 이것은 년월일시로 점친 한 예이다.

辰년 12월 17일 申시에 소강절선생은 우연히 정원에서 매화나무를 보고 있노라니까 참새가 매화나무가지에서 서로 쪼으며 싸우다가 끝내는 땅에 떨어지고 말았다.

강절선생이 말씀하시기를 「무릇 역점은 움직이지 않는 것은 점치지 않는다. 어떤 요인이 없는 것은 점치지 않는 것이다. 그런데 지금 두마리 참새가 가지를 다투다가 땅위로 떨어진 것은 참으로 괴이적은 일이 아닐 수 없다. 이는 필시 무슨 조짐일지도 모른다」라는 것으로 곧 괘를 내었다.

辰의 년수 5, 12월의 수 12, 17일의 수 17, 합치면 34수가 된다. 이를 4×8=32하고 원 34에서 빼면 2수가 남고 2태택하고 태(兌)괘를 얻어서 이를 상괘(上卦)로 한다. 다음에는 상괘를 년월일수에 申시의 9를 더하여서 합계 43(34+9)이 된다. 이를 5×8=40 해서 8씩 덜어내면 나머지가 3이 된다. (43-40=3) 3은 바로 3이화로 이(離)괘로서 하괘를 삼는다.

상괘태(兌), 하괘 이(離)는 택화혁(澤火革=23)괘이다.

그 다음에는 총수의 43을 6×7=42하고 43에서 빼면 나머지 1이 남는다. 1은 초효가 동효(변효)로 취한다. ☱ (혁괘)의 초효는 양효(▬) 이므로 이것이 음효(▬▬)로 변하면 변해서 택산함(澤山咸~27)괘가 나온다. 이를 변괘(또는 지괘)라고 한다. 그리고 호괘(互卦)는 천풍구(天風姤~15)괘가 된다.

강절선생의 판단 : 「이 괘를 여러모로 살펴보면 내일 저녁때에 소녀가 이곳에 와서 이 매화 꽃가지를 꺾을 것이다. 그때 사람에게 들켜서 그 소녀를 놀라게 할 것이다. 소녀는 두려워서 도망치려다 사물에 걸려서 상처를 입는 화를 당할 것이다.」

이와 같은 점단을 내린 선생께서는 모든 집안 사람들에게 미리 분부를 내렸다. 만약에 어떤 사람이 들어와서 매화가지를 꺾더라도 절대로 그 사람을 놀라게 해서는 안된다고 알아듣도록 미리 주의를 환기시켜 두었다.

그러나, 정원지기의 아들은 어른들한테 강절선생의 당부 말씀을 전해 듣지 못했기 때문에 다음날 저녁때에 과연 이웃집 소녀가 몰래 숨어 들어와서 탐스럽게 핀 꽃가지를 꺾었다. 그것을 정원지기 아들인 소년에게 발각되어 소년은 큰소리로 고함을 질러대었다. 그러자 소녀는 높은 가지를 꺾으려고 높은 줄기에 올라가 있었으므로 나무에서 떨어지고 말았다. 그때 꺾어들었던 매화가지가 자기 허벅지와 사타구니에 찔리는 상처를 입고 말았다. 결과는 과연 강절선생이 점친 그대로 되고 말았다.

관매점에 대한 설명은 매화심역비전에 쓴대로 설명하면 다음과 같다. 우선 태금을 체(體)로 삼는다. 태는 소녀의 상이다. 체용(體用)을 정하는 법은 다음과 같다.

상괘에 변효가 있으면(예, 4효·5효·상효변) 상괘가 용(用)이 되고 하괘가 체(體)가 된다. 하괘에 변효가 있으면(예, 초효·2효·3효) 하괘가 용(用)이 되고 상괘가 체(體)가 된다.

이 관매점은 택화혁의 초효변이므로 하괘에 변효가 있는 것이므로 하괘가 용, 상괘가 체이다. 태택금(兌澤金)이 체, 이화(離火)가 용괘(用卦)가 되었다. 체는 금(金), 용은 화(火)이다. 화극금(火剋金)하고 체의 금이 극을 받게 된다. 태는 소녀이다. 그래서 소녀가 과실을 입는다, 다친다, 손상된다, 상처를 받는다고 한 것이다.

호괘(互卦)는 천풍구(天風姤)인데 그 하괘는 손풍목(巽風木)이다. 목은 목생화(木生火)하고 이화(離火)를 생해서 그 기세를 강하게 한다. 이것은 다른 곳에 나무지기가 있어서 소녀를 놀라게 하는 것을 강하게 하는 것이다.

또 다른 면으로 보면 호괘의 손목(巽木)은 이 경우 매화나무에 해당하기도 하므로 이것은 금극목(金剋木~乾天金과 巽風木)이 되므로 소녀가 와서 매화가지를 꺾는다고 한 것이다.

그리고 소녀의 허벅지를 다친다고 한 것은 호괘의 상괘 건금이 호괘의 하괘 손목을 금극목하고 극한데서 말한 것으로서 손(巽) 괘상을 인체에 적용하면 사타구니 고(股)이므로 그래서 그곳을 다친다고 한 것이다.

끝으로 변괘에 대해서 살펴보면 상괘는 2태택·금(兌澤·金), 하괘는 7간산·토(艮山·土), 괘명은 택산함(澤山咸~27)괘가 된다. 변괘의 하괘는 간토(艮土). 이것은 손목(巽木)에서 목극토(木剋土)로 극을 받게 된다. 그러고 보면 원 본괘의 상괘와 변괘의 상괘는 모두 태금(兌金)이므로서 변괘의 하괘 간(艮)과 견주어 보면 이때 토생금(土生金)이 된다. 그래서 소녀는 허벅지를 다쳐 상처는 입으나 사망과 같은 큰일까지는 이르지 않는다고 판단한 것이다.

② 모란점(牧丹占)

巳년 3월 16일 卯시, 소강절선생은 벗님과 귀한 손을 대접겸 야유회를 떠났다. 도읍의 교외로 모란꽃 관상에 참여하게 되었다. 그 고장은 모란의 명소로 꾀나 유명한 곳이었고 마침 때가 만개시절로서 참으로 멋지고 훌륭하게 피어 겨루고 있어서 화사하였다.

그때 한 손님이 강절선생에게,「지금 모란꽃이 제철을 만나 멋지게 만발하고 있지만 이와같은 것을 보면서도 점을 쳐 볼 수가 있는 것일까요. 얼핏 생각하기에는 점의 근본이 될 수라는 것이 없는 것처럼 여겨지는데 말씀이야」하고 물어오는 것이었다.

강절선생이 이에 대답하기를 「점의 수라 하는 것은 언제 어느 곳에나 있는 것으로서 수가 없다는 것은 말이 안됩니다. 지금 당장의 시각, 바로 巳년의 수 6, 3월의 수 3, 16일의 수 16, 합치면 25수 이것을 8로 덜어내면 1이 남는데 이는 1건천(乾天)으로 상괘를 삼습니다.

다음에 년월일 수를 합친 25수에 시각의 卯의 수 4를 더해서 총계수 29수가 되며, 이것을 8씩을 덜어가면 5수가 남는데 이는 5손풍(巽風)괘가 되며 하괘를 취합니다.

또 년월일시의 총수 29수를 6씩 덜어가면 이번에도 5수가 남는데, 이것은 5효가 동효(변효)가 됩니다.

상괘가 건천, 하괘가 손풍은 천풍구(天風姤)괘이다. 5효가 변하면 화풍정(火風鼎)괘가 되며, 호괘(互卦)는 건위천(乾爲天)이 됩니다. 이것을 자세히 살펴보건데 아무래도 이상한 일이 일어날 것 같은 예감이 듭니다. 지금 여기에는 이렇듯 멋지게 만발한 이 꽃들도 내일 대낮 午시에 말들이 들이닥쳐서 짓밟고 뭉개어 난장판을 만들 것이요」하고 판단하였다.

손님은 선생의 판단을 듣고서 깜짝 놀라서, 반신반의하면서 그날은 귀가길을 서둘렀다.

그러나 그 이튿날 과연 午시에 수많은 고위고관들이 모란꽃 구경을 왔었는데, 그 중에서 그들의 데리고 온 말 두필이 서로 깨물고 차고 부딪치며 싸우기 시작해서 끝내는 대소동이 벌어져 말리려던 사람들 때문에 말들은 더욱 놀라 뛰고 달리기 시작해서 마침내 모란꽃밭을 짓밟고 뭉개고 차버려서 흩어져버리고 말았다.

모란점풀이 : 본괘는 천풍구괘 5효에 변효가 있으므로 하괘의 손목(巽木)이 체(體卦)가 되고 상괘의 건금(乾金)이 용(用卦)가 된다. 이것은 금극목(金剋木)하고 용이 체의 손목을 극한다. 변괘, 호괘가 모두 본괘인 손목, 체괘를 생(生)해 주는 괘가 하나도 없다. 이것은 목인 모란꽃이 다치고 상하고 망가진다고 판단한다.

모란이 말발굽에 짓밟힌다고 한 것은 건(乾)괘를 말로 유상(類象)한 까닭이며, 금극목으로 말이 놀라 움직여서 모란꽃밭을 짓밟는다고 한 것

오시에 변고가 발생한다고 한 것은 변괘의 상괘가 이화(離火)괘인데 이(離)는 남방화(南方火)이다. 오시는 해가 남중천한 시간이며 화가 왕한 시간이다. 이로써, 그 시간이 이(離)로 오시로 보아서, 이때에 변괴가 발생한다고 한 것이다.

또한 이 오시에 말의 건금을 극하므로 이를테면 화의 극을 받아 말끼리 서로 싸우다가 대소동이 빚어져서 큰일로 번진다고 여겼던 것이다.

③ 밤중에 문을 두드려서 물건을 빌리는 점

소강절선생에겐 한 아들이 있었다(또는 한 제자라고도 함). 어느해 겨울날 유시각쯤에 선생은 아들과 함께 화롯가에서 불을 쬐고 있었다. 그러자 그때에 밖에서 문을 두드리는 사람이 있었다. 한번 소리가 들리고 멎었다가, 다음에는 연달아서 다섯번 소리가 들렸다. 요컨대 그 사람은 물건을 빌리고자 왔다는 이웃집에 사는 사람이었다.

선생은 그 이웃사람에게 말하기를 「제발 잠시만 빌려갈 물건의 이름은 발설하지 말고 계시오. 이제부터 아들에게 그 물건을 점쳐 보도록 할 터이니까요」하고 미리 알려두었다. 그리고 나서 아들더러 「내가 언제나 가르쳐 전해준대로 매화심역법으로 시험삼아 저 사람이 빌리러 온 물건이 무엇인지 한번 점쳐 보아라」하고 분부를 내렸다.

그래서 아들은 괘를 내었다. 문을 두드렸을 때에 먼저 한번 했으니 이는 1건천(乾天)으로 상괘로 취하고 그뒤에 연이어 5번 두드렸으니까 이것은 5손풍(巽風)으로서 하괘로 취하고 이로서 천풍구(天風姤)괘를 얻었다.

1건, 5손 합쳐서 6수, 거기에 시각 유시의 10수를 더하여서 총수 16, 이를 6으로 덜어가면(소위 66제지~六六除之) 4수가 남는다. 동효(변효)는 4효가 변한다. 천풍구의 4효변은 손위풍(巽爲風)괘가 되며 이것이 변괘(變卦~之卦)이다. 호괘(互卦)는 건위천 그대로가 된다.

이상의 괘들을 잘 살펴보면 괘중에 건금(乾金)이 셋, 손목(巽木)도 셋이 있다. 건은 강한 쇠붙이요 손은 긴나무를 상징한다. 이를 감안해서 생각해 보니 짧은 금속에 긴자루 달린 물건이 되므로 지금 빌리러 온 것은 필경 괭이라고 단정했다.

이 말을 들은 강절선생은 아들에게 깨우쳐 주기 위해 말하기를 「무릇 역점을 단(斷)하는 데는 수(數)를 논하는 것도 중요하긴 하지만 또 그이상 이치를 캐어보고 생각과 궁리를 다함이 중요하므로 명심 불망할 것이다. 지금 괘를 낸 법과 궁리 괘상한 것은 모두 이치에 합당하다만은 빌리러 온 것을 괭이라고 단정한 것은 그르다고는 않으나 그것만으로는 이치

가 잊혀져 있으므로서 만족할 만한 판단이라고는 할 수 없다. 지금은 겨울밤이니까 밤에 괭이를 빌리러 온다는 것은 보통 없는 일이므로, 필시 지금 빌리러 온 것은 도끼일 것이니라」고 말했다.

과연 문을 두드리고 들어온 이웃집 사람은 도끼를 빌리러 온 것이었다. 도끼는 장작을 패고 쪼개는 물건이다. 겨울밤에 불을 때려면 도끼가 소용되는 것이다. 이 경우 도끼는 그때에 응하고 이치에 응해서 생각할 수 있는 것이었다.

온갖 역점은 수를 논하여서 괘를 내고, 또 수를 보아서 사물의 유상(類象)을 헤아려 나가는 것이다. 그러나 이와 동시에 아니 그보다 이상, 이치라는 것을 깊이 생각해서 그때, 그곳에 응하고 밝혀나가는 것을 수련해야 하며 그것이 역점의 요체로서 중요한 사안인 것이다.

④ 당일의 운세점

어느날 강절선생댁에 한 손님이 찾아 왔다가 이야기 끝에, 「오늘은 어떤 일이 생길까요?」하고 물었다. 선생은 점쳐서 지풍승의 초효변을 득괘했다. 변괘는 지천태괘가 되고 호괘는 뇌택귀매괘가 된다. 선생은 「오늘은 저녁때 서쪽에서 사람이 초대를 받는 일이 있을 것이요. 그러나 손님은 그리 많지 않을 것이며, 술에 취하는 일도 없을 것이며, 음식은 닭고기요리에 야채요리가 곁들여진게 나오겠소.」하는 것이었다.

과연 저녁 나절에 서쪽 친구집에서 초대를 받아 찾아갔다. 그리고 판단대로 그댁 음식과 술은 그리 풍부하지 않았다고 한다.

이 판단은 본괘의 괘상(卦象), 지풍승(地風升)은 계단을 오른다. 이른바 높은 곳으로 나아간다. 또는 높은데로 모셔진다는 뜻에서 사람에게 초대받는다고 본 것이다. 호괘(互卦)를 보면 상괘는 진(震)으로서 동쪽, 하괘는 태(兌)로서 서쪽, 이것은 동서(東西) 그 어느 쪽으로 나누는 것이다. 진목(震木)은 체(體)를 극하므로 쓰지 않고 태(兌)는 체로부터 생(生)해져 있으므로 이것으로 보아간다. 태는 서방(西方)이다. 즉 서쪽으로 체가 향해서 가는 것이 된다.

그리고 태(兌)는 입(口)으로 본다. 체도 변괘의 상괘도 곤(坤)이 되어 이는 배(腹部)가 되며, 입도 있고 배도 있으니 음식(飮食)초대가 있다고 한 것이다. 손님이 많지 않다고 본 것은 본괘의 곤(坤), 이에 대한 간(艮)괘가 없다. 그러므로 손님은 적을 것으로 보았다. 술에 취하는 일도 없으리라고 한 것은 술·약주는 감(坎)괘인데 이 점괘에는 감(坎)괘가 하나도 없으므로 술도 적다고 한 것이다. 또한 3괘(본괘, 호괘, 변괘)가운데 체를 상생해 주는 괘가 하나도 없어서 본괘의 체가 왕상(旺相)치 못하며, 그러므로 음식도 별로 풍부하지 못하다고 판단한 것이다.

⑤ 역점 3괘에 대한 풀이

소강절선생의 「매화심역」에는 본괘(本卦~元卦), 호괘(互卦~約象), 변괘(變卦~之卦)의 3괘로서 점을 치고 있다. 이에 관심을 갖는 이를 위해 위의 각 점례의 괘모양을 그림으로 도시(圖示)하면 다음과 같이 된다.

① 관매점의 3괘례			② 모란점의 3괘례		
호괘	본괘	변괘	호괘	본괘	변괘
1 5	2 3	2 7	1 1	1 5	3 5
천풍구	택화혁	택산함	건위천	천풍구	화풍정

③ 밤에 물건 빌려준 점 3괘례			④ 당일의 운세점 3괘례		
호괘	본괘	변괘	호괘	본괘	변괘
1 1	1 5	5 5	4 2	8 5	8 1
건위천	천풍구	손위풍	뇌택귀매	지풍승	지천태

부록 2.

역괘의 구성 원리 해설

① [8괘의 생성도] 48면 「64괘 생성발전도」 참조.

② [6효의 명칭]

3 6   6 3
화수미제   수화기제

상구(上九)   상육(上六)
육오(六五)   구오(九五)
구사(九四)   육사(六四)
육삼(六三)   구삼(九三)
구이(九二)   육이(六二)
초육(初六)   초구(初九)

풀이 : 6효는 아래서부터 위로 순차례로 초효, 2효, 3효, 4효, 5효, 상효라고 부른다. 또한 양효(—)를 구(九)라고 하며 음효(- -)를 육(六)이라고 한다. 그래서 맨 아래에 양효 — 일 때는 초구, 음효 - - 가 오면 초육이라 한다.

③ [호괘를 내는 방법]

원괘   호괘

7 3   4 6
산화비   뇌수해

상효
5효
4효
3효
2효
초효

풀이 : 호괘를 내려면 초효와 상효를 우선 제외하고 2효·3효·4효로 하괘를 내고 3효·4효·5효로서 상괘를 내어서 새로운 괘를 만든다.
점치는 방법에 따라서 그 내용을 알아내는데 응용하거나 혹은 그 일의 중간을 살펴보는데 응용하기도 한다.

④ [변효와 변괘 내는 법]

　변효(또는 동효)라고 함은 원괘의 해당효의 음양부호가 변화한다는 것을 말하는 것이다. 그러므로 변효라는 원괘의 효가 음효(▆▆)이면 양효(▃▃▃)로 변한다는 것이고 원괘의 효가 양효(▃▃▃)이면 음효(▆▆)로 변화한다는 것이다. 그렇게 되면 원괘 모양이 변화되어 다른 괘로 변하므로 그 변화된 괘를 변괘(變卦∼또는 之卦)라고 한다. 아래에 보기를 들었으니 참고할 것이다. 그리고 변괘를 알고자 하면 이 책의 원문에서 찾을 수가 있다. 즉「당일 시간의 운세괘」가 바로 변괘이다. 즉 자·오시가 초효동의 변괘, 축·미시가 2효동의 변괘, 인·신시가 3효동의 변괘, 묘·유시가 4효동의 변괘, 진·술시가 5효동의 변괘, 사·해시가 상효동의 변괘로 되어 있다.

본(원)괘가 건위천[1 1]일 때

원괘	초효변	2효변	3효변	4효변	5효변	상효변
1 1	1 5	1 3	1 2	5 1	3 1	2 1

본(원)괘가 곤위지[8 8]일 때

원괘	초효변	2효변	3효변	4효변	5효변	상효변
8 8	8 4	8 6	8 7	4 8	6 8	7 8

본(원)괘가 지천태[8 1]일 때

원괘	초효변	2효변	3효변	4효변	5효변	상효변
8 1	8 5	8 3	8 2	4 1	6 1	7 1

개운 생활역점 (開運生活易占)

권위·신의

판	권
본	사

동양서적

1992년 6월 20일 인쇄
1992년 6월 25일 발행

편 저 홍 몽 선
발행인 안 영 동
발행처 출판사 동양서적
　　　서울시 서대문구 현저동 83
　　　전화 363-8683
　　　　　 392-8371
　　　FAX 356-1521
등록일 1976년 9월 6일
번 호 제6-11호

10,000원